대동여지도로
사라진 옛고을을 가다

2

간성에서 정의까지

신정일 지음

대동여지도로
사라진 옛고을을 가다

고문헌과 옛지도에만 남아 있는 폐군·폐현의 흔적들
문화사학자 신정일이 직접 찾아 나선 옛고을 답사기

황금나침반

일러두기

* 현재의 10리+里=약3.93km이다. 『신증동국여지승람』에는 서울에서 동래까지의 거리를 962리로 기록한 것으로 보아 지금의 리 단위와 비슷하다. 그러나 10리=약5.4km였다는 옛기록도 있다.
* 척尺은 길이를 재는 단위의 하나로 자라고도 부르며 1척=약33.33cm이다.

"큰강과 샛강은 강, 호수, 바다를 이루는 근본이다"

古山子 김정호 「대동여지도」 서문

"십년이면 강산이 변한다."는 말이 있지만 그것은 이미 옛말이 된지 오래이다. 3년은커녕 1년도 안 지나서 다시 가보면 산山이 없어지고, 강江이 그 물길을 돌려 자취를 찾을 수 없는 것이 오늘의 현실이라서 시간을 거슬러간 백여 년 전의 모습은 그저 상상 속에나 남아 있을 뿐이다.

우리 국토를 본격적으로 주제로 잡아 답사를 시작한 것은 80년대 초반부터였다. 지금도 그렇지만 길을 떠나기 전날 밤에는 답사 중에 찾아갈 현장들이 아스라이 떠올라 설레는 마음이 진정 되지 않았다. 그때마다 머리맡에 놓아 둔 김정호의 「대동여지도」와 이중환李重煥의 『택리지擇里志』 그리고 『한국지명총람』을 펼치고 답사해야 할 곳들을 들여다보면 잠은 저만치로 달아나곤 했다.

하지만 막상 가서보면 그처럼 번성했던 고을이 내가 상상했던 것과는 달리 아무런 흔적도 없이 사라져버린 경우가 한 두 번이 아니었다. 반면에 예전에는 불모의 땅이라 여겨지던 곳들이 빌딩과 아파트 숲이 들어서며 땅값이 폭등하여 황금의 땅으로 변모해 있기도 하였다.

변하고 또 변하는 시대의 흐름 속에서 사라져가는 것들 중에 특별히 마음을 아프게 하고 애잔한 상념을 불러일으키게 하는 곳들이 바로 고산자古山子 김정호金正浩가 제작한 「대동여지도大東輿地圖」에는 군현郡

縣으로 표시되어 있으나 1914년 이후 사라진 군과 현의 쇠락한 모습이 었다.

유주현의 대하소설 『조선총독부』에는 1914년의 군·면 통폐합에 대해 다음과 같이 짧게 언급하고 있다. "1914년 3월 새로운 관제官制를 포고하여 조선의 부·군·면을 통폐합하고 97개의 군을 폐지해 버렸다."

물론 나라가 시작되고서부터 지방에 설치되었던 군현은 여러 차례 통폐합과 변천과정을 겪었다. 신라 경덕왕 때에 첫 번째 통폐합이 있었고, 조선 초기에도 여러 차례 통폐합을 단행했다. 그렇지만 행정구역이 지금의 상태로 만들어진 것은 조선 후기인 1895년이었다. 지방관제 개편에 따라 그때까지 군현이었던 것을 군으로 변경했던 것이고, 그것이 조선왕조의 마지막 행정 개편이었다.

그 뒤 일제가 이 나라를 강점한 뒤인 1914년 3월 1일 조선총독부는 조선 8도의 지방관제를 개편하면서 많은 수의 군을 폐하였다. 그때 군은 317개소에서 220개로 조정하고 4,338개의 면을 2,521개로 정리하였다. 그때부터 사라진 폐군현의 몰락이 가속화되기 시작했다.

김정호는 어느 고을에 가거나 먼저 그 지방의 지리, 명소, 산세山勢, 성城, 고적 등 필요한 모든 부분에 대해 물어보고 실제로 그곳까지 가서 하나하나 확인했다고 한다. 그래서 나 역시 김정호를 본받아 어느 고을에 도착하거나 먼저 읍사무소 또는 면사무소를 찾아가 옛날의 관아 터나 고적을 물어보았다. 그러나 대부분이 금시초문이라는 표정을 지으며 잘 모르겠다고 대답하기 일쑤였고, 나이든 어르신이나 그곳에 오래 살았던 사람들을 소개하는데 그 사람들도 모르기는 마찬가지였다. 불과 백여 년, 아니 30~40년 사이에 '경천동지驚天動地'란 말이 실감이 날 정도로 우리 국토가 변모하고 만 것이다.

그렇게 위세도 당당했던 고을의 관청이나 수령방백들이 올라서 휴식을 취하던 누정들이 겨우 몇 개만 남고 사라져 버려 그 흔적조차 찾을 수가 없었다. 조선 중기의 학자인 유몽인은 지리산 쌍계사에 있는 최치원이 지은 '진감선사비문'을 보고서 "여러 차례 흥망이 거듭되었지만 비석은 그대로 남아 있고, 사람은 옛 사람이 아니다." 라고 하였다. 그 말대로 가서 보면 여기저기 흩어져 있던 비석들은 모아져 그대로인데, 사람은 그때 사람이 아니고 세월 속에 그 고을도 사라져 버리고 말았다는 것이 왜 그리도 쓸쓸한 연민으로 다가왔던지. 나는 허물어진 담장에 기대거나 터만 남은 관아 자리에 망연자실한 채 앉아서 그 고을의 모습들을 속절없이 떠올리기도 했다.

고을 이름이 남아 있는 곳들은 그나마 다행이지만 어떤 경우는 고을 이름까지도 다른 이름으로 바뀌어 찾는라 애를 먹기도 했다. 다산 정약용과 면암 최익현이 유배를 갔었고, 김옥균의 팔 하나가 던져진 장기현은 1934년에 봉산면과 합하여 새로운 면을 만들 때 행정착오로 장기현의 옛 이름인 '지답'의 '답畓' 자를 잘못 써서 '행杏'이 되어 지행면이 되었다. 경기도의 지평현은 양근과 합치면서 양평군이 되었지만 지평이라는 이름은 지제로 바뀌고 말았다.

숭의전 때문에 군이 되었던 경기도의 마전은 또 어떠한가. 연천군에 편입된 마전은 미산면 마전리라는 이름으로 남아 서슬 푸르던 관아는커녕 향교의 흔적조차 남아 있지 않았다. 마전리라고 새겨진 표지석 곁에 가만히 서서 바라보면 그 옛날 이곳이 군청의 중심지였다는 사실이 믿기지 않게 인가들이 띄엄띄엄 있고 마을 한가운데로 자동차들만 쌩쌩 지나간다.

김정호는 「대동여지도」 서문에서, "큰강과 샛강은 강, 호수, 바다를 이루는 큰 근본이다. 그 사이에는 빙빙 돌아 흐르는 것도 있고, 갈라져 나가 흐르는 것도 있고, 한데로 아우러져 흐르는 것도 있고, 흐르다 말라버리는 것도 있다[經川支流 水之大端也 其間有雁流者焉 有分流者焉 并流絶流者焉]"고 하였다.

사람의 한평생도, 그리고 세상의 이치도 흥망성쇠興亡盛衰가 거듭된다고 볼 때 별다른 역사의 흔적을 찾아볼 수 없는 마전의 현재가 나그네에게 주는 것은 그저 쓸쓸함뿐이다.

『대동여지도로 사라진 옛고을을 가다 1』에서는 과거에는 거대 상권이 형성되었거나, 교통의 요지, 군사적 요충지 및 국가적으로 중요한 의미를 지닌 지역들이었으나 지금은 쇠락해 바라보는 이들의 심사를 안타깝게 하는 고을을 모았다.

충남 논산의 은진이나 전북 정읍의 고부, 경남 창녕의 영산 등이 그 지역들인데, 은진의 강경포는 대구·평양과 함께 나라 안의 큰 상권을 이루었던 고을이었다. "은진은 강경 덕에 먹고 산다"는 말이 있을 정도로 번성했던 고을 은진은 지금 젓갈시장으로 겨우 명맥을 유지하고 있으며, 논산시에 딸린 조그만 면으로 옛날의 흔적을 찾아볼 수가 없다.

고부는 어떠한가? 전라도에서 전주 다음으로 번성했던 고을, 그래서 서울 당상관의 자제들이 서로 앞다투어 가고자 했던 자리가 고부군수 자리였는데, 1914년에 정읍에 소속된 하나의 면으로 전락한 뒤 현재는 다방 서너 개가 자리를 지키고 있는, 생기 잃은 조그만 면소재지가 되고 말았다.

경남 창녕의 영산 역시 창녕보다 더 긍지를 지니고 살았던 그 당시와 달리 지금은 영산줄다리기나 문호장굿 등 예로부터 전해 내려오는 민속놀이 이외에는 그 옛날의 활기를 찾아볼 수가 없다.

규모는 작았지만 삼남대로가 지나는 고을이라 수많은 빈객들을 접대하느라 살림살이가 항상 빠듯했다는 평택의 진위는 지금도 평택과 천안 사이에서 그만그만하고, 허균의 자취가 남아 있는 함열은 전라선 열차가 개설되면서 새로 생긴 '함열' 때문에 함라면으로 바뀌어 겨우 명맥만 유지하고 있다.

『대동여지도로 사라진 옛고을을 가다 2』에는 예로부터 자연풍광이 아름답기로 이름났으나 오늘날의 사람들이 잘 알지 못하는 고을들, 혹은 새로 건설된 댐과 같이 '국토개발사업'으로 인해 수몰되거나 지형이 변하여 더 이상 그 정취를 찾아볼 수 없는 고을을 담았다.

강화도의 한 면인 교동도는 역사 속에서 수많은 사람들의 영욕이 교차되었던 곳이다. 이규보의 아름다운 시詩 속에 남아 있는 교동도의 남산포는 송나라 사신들이 줄을 이었던 곳이고, 수양대군에게 밀린 안평대군과 폭군 연산군이 유배를 왔던 곳이지만 읍성은 무너지고 '연산군의 적거지'라는 안내판만 남아 길손을 맞고 있다.

조선시대의 문장가인 김일손이 남한강변에 자리 잡은 청풍고을을 거쳐 단양으로 가던 길에 "그 경치가 아름다운 여인처럼 아름다워 열 걸음을 걸어가며 아홉 번을 뒤돌아보았다"고 감회를 피력했던 청풍은 충주댐으로 인해 수몰되면서 '청풍문화재단지'가 만들어졌지만 그 역시 쓸쓸하기가 그지없다.

충남의 문의군 역시 대청댐에 의해 수몰되면서 옮겨지는 바람에 그 옛날의 자취는 물속으로 사라졌다. 퇴계 이황의 고향이자 청량산 가는 길목에 자리 잡고 있던 예안은 안동댐이 건설되면서 물속으로 숨어들고 말았고, 전북의 용담도 그 옛날의 아름다운 풍광을 물속에 묻어버렸다.

충남의 해미는 고색창연한 해미읍성이 남아 그 옛날을 증언해주고 있지만 사람이 살지 않는 성이라 오직 관광객들의 발길만 이어지는 죽은 성이 되고 말았다. 작은 서울이라고 일컬어졌던 경북의 용궁은 의성포 물돌이동이 아름답기로 소문이 나 많은 사람들이 찾는 곳이지만 용궁현청이 있던 향석리는 쓸쓸하기가 이루 말할 수가 없다. 동해 바닷가에 있는 영해는 한때 '도호부'였다는 명성에 걸맞지 않게 자꾸자꾸 쇠락해가고 있는 고을이다.

『대동여지도로 사라진 옛고을을 가다 3』에는 "산천의 정기로 인물이 태어난다"는 옛말과 같이 널리 알려진 인물들이 많이 태어난 고을들, 그리고 역사적인 사건이나 전설, 믿기지 않는 신기한 이야기들을 풍성하게 가지고 있는 고을들을 담았다.

충북에 있는 연풍은 이화령 아래에 있는 고을로 죄인들을 귀양 보냈던 '유도'라는 곳이 있을 정도로 궁벽진 곳에 자리 잡고 있던 고을이다. 이 고을에 단원 김홍도가 고을 현감으로 부임해 왔는데, 그가 현감으로 있으면서 선정을 베풀었다는 기록은 보이지 않는다.

충남 결성은 청산리전투로 독립운동사에 길이 남은 김좌진金佐鎭이 1889년에 태어난 곳이며, 1879년에는 한용운韓鏞雲이 태어났던 곳이지만 홍성과 광천에 치여서 그냥 작은 면소재지로 전락하고 말았다.

경남 산청의 단성은 문익점이 원나라에서 목화씨를 가져와 최초로 심었던 면화시배지가 있는 곳이며, 솔거의 그림이 있었다는 단속사, 그리고 그 유래가 분분한 율곡사 등이 있는 곳이지만 그곳이 단성현이었다는 흔적은 찾을 수가 없다.

파주 교하는 그나마 '교하천도설'이나 북한과의 접경지역이라는 이유로 땅값이 올라 새로운 비약을 꾀하고 있는 곳이고, 화순 능주는 능주목이었다는 자부심으로 목사골이라는 표석도 세워놓았지만, 정암 조광조가 유배를 와서 사약을 마시고 세상을 하직한 유배지라는 역사를 담고 있을 뿐이다.

김정호는 『청구도범례靑丘圖凡例』에서 "지지地誌(어떤 지역의 자연, 사회, 문화 등의 지리적 현상을 기록하여 그 지역의 특색을 나타낸 것)는 지도에서 미진, 누락된 것을 고치기 위하여 필요한 것이다"하였고, "읍지邑誌(고을의 연혁, 지리, 풍속 등을 기록한 책)는 지방의 부府, 목牧, 군群, 현縣을 단위로 하여 지역에서 편찬한 지리지로 자기 고장을 단위로 하여 작성하므로 여지輿地(수레 같이 만물을 싣는 땅이라는 뜻으로 지구 대지를 말함)와 달리 널리 수집하여 모두 수록하고 작고 큰 것을 모두 빠뜨리지 않아[細大不遺] 한 읍의 실정을 상세히 기록함을 원칙으로 삼았다" 하였다. 나는 얼마나 정확하게 그 고을들을 기록하였는지 아직은 자신이 없다. 다만 앞으로도 그곳들을 계속 다시 답사해서 미진한 부분을 보완할 예정이다. 그 이유는 이 책이 사라져간 고을뿐만이 아니라 지금 이 순간에도 무수히 사라져가는 모든 것들에 대한 나의 사랑이자 그리움의 표시이며, 헌사獻詞이기 때문이다.

답사 길에 동행했던 수많은 도반道伴들과 좋은 책을 만들어 주신 민음사출판그룹의 황금나침반 식구들과 책임편집자인 최가영 과장님에게 고마움을 전한다.

병술년 칠월 초사흘 온전한 땅 전주에서 신정일 올림

충청남도

경상북도 · 대구광역시

차
례

강원 고성 간성 — 청간정과 화진포가 자랑인 동해의 고장

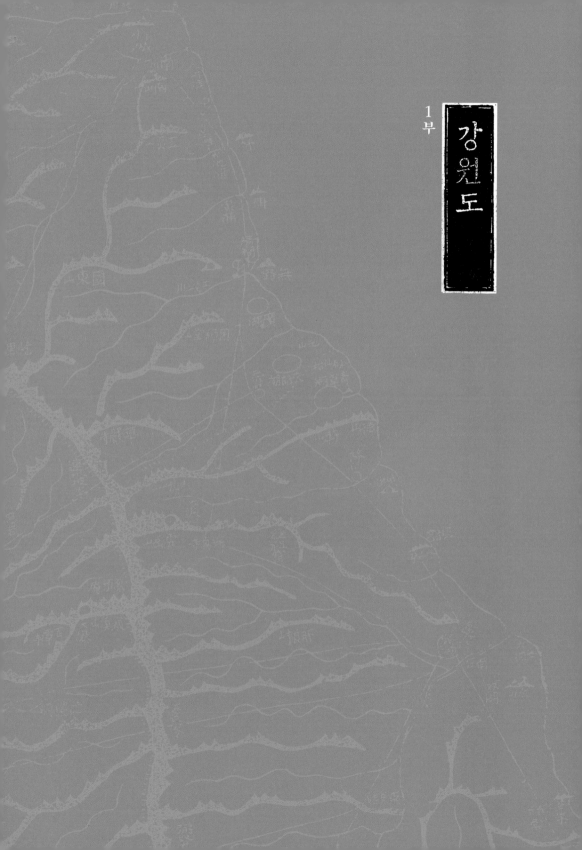

1부

강원도

강원 고성 간성 一장

청간정과 화진포가 자랑인 동해의 고장

청간정淸澗亭과 화진포가 위치한 강원도 간성군이 고성군에 편입된 것은 그다지 오래된 일이 아니다. 고구려 때 이름은 수성군 또는 가아홀加阿忽이라고 불렸는데 신라 때 수성군守城郡이라고 고쳤으며 고려에서 지금 이름으로 고치고 강등하여 현으로 하였다. 그후 승격하여 다시 군이 되었고 고성을 겸임하게 되었다. 1389년(고려 공양왕 1)에 다시 둘로 나뉘었으며 조선시대에도 그대로 두었다가 1895년(고종 32)에 강릉부에 속하게 되었다. 1914년 군면 통폐합 당시만 해도 군내, 오대, 죽왕, 고성, 신북, 서면, 수동, 현내, 토성 등 9개 면을 관할하다가 1919년에 군이 폐지되면서 고성군에 편입되었다.

대동여지도를 들여다보면 금강산 기슭에 있는 고성高城과 설악산을 남쪽에 둔 간성杆城의 거리가 제법 먼데, 오늘날의 지도를 보면 남한의

청간정 관동팔경 가운데 한 곳으로 이곳에 앉아 바라보는 동해 바다의 풍경이 일품이다.

간성이 고성군에 소속되어 있고, 북쪽에 고성이 있는 것을 알 수 있다.

1945년 광복 후에 38선을 경계로 국토가 분단되었을 때 북한에 속하였던 고성군은 한국전쟁 때 국군에 의해 군郡의 일부를 되찾았고, 1954년 '수복지구임시행정구 조치법'에 의하여 간성, 거진, 현내, 수동 등 4개 면을 신설하여 고성군 관할로 하였다. 그때 북한에 속해 있던 금강산 부근의 고성군청을 폐현인 간성현의 현청이 있던 간성읍 하리에 다시 만들어 오늘에 이르렀다.

간성군의 경계는 『신증동국여지승람』에 따르면 동쪽은 바닷가까지 7리, 남쪽은 양양부襄陽府 경계까지 56리, 서쪽은 인제현麟蹄縣 경계까지 80리, 북쪽은 고성군高城郡 경계까지 67리, 서울과의 거리는 527리이다.

청간정은 강원도 고성군 토성면 청간리에 있는 정면 3칸, 측면 2칸의 팔작지붕에 누각 형식의 정자다. 남한 땅에 있는 관동팔경 중 가장 북쪽에 위치하고 있으며 강원도 유형문화재 제32호로 설악산의 골짜기에서 발원한 청간천이 동해로 흘러드는 어귀 언저리에 자리 잡고 있다. 조선 인조 때 군수로 부임해왔던 이식은 청간정의 아름다움을 이렇게 노래했다.

정자 위에 앉아 하염없이 바라보면 물과 바위가 서로 부딪쳐 산이 무너지고 눈을 뿜어내는 듯한 형상을 짓기도 하고 갈매기 수백 마리가 아래위로 돌아다니기도 한다. 그 사이에서 일출과 월출을 바라보는 것이 더욱 좋은데, 밤에 현청에 드러누우면 바람소리 파도소리가 창문을 뒤흔들어 마치 배에서 잠을 자는 듯한 느낌이 든다.

열두 개의 긴 주초석으로 받쳐진 이 정자의 창건 연대와 건립자는 알 수 없지만 1520년(중종 15) 간성군수 최청이 중수한 기록으로 보아 그 이전에 건립되었을 것으로 추정하고 있다. 그 뒤 청간정은 1844년 갑신정변 당시 불에 타버린 뒤 그대로 방치되었다가 1928년 토성면장 김용집의 발기에 의해서 재건한 것을 1981년에 해체 복원하였다.

이 청간정을 두고 봉래 양사언과 어우당 유몽인, 그리고 오산 차천로 등의 문장가들이 시를 지어 찬양하였고, 조선시대 명필인 양사언과 송강 정철의 글씨, 숙종의 어제시가 남아 있다. 청간정의 현판은 1953년에 초대 대통령 이승만이 썼고, 최규하 대통령의 글씨도 걸려 있다. 청간정에서 바라보면 토성면 신평리 신선봉에서 발원하여 화암사와 신평을 거쳐 청간리로 흘러드는 청간천이 동해 바다와 합하게 되는 합수머리가 눈에 들어온다.

『신증동국여지승람』의 「산천조」에 "마기라산麻耆羅山은 고을 서쪽 30리에 있는 진산이다. 남산 고을 남쪽 5리에 있다"고 하면서 "금강산은 고을 서쪽 20리에 있는데 「회양부淮陽府 조」에 자세하다"고 하였다.

간성 근처에는 험준한 지세인 백두대간이 펼쳐져 있어서인지 고개들이 많다. 소파령所坡嶺은 일명 '석파령石破嶺'이라고도 부르는데 고려 시대 문장가 김극기金克己는 이 고개에 대해 다음과 같은 시를 지어 읊었다.

웅장하고 기이한 모습 석파령과 그 모습이 같으며
공중에 높은 바위 붉고 푸른 빛 가로질렀네.
휘어도는 나그네 길이 몇 번이나 굽었다 곧았나.
한 줄기 뱀이 300리를 달려왔네.

여러 번 나뭇가지에 원숭이 매달린 것 보았고,

멀리서도 수풀 사이에 호랑이 숨은 줄 알겠네.

무어라 다시 촉나라 길이 험하다 말하리.

여기와 비교해서 어디가 어렵고 쉬운지.

미시파령彌時坂嶺은 간성 고을 서남쪽 80리쯤에 있던 고개로 길이 있지만 하도 험하여 길을 없애고 다니지 않았다가 1493년(성종 24)에 양양부 소동라령所冬羅嶺이 험하고 좁다고 하여 그 길을 다시 열었다. 그리고 인제군으로 넘어가는 고개가 진부령으로 바로 그 아래에 진부원이라는 원이 있었다.

간성읍 탑동리와 죽왕면 오봉리 경계에는 오음산五音山(285미터)이 있는데, 이 산에 오르면 탑동리·적동리·금성리·장현리·서성리 등 다섯 마을에서 나는 소리를 다 들을 수 있다고 하여 오음산이라고 부른다. 이 산의 정상에는 못이 하나 있는데, 기우제를 지내면 아주 효험이 뛰어나다고 한다. 그리고 토성면 운봉리에는 운봉산雲峯山이 있는데 늘 구름이 끼어 있어서 운봉산이라고 지었다고 한다.

간성읍 광산리에서 어룡리로 가려면 어룡고개를 넘어야 했는데, 옛날에 호랑이가 신랑 신부를 물어다가 뜯어 먹었던 고개라는 전설이 전해져 신행新行길에는 이 고개를 넘지 않았다고 한다. 어룡리에는 천년 묵은 물고기가 하늘로 올라갔다는 어룡소가 있다.

간성읍 교동리는 향교가 있어 '교동리'라 부른다. 고려 중엽에 지은 이 향교는 고성읍 상리와 용연동, 방축동, 간성읍 대전동 등 여러 곳으로 옮겨 다니다가 한국전쟁 때 불에 타버렸고 현존하는 향교는 1955년 다시 지은 것이다.

영랑호는 간성 남쪽 55리에 있던 호수로 둘레가 30여 리였다. 물가가 굽이쳐 돌아오고 기괴한 암석들로 장관을 이루는 이 호수는 동쪽 작은 봉우리가 절반쯤 호수 가운데로 들어갔다. 영랑호에는 옛 정자 터가 남아 있는데, 그곳에서 영랑을 비롯한 네 신선이 구경하며 놀았다고 전해진다.

고려 말의 문신 안축安軸은 그의 시에서 영랑호를 이렇게 노래했다.

평평한 호수 거울인 양 맑은데, 푸른 물결 엉기어 흐르지 않네. 놀잇배를 가는 대로 놓아두니, 둥실둥실 떠서 나는 갈매기 따라가네. 호연하게 맑은 흥 발동하니, 물결 거슬러 깊고 그윽한 데로 들어가네. 붉은 벼랑은 푸른 돌을 안았고, 옥동은 경주를 감추었네. 산을 따라 소나무 아래 배를 대니, 하늘은 푸르고 서늘한 기운 이제 가을이네. 연잎은 맑아서 씻은 것 같고, 순채蓴菜(수련과에 속하는 다년생의 수초로 어린 잎은 식용이 가능함) 실은 미끄럽고도 부드럽네. 저물녘에 배를 돌리려 하니, 풍연이 천고의 수심일세. 옛 신선 다시 올 수 있다면, 여기서 그를 따라 놀리라. 저문 구름 반쯤 걷으니 산은 그림 같고, 가을비가 새로 개니 물결이 절로 생기네. 이곳에 거듭 올 것을 기필할 수 없으니, 배 위의 노래 한 곡조 다시 듣노라.

간성에는 '우는 모래'라는 뜻의 명사鳴沙가 유명하다. 『신증동국여지승람』에는 명사에 대해 "명사 고을은 남쪽 18리에 있다. 모래 색이 눈 같고, 인마가 밟고 지날 때면 소리가 나는데 그 소리가 쟁쟁하여 마치 쇳소리 같다. 대개 영동지방 바닷가의 모래들이 모두 그러하지만 그 중에도 간성과 고성 간에 제일 많다"라고 실려 있다.

간성 읍성은 돌로 쌓은 석성으로 둘레가 2,565척에 높이는 13척이며 성 안에 우물이 있었다. 간성군의 죽도 봉수는 남쪽으로 양양 덕산 봉수에 연결되고 북쪽으로 정양산 봉수와 수산 봉수에 연결되었다.

동해 바닷가에는 그림 같은 정자와 누각이 많았는데, 그 중 만경루萬景樓는 청간역 동쪽 근처에 있었다. 『신증동국여지승람』에는 만경루에 대해 다음과 같이 기록되어 있다.

돌로 된 봉우리가 우뚝우뚝 일어서고 층층하여 대臺 같은데, 높이가 수십 길은 되며 위에 구부러진 늙은 소나무 몇 그루가 있다. 대의 동쪽에 작은 다락을 지었으며 대 아래는 모두 어지러운 돌인데, 뾰족 뾰족 바닷가에 꽂혔다. 물이 맑아 밑까지 보이며, 바람이 불면 놀란 물결이 어지럽게 돌 위를 쳐서 눈인 양 사면으로 흩어지니 참으로 기이한 광경이다.

또한 고려시대의 유학자 이달충李達衷은 그의 시에서 "바다를 구경하러 와서 만경대에 오르니, 구름 안개에 쌓인 물결이 하늘에 닿아 들어오네. 만일 이 물이 봄 술로 변한다면, 어찌 하루에 300잔을 마시는 데만 그치리"라고 노래하면서 바닷물을 보고 술을 연상시키는 풍류를 연출하고 있다.

청간정 근처에 있는 청간역에 대해 김극기는 다음과 같은 시 한 편을 남겼다.

높은 다락이 푸른 연기 낀 나무 끝에 있는데, 난간에 엎드려 나는 새를 엿보네.

가을도 되기 전에 서늘한 기운 많고, 여름철에도 더위는 적다네.

매미소리는 늦은 바람에 부서지고, 갈가귀 그림자는 저녁 햇빛에 번득이네.

술잔 들며 흰 눈으로 바라보니, 만 리에 푸른 하늘이 작구나.

관동은 산수의 고장인데, 지나는 나그네 어조와 함께 섞이네.

돌아가는 길 사람 마음과도 같아 험한 가운데 평지가 적구나.

석양은 말머리에 떨어지는데, 서쪽 변방엔 달이 처음으로 비치네.

곤하여 침상 위에 거꾸러지니, 태산이 가을철의 털과 같이 작게 보이네.

죽왕면 오호리 동쪽에 있는 대섬은 대나무가 많아서 붙여진 이름이다. 그 대나무의 질이 좋아서 예부터 나라에 활을 만들어 바쳤으며, 조선시대에는 이 대섬의 이름을 따서 죽도면으로 개칭하였고, 1915년 행정구역을 개편할 때 간성군 왕곡면과 통합되면서 죽왕면이 되었다.

강원도 고성군 거진읍 화포리에 자리 잡은 화진호는 그 옛날 별산현의 자리로서 홍수로 인하여 호수가 되었다고 한다. 지금도 바람이 자고 물결이 일지 않을 때에는 물 속에 담과 집이 보인다고 하며, 이 호수가 땅 밑으로 동해와 서로 연결되어 있다는 전설도 전해온다.

화진포 해수욕장과 연결되어 있는 화진호는 석호다. 석호는 강물에 실려온 모래가 바다 물결에 부딪쳐서 강어귀에 쌓여 사주를 형성하면 그 모래톱이 두 갈래로 가늘고 길게 바다 쪽으로 뻗어 바다와 분리되면서 그 안에 만들어지는 호수를 말한다. 이 화진호에는 다음과 같은 전설이 전해온다.

화진호가 들어선 자리는 과거에 갑부 이화진이라는 사람의 집터였다. 어느 날 한 스님이 그의 집에 와서 시주를 청하였다. 그때 집주인 이화

화진포 해수욕장 동해안에서도 모래가 가장 곱기로 유명한 화진포는 고운 모래밭과 푸른 바닷물이 함께 어우러져 경관이 빼어나게 아름다운 곳으로 금강산 가는 길목에 자리 잡고 있다.

진이 시주를 하기는커녕 똥을 퍼부으며 스님을 내쫓았다. 그 광경을 지켜본 며느리가 시아버지 몰래 쌀을 퍼다가 스님에게 주었다. 스님은 그 며느리에게 "이곳에 있으면 화를 입을 것이니 나를 따라오라"고 귀띔했다. 이에 며느리가 그 스님을 따라 송정리의 고청 고개까지 가서 주위를 돌아보니 같이 오던 스님은 온데간데없고 자기가 살던 집과 그 일대가 물바다로 변해 있었다. 이에 절망한 며느리는 그곳에서 목을 매어 죽고 말았고, 그의 넋은 고성 서낭리의 서낭신이 되었다고 한다. 그렇게 해서 생긴 이 호수는 그 부자의 이름을 따서 화진호라 부르게 되었다.

둘레가 16킬로미터쯤 되는 화진호는 고니 떼를 비롯한 겨울 철새들이 찾는 도래지이며 이곳 바닷가 모래밭에 피는 해당화는 향기가 좋아서 향수의 원료로 쓰인다고 한다. 영조 때 농학자 유중림柳重臨의 『증보산림경제增補山林經濟』에 의하면, "당시 민간에서는 해당화를 꽃 중의 신선이라고 했으며 동짓날 쌀뜨물을 뿌려주면 그 꽃이 싱싱하고 무성해진다"고 적고 있다. 푸른 호수와 모래밭 그리고 소나무 숲과 절묘하게 어우러진 해당화는 이 화진포의 경관에 단단히 한몫을 하여 고성군화로 지정되어 있다.

이곳에는 한국전쟁 이전에 북한의 김일성이 세웠던 김일성 별장이 있고 한국전쟁 이후 이승만 대통령과 이기붕 부통령의 별장이 남아 있어 험난했던 한국의 근현대사를 증언해주고 있다.

한편 속초시에 있는 청초호는 둘레가 5킬로미터에 이르는 큰 호수로 술 단지처럼 생겼다. 어귀는 동해 바다에 잇닿아 있어서 조선시대 수군 만호영을 두었으며 병선을 정박하기도 하였다. 경치가 매우 아름다워 이중환은 낙산사 대신 이곳을 관동팔경의 한 곳으로 꼽을 정도였다. 한

겨울에는 얼음이 마치 갈아놓은 논두렁처럼 되는데 이를 두고 용갈이, 또는 용정이라고 부르며 얼음이 어떻게 어는가를 보고서 그 다음 해의 길흉을 점쳤다고 한다.

특히 청초호는 내항으로 500톤 급의 선박들이 자유롭게 입출항할 수 있고 태풍이나 해일이 몰아칠 때 어선들이 대피할 수 있는 정박지로 이용되고 있다.

송지호는 고성군 죽왕면 오호리 북쪽에 있는 호수로 둘레가 6.5킬로미터에 이르며 강원도를 대표하는 호수인데 부근에 송림이 우거져 송지호라는 이름이 붙었다. 이 호수에도 다음과 같은 전설이 전해온다. 원래 이곳에 정거재鄭巨載라는 부자가 살고 있었다고 한다. 그런데 그가 시주를 받으러온 스님을 골탕 먹이자 화가 잔뜩 난 스님이 그 땅의 한복판에 쇠절구를 던져 물이 나와 호수로 변했다고 한다. 1977년 국민관광지로 지정되었고 바로 그 근처에 송지호 해수욕장이 있다. 고성 속초 일대의 소나무 숲은 아름답기로 소문이 난 곳이었지만 몇 년 전 동해안의 산불로 거의 불타버려 벌거벗은 산이 되고 말았다.

지형이 말처럼 생겼다고 해서 마차진, 나루가 모래톱에 있으므로 사야지진沙也只津(지금은 속초시 장사동으로 편입되었음), 공수진과 장현리를 병합해 만든 공현진리公峴津里 등의 이름들이 고성군 간성읍에 남아 있다.

고성군 간성읍 해상리 위천 동북쪽에는 팔음 또는 바르메라 불리는 마을이 있다. 이 마을 부근에 건봉사가 있어서 석가 탄신일이 되면 사면 팔방에서 사람들이 모여드는데, 그 사람들이 이 마을을 지나가므로 팔방의 소식을 다 듣는다고 해서 지어진 이름이다. 건봉사는 520년(법흥왕

7)에 아도화상이 창건하고 통일신라시대인 758년에 발징화상이 중건하여 염불만일회를 베풀었는데 이것이 우리나라 염불만일회의 효시가 된다. 그후 1358년(고려 공민왕 7)에 나옹화상이 중수하였다. 일주문을 제외한 대부분의 건물이 한국전쟁 때 불에 타고 현재의 건물은 지은 지 오래되지 않았다.

간성 근처에 있는 거진巨津은 조선시대에 초가집 몇 채가 올망졸망 모여 있는 조그만 어촌이었다. 서울로 과거를 보러 가던 어느 선비가 해안선이 활처럼 휘어져 들어간 땅의 형세를 보고 마치 '클 거巨' 자와 닮았으니 앞으로 큰 나루가 될 것이라고 말한 뒤부터 큰 나루라는 뜻으로 '거진'이라고 부르기 시작했다고 한다. 그래서인지 일제강점기에 고성

건봉사 신라 법흥왕 때 아도화상이 창건한 절로 설악산 신흥사와 백담사, 양양의 낙산사를 말사로 둘 만큼 큰 절이었으나 한국전쟁 때 폐허가 되었다.

군 일대를 중심으로 정어리가 많이 잡히기 시작하면서 거진에 고깃배가 몰려들어 제법 큰 항구가 되었다. 그러나 해방이 될 무렵 정어리가 사라지면서 점차 침체 일로를 걷다가 함경도 지방에서 주로 잡히던 명태가 이곳 거진항에서 잡히면서 다시 활기를 찾기 시작했다.

명태를 부르는 이름은 여러 가지인데, 얼린 것을 동태라 부르고 말린 것을 북어라 부른다. 특히 간성읍 진부리에서는 한겨울의 매서운 바람과 눈을 맞으면서 말랐다 젖었다 하는 여러 과정을 거치면서 노란 빛깔을 띠게 되는 황태가 유명하다.

명태가 그 이름을 갖게 된 유래는 조선시대로 거슬러 올라간다. 당시 함경도 명천明天 지방에 살던 태太씨라는 성을 가진 어부가 어느 날 이름을 알 수 없는 고기를 많이 잡았다. 어부는 처음 보는 고기라서 그 고을 원님을 찾아가 이름을 지어달라고 했다. 그러자 원님이 그 고을 원의 이름 첫 글자와 어부의 성을 합해서 '명태'라고 지어주었다고 한다.

경기 포천 영평 ─ 해마다 풍년이요 곳곳마다 비경이라

인천 강화 교동 ─ 사면은 바다인데 뭇 봉우리 높고 높아

2부

경기도·인천광역시

永平

경기 포천 영평

一장

해마다 풍년이요 곳곳마다 비경이라

조선 전기의 문신 성임은 영평을 두고 "고을이 작아서 송사하는 백성이 없고, 전지가 비옥하여 해마다 풍년이 든다"고 하였다.

영평현은 현재 경기도 포천시 영중면, 일동면, 이동면, 영북면 지역에 자리 잡은 조선시대의 현이었다. 본래 고구려 때 양골현梁骨縣이었고 삼국시대 초기에는 백제에 소속되어 있다가 광개토대왕 이후에 고구려의 영토가 되었다. 신라 경덕왕 때 신라의 영토가 되면서 동음洞陰으로 고쳐 견성군(지금의 포천)의 영현이 되었고, 고려 현종 때는 철원에 예속되었다가 예종 때 감무를 설치하였다.

원종 때 위사공신 강윤소康允紹의 고향이라 하여 영흥현령으로 승격시켰고, 공양왕 때 관할을 교주도에서 양광도로 옮겼다. 조선시대 태조 3년에 영평현으로 바뀌었고, 1618년(광해군 10)에 이곳에 경기 감영을

산정호수 이곳은 한국전쟁 이전에는 북한의 땅이었던 까닭에 김일성의 별장이 있었다고 한다.

만들면서 포천과 합해서 대도호부가 되었다. 인조 때 영평과 포천으로 나뉘었고, 현종 때 군이 되었다가 1914년에 포천군에 속하면서 하나의 면이 되었다.

처음 이름인 양골이란 뜻은 '산골', 즉 '산 속의 고을'이라는 뜻에서 나온 것이다. 이 지역은 임진강의 지류인 한탄강 유역의 산간 분지 지역에 자리 잡고 있어 조선시대에는 포천과 평강 지역을 연결하는 도로가 발달했으며, 한탄강을 따라서 마전과 적성 그리고 파주를 지나 바다와 연결되었다.

영평에 있는 영평천은 포천 이동면 광덕산에서 발원하여 영평팔경의 하나인 선유담仙遊潭을 이루고 백운동 계곡을 받아들인 뒤 연천군 청산면 궁평리에서 한탄강과 합류하며, 그 길이가 40킬로미터에 이르는 하천이다.

영평현에 있는 살여울의 한 줄기는 백운산에서 나오고 다른 한 줄기는 포천 경계에서 나와 고을 남쪽에서 합류한다. 도평리에는 백운동이 있는데, 백운동에 있는 선유담은 물이 아주 맑고 경치가 아름다워 신선이 목욕하며 놀았다 하여 영평팔경의 하나로 이름이 나 있다.

한편 영평현에는 산이 높아서 고개가 많으며, 덕골고개(대평동고개)는 홍룡사에서 가평군 북면 적목리 도마치로 넘어가는 고개이고, 광덕고개는 백운동에서 강원도 화천군 사내면 광덕리로 넘어가는 큰 고개이며, 도평리에서 강원도 철원군 갈말읍 지포리로 넘어가는 고개가 용해고개이다. 도덕골에서 강원도 철원군 서면 자등리 장명동으로 넘어가는 고개가 자등고개인데 고개가 하도 가팔라서 자동차에 기어 1단을 넣어야 넘어갈 수 있다고 한다. 도평리 가리산골에 있는 천냥바위는 예전에 산

삼을 캐는 심마니가 이 바위 밑에서 산삼을 캐어 천냥을 받아 큰 부자가 되었다는 이야기가 서려 있다.

포천 영중면 양문리는 조선시대에 평구도찰방平丘都察訪에 소속된 양문역이 있었으므로 역말 또는 역촌이라고 불렸는데 영평현의 동쪽 9리쯤에 떨어져 있었다. 이 양문역이 『신증동국여지승람』에는 "항간에서는 독흘獨訖이라고 부르는데, 양골梁骨이 와전訛傳된 것이 아닌가 의심된다"고 실려 있다. 이 역에는 큰 말이 3필이 있었고, 중말은 4필, 작은 말은 3필이 있었으며, 역졸 47명, 종 49명에 여종이 56명이 있었다.

영평리永平里(영평 읍내)는 본래 영평군 군내면의 지역으로 읍내가 되므로 영평 읍내(영평읍, 영평)라 하였으며, 이동면 노곡리에 있는 윤내시尹內侍 네골은 김해등 서쪽에 있는 골짜기로 윤씨라는 성을 가진 내시가 살았던 곳이다.

양문리에서 금주리 갈우재로 넘어가는 고개가 가루재고개이고, 능원 서쪽에 있는 바위는 빨래를 많이 하던 곳이라 빨래바위라고 부른다. 영중면 영송리 성낙골에는 장사공깃돌이라는 바위가 있었는데 지름이 1미터쯤 되는 바위가 얹어져 있으며, 옛날 장사가 놀던 공깃돌이라고 알려진 돌이다. 그런데 이 공깃돌이 있으면 마을에서 천치가 난다고 하여 마을 사람들이 없애버렸다고 한다. 또한 영평리에는 큰 절이 있었다고 하여 대사동이라 불리는 지명이 있으며, 작은 독지골, 큰 독지골 등의 지명도 남아 있다.

포천 영북면 자일리는 산골짜기 깊숙한 곳에 들이 넓게 열렸으므로 자일이라 하였고, 정자나무가 있어 정자골이라고 불리는 정자골 동쪽에는 지방바위라는 바위가 있다. 옛날 어떤 사람이 길을 가다가 날이 저물어

한탄강 강원도 평강군에서 발원하여 포천, 철원, 연천 일대를 거쳐 임진강으로 흘러드는 한탄강은 영평현 관내를 흐르는데, 그 강변이 아름답기로 유명하다.

이 바위 밑에서 잠을 자게 되었는데, 생각해보니 마침 그날이 아버지의 제삿날이었다. 그래서 그 바위에다 지방을 붙이고 제사를 지냈다고 한다.

세상이 달라지면서 명절 때마다 외국여행을 가는 사람들이 늘어나는 추세라 다른 나라에서 제사를 지내기도 한다는데 그곳이 어느 곳이건 혼령들이 찾아가지 못할까. 그 나그네처럼 지방 하나 써붙이고 제사를 지내는 것도 달라진 풍속을 감안한다면 그리 탓할 일만도 아닐 듯싶다.

은장산銀檣山(금장산)은 영북면 소회산리와 대회산리 경계에 있는 산으로 높이는 456.6미터이며 은과 금이 묻혀 있다고 전해온다. 금화봉錦華峰은 이기산 또는 애기산, 깃대봉 등으로 부르는데, 영중면 거사리와 창수면 가양리 경계에 있는 높이 287미터의 산으로 아기바위가 있으며 세부 측량의 표준기가 있었던 산이다.

영북면 회산리 한딱고개는 보름미에서 방골로 넘어가는 고개로 산세가 매우 가팔라서 오르려면 숨이 차서 헐떡거린다는 고개이고, 산정호수 가에 있는 산정리에는 한국전쟁이 나기 전까지 북한 땅이었던 까닭에 북한 김일성의 별장이 있었는데 전쟁 이후 없어졌다.

두부바위는 여우고개 남쪽에 있는 바위로 두부처럼 생겼으며, 누룩바위골 옆에 있는 바위는 문처럼 생겨 문바위라고 부른다.

덕재(덕현)는 산정리에서 이동면 도평리와 장암리로 넘어가는 큰 고개인데 안팎으로 두 고개가 되며 바깥덕재(외덕현)는 덕재 바깥쪽에 있는 고개로 덕재에서 이동면 장암리로 넘어가는 고개이다.

사실골고개는 사실골 뒤에 있는 고개로 산정호수에서 이동면으로 넘어가는 고개이며 산정호수(산정저수지)는 다대울 동쪽에 있는 호수로 경치가 매우 좋아서 유원지로 알려져 있는 곳이다.

여우고개(여고개, 호현)는 산정리에서 이동면 장암리로 넘어가는 높은 고개로 여우가 자주 나타나서 사람을 홀렸다고 하며, 운천리雲川里(구울물, 굴운, 운천)는 본래 영평군 북면의 지역으로 큰 우물이 있던 곳이며 철원으로 가는 초입에 자리 잡고 있는 마을이었다.

굴운주막屈雲酒幕은 구루물 남쪽에 있는 마을로 길가는 사람들이 묵어가던 주막이 있던 곳이고, 긴모루(장몰, 장우)는 운천리에 있는 마을로 긴 모롱이가 있는 곳이다.

오호五號(열집매)는 굴운 서북쪽에 있는 마을로 수리조합의 5호 물길이 있는데, 경상도 사람들이 이주해 와 삶의 터전을 일구었던 곳이며, 오호 앞에 있는 한탄강(도산천)의 나루터를 오호뱃나루라고 불렀다.

느치고개는 동자일에서 철원군 갈말읍 지포리로 넘어가는 고개이고, 영중면 거사리居士里(거시울, 거사을, 거사동)는 본래 영평군 군내면의 지역으로 선조 때 지천거사芝川居士 황정욱黃廷彧이 살았던 곳이다.

낙귀정樂歸亭(낙귀정지)은 거사울 서남쪽 금화봉(군산천) 밑에 있는 정자 터이고, 금주리의 물한이(수일, 수일동, 문아리)는 금주리에서 가장 큰 마을로, 금주산(군산천)과 갓모봉 사이가 되는데 물이 많은 곳이다.

선적사善積寺 터는 도평에 있는 폐사지로 어느 때의 절인지 알 길이 없고, 주춧돌과 기왓조각이 남아 있어서 고대 불교문화 연구의 귀중한 자료가 되고 있다.

흥룡사興龍寺는 도평리 38번지에 있는 절로 신라 말에 도선이 창건하여 내원사라 하였는데, 조선 초에 무학이 중창한 뒤, 1638년(인조 16)에는 무영無影이, 1786년(정조 10)에는 태천泰天이 중수하여 백운사라 하였다. 1922년 설하가 중수하고 흑룡사라 하였다가, 흥룡사로 고쳤으며, 한국전쟁 때 소실된 것을 1957년 주지 수경이 다시 세웠는데, 무영과 청암 淸岩의 부도가 있다.

연곡리燕谷里에 있는 도성고개(도성현, 토성현)는 제비울에서 가평군 북면 적목리로 넘어가는 높은 고개이고, 백룡담白龍潭은 제비울 앞에 영평천(도산천)에 있는 소로 흰 용이 하늘로 올라갔다는 곳이며, 정동지모이골과 포천집네모이골 북쪽에 있는 골짜기에는 정동지의 묘가 있다.

포천집네모이골은 노랑네모이골 북쪽에 있는 골짜기로 포천집의 묘가 있는데 이 지역에서는 묘가 모이로 발음되는 것을 알 수 있다.

새질너미(신로령)는 광산골에서 가평군 북면 적목리 도마치로 넘어가는 고개이고, 포천 일동면은 전국적으로 알려진 일동막걸리의 고장이다.

이중환은 『택리지』에서 이곳 영평의 백운산에 대해 다음과 같이 언급하고 있다.

위에서 언급한 여러 산들은 큰 것은 도읍이 될 만한 산이고 작은 것은 도인과 은사가 숨어 살 만한 땅이다. 사람이 살 수는 없으나 명승이라 일컫는 산은 영평(지금의 포천) 백운산白雲山인데 삼부연三釜淵 폭포가 기이하고 웅장하다.

백운산은 포천 이동면 도평리와 강원도 화천군과의 경계에 걸쳐 있다. 백운동 계곡은 산수가 뛰어난데, 『내원사 사적』에는 "백운산은 세 곳 중의 으뜸이요, 네 산 중에 뛰어나다. 태백산은 웅장하고 가파르며, 봉래산은 여위고 험준하며, 두류산은 살지고 탁하며, 구월산은 낮고 민둥산이다. 그러나 이 산은 백두산의 정맥으로 단정하게 뻗어내려 봉우리가 유하고 높으며, 계곡이 깊고 멀고 지세가 정결하며 수기가 청백하다"고 기록되어 있다.

일동면 길명리의 우는바위는 꼭두바위 옆에 있는 바위로 구멍이 있어서 바람이 불면 우는 소리가 난다는 바위이고, 풀떡고개는 사기점에서 영중면 금주리 닥밭으로 넘어가는 고개이며, 차돌고개(화현고개)는 두리동에서 화현면 화현리 신촌으로 넘어가는 고개이다.

사직리의 도성道成 고개(도성현)는 뱀말에서 가평군 북면 적목리로 넘어가는 고개이고, 아양바위(앵바위)는 사당말 서남쪽에 있는 바위로 신선이 아양곡을 불렀다고 한다. 수입리水入里는 영평천(도산천)이 들어오는 곳만 보이고 나가는 곳은 보이지 아니하므로 수입이라 하였고, 곰네미고개(웅현)는 가운데 갈기에서 영중면 금주리에 있는 금주광산으로 넘어가는 고개로 예전에 곰이 넘어다녔다는 고개이다. 유동리의 원통고개는 원통에서 가평군 하면 하판리로 넘어가는 고개로 원통산 줄기가 되며, 된봉고개는 거는말에서 영중면 거사리로 넘어가는 고개로 매우 가팔라서 지어진 이름이다. 메주골(매주골, 매치골, 메치골, 풍패)은 벌말 서북쪽에 있는 마을로 메주 장수가 많이 살았던 곳이고, 메주골에서 추동리 윗가래골로 넘어가는 고개는 활터가 있었으므로 활터고개라고 부른다.

고소성리故蘇城里는 본래 영평군 창수면의 지역으로 고소성(군산천) 밑이 되므로 고소성리라 하였으며, 다름바위는 뾰족바위 동북쪽에 있는 바위로 옛날에는 이곳까지 바다여서 배를 맸다는 곳이다. 삼형제三兄弟 바위는 배모루 앞 영평천(도산천)에 있는 바위로 삼형제처럼 셋이 나란히 있는 곳이고, 신흥리의 국사봉國祠峯은 국사당이 있었다고 한다.

오가리伍佳里(오거리, 오가)는 본래 영평군 하리면의 지역으로서 다섯 갈래의 길이 있어 오가라 하였으며, 금수정金水亭(우두정)은 금수동에 있는 정자로 영평팔경 중의 하나이다. 부사를 지낸 김확金矱이 짓고 우두정이라 하였는데, 봉래蓬萊 양사언楊士彦이 금수정으로 고쳐 써서 현판을 달고, 한음漢陰 이덕형李德馨이 시를 지어 찬양하였던 곳이지만, 한국전쟁 때 불에 타고 말았다.

옥병굴에는 조선 중기의 학자인 사암思庵 박순朴淳을 모신 박사암 사당이 있는데, 매년 음력 3월 보름에 제사를 지내며, 영평팔경의 하나로 이름이 높은 운산리의 도리연桃李淵은 설운이 서북쪽 한탄강(도산천)에 있는 소로 봉숭아꽃과 오얏꽃이 많이 피어 경치가 매우 아름답다.

주원리注院里에 있는 군역골(군자동)은 옥병동 서쪽에 있는 마을로 뒷산에 왕자의 태를 봉할 때 군사를 동원해 역사를 하였다는 곳이다. 주원리 691번지에 있는 옥병서원玉屛書院은 1658(효종 9)년에 창건하여 사암 박순, 동은峒隱 이의건李義健, 문곡文谷 김수항金壽恒을 배향하였는데, 1868(고종 5)년에 헐리고 현재 그 터만 남아 있다.

추동리에 있는 네거리고개는 윗가래울에서 주원리 군자동으로 넘어가는 고개로 네거리가 되며, 노루뫼기고개(장성거리고개)는 노루뫼기에서 신북면 고일리 텃골로 넘어가는 고개로 오래 전부터 장승이 서 있었던 곳이다. 가래울에서 군자동으로 넘어가는 고개를 삼팔선고개라고 부르는데, 한국전쟁 전에 북한과 경계를 이룬 북위 38도선에 팻말이 서 있으며, 가래울에는 오성부원군인 백사 이항복李恒福을 모신 오성산소熬城山所(이백사묘)가 있다.

한편 포천 영북면 산정리에 있는 명성산鳴聲山은 강원도 철원군과 경계를 이루는 산으로 산정호수의 수원인데, 형상이 기암절벽으로 웅장하기 이를 데 없다. 게다가 이 산에는 궁예에 얽힌 일화가 있어서인지 궁예와 관련된 지명들이 많이 남아 있다. 태봉을 세운 궁예가 그의 부하였던 왕건에게 쫓겨가다가 항복을 하였다는 항서降書받골, 치열하게 교전을 하였다는 야전野戰골, 패주하였다는 패주敗走골, 적정을 살피기 위하여 망원대望遠臺를 세우고 봉화를 올렸다는 망봉望峰 등의 지명이 그것이다. 특히 이곳에는 포천의 제일가는 관광명소인 산정호수와 용이 승천하였다는 등룡폭포, 선녀가 놀다갔다는 비선폭포飛仙瀑布가 있어 사람들의 발길이 끊이지 않는다.

정흠지鄭欽之가 시에서 "모인 봉우리 오뚝하여 칼로 깎은 듯 의심되고, 떨어지는 잎사귀 어지러워라. 가위로 마름질하는 듯하다. 호구戶口는 해마다 증가하고, 전야田野도 넓어지니, 성조聖朝는 원래 어진 인재를 등용했음이라"라고 읊었던 영평 지방은 휴전선이 가까워 발전이 더딘 지역이었다. 그러나 근래 들어 휴전선 일대가 땅값이 오르면서 대처에 나간 아들딸들이 시골의 부모님을 뵈러 주말마다 찾아온다니 머지않아 이곳도 개발의 소용돌이에 휩싸이게 될 듯하다.

喬桐

인천 강화 교동 二장

사면은 바다인데 뭇 봉우리 높고 높아

지금 강화도는 강화대교 덕분에 섬 아닌 섬이 되었지만, 옛날에 배를 타고 가야 하던 교동도는 지금도 섬이다. 강화대교가 놓이기 전 나룻배를 타던 시절에 교동도 가는 길은 강화도까지 배를 타고 와서 다시 창후리에서 배를 타고 가야 하는 먼 길이었다.

섬에서 섬으로 이어진 섬, 바다가 바라보이고 일몰이 아름다운 절 보문사가 있는 석모도처럼 가는 사람이 많지 않은 교동도로 가는 길에 꼭 타야 하는 배가 화개해운이다. 창후리 부두에서 교동도의 진산 화개산에서 이름을 따왔을 화개해운을 타고 비 내리는 뱃전에 기대서면 보이는 것은 온통 섬뿐이다. 한때 부 또는 현이었다가 강화군에 딸린 하나의 면이 된 교동도로 가는 마음은 내리는 빗줄기 속에 쓸쓸하기만 하다.

교동도는 육지와 격리된 섬인 탓에 고려 중엽부터 조선 말에 이르기

화개사 민가의 안채를 연상시키는 화개사는 전등사의 말사로, 1967년 화재가 일어나는 비운을 겪은 뒤 1968년에 다시 지어졌다.

까지 종종 유배지로 이용되었던 곳이다.

　조선 전기 당대 제일의 서예가로 이름이 높았던 안평대군이 1453년
(단종 1) 유배를 왔다가 이곳 교동에서 사사되었다. 안평대군安平大君은
세종의 셋째 아들로 어려서부터 학문을 좋아하고 시문, 서화에 모두 능
하여 삼절三絶이라고 칭송을 받았다. 그는 식견과 도량이 넓어서 많은
사람들의 신망을 받았으며 도성의 북문 밖에 무이정사를 짓고 남호南湖
에 담담정淡淡亭을 지어 수많은 책을 수장한 뒤 문인들을 초청하여 시회
를 베풀며 호방한 생활을 하면서 김종서金宗瑞 등과도 자주 어울렸다.
계유정난이 일어나자 수양대군은 안평대군을 이 사건에 연루시켜 강화
도로 유배를 보냈다가 교동도로 옮겼고, 좌의정 정인지鄭麟趾 등이 임금
에게 안평대군을 죽여야 한다고 강박하여 마침내 사사의 명을 내렸는데

남산포에서 바라본 강화
도 이곳으로 송나라 사신들
이 들어왔다고 한다.

그 죄목에는 "양모인 성씨와 간통하였다"는 내용이 실려 있었다. 이밖에도 폭군으로 이름을 날린 연산군이 이곳으로 유배를 와서 생을 마감하였고, 대원군의 손자인 이준용李埈鎔이 역모사건에 몰려 이곳으로 유배를 왔었다.

『신증동국여지승람』에는 교동도에 대해 다음과 같이 실려 있다.

바다 섬에 있는데, 동으로 인화석진寅火石津까지 10리, 서로 바다까지 27리, 남으로 바다까지 11리, 북으로 황해도 배천군白川郡 각산진角山津까지 12리, 경도와의 거리는 182리이다.

교동도는 본래 고구려의 고목근현高木根縣으로 대운도戴雲島, 또는 고림高林, 달을참達乙斬이라고도 불렀다. 신라 경덕왕이 지금 이름인 교동현으로 고쳐서 혈구군穴口郡의 영현으로 만들었다. 고려 때 그대로 두고 명종 때 감무를 두었다. 1395년(태조 4)에 만호를 두어 지현사를 겸했다가 뒤에 현감으로 고쳤다. 1629년에는 남양부 화량진花梁鎭에 있던 경기수영京畿水營을 지금의 읍내리인 월곶진으로 옮기면서 현에서 부로 승격시켰다. 1895년에 강화군에 편입되었던 교동현은 1896년에 다시 현으로 복귀되었고 1914년 행정구역 통폐합 때 강화군 소속이 되면서 수정, 화개 두 면으로 나뉘었다가 1936년에 두 개의 면을 병합하여 교동면이 되었다. 교동도의 남동부에 이 섬의 주산인 화개산(259미터)이 우뚝 서 있고, 서부에 수정산이 솟아 있으며 다른 곳은 거의 대부분이 평지이다.

『신증동국여지승람』에 "수정산修井山은 현 서쪽 25리에 있고 화개산華蓋山은 현의 남쪽 3리에 있다."라고 실려 있는데, 이색은 화개산을 다음과 같이 노래했다.

바다 속 화개산은 하늘에 닿았는데, 산 위 옛 사당은 언제 지었는지 모르겠
네. 제사 지낸 후 한 잔 마시고 이따금 북쪽을 바라보니, 부소산扶蘇山 빛이
더욱 푸르구나.

조선시대에는 교동현의 북쪽에 있던 각산진角山津(인참진仁站津이라고
도 부른다)에서 배를 타고 황해도로 왕래하였다고 한다. 그러나 분단 이
후 갈 수 없는 곳이 되고 말았다.

월선포에서 내려 읍내리로 가는 길에 코스모스는 하늘거리고 가을비
가 추적추적 내린다. 길 떠난 나그네에겐 날씨가 한몫하는데 비가 내리
니 이 또한 어쩔 수 없는 일. 발길을 재촉하자 화개사와 교동향교 표지
판이 눈에 띈다. 화개산에는 화개산성이 있는데 『신증동국여지승람』에
"화개산성은 돌로 쌓았는데, 주위는 3,534척이고, 높이는 18척이다. 그
안에 못 하나, 샘 하나가 있고, 군창이 있다"라고 실려 있다. 화개산 북
쪽에는 안양사라는 절이 있었다고 전해지는데 지금도 그 터가 남아 있
다. 화개산 북쪽에서 흐르는 궤내는 남쪽으로 흘러 읍내를 감돌며 저수
지를 만들고 남산포 앞에서 바다로 들어가는데 게가 많아서 궤내(게내)
라고 부른다. 화개사와 교동향교로 나뉘는 두 갈래 길 가운데에 교동도
를 거쳐간 벼슬아치들의 영세불망비들이 열을 지어 다정하게 서 있다.

화개사로 가는 길에는 떨어진 밤톨이 탐스럽게 널려 있고 화개사에
이르러 경관을 보니 마치 가정집을 연상시킨다. 화개산 남쪽에 있는 화
개사는 전등사의 말사로서 이색이 이 절에서 독서를 했다고 한다. 1967

년에 불이 나서 이곳에 소장되어 있던 불상과 불서가 모두 불에 타는 비운을 겪은 뒤 1968년에 다시 지어졌다. 화개사 대웅전을 뒤로하고 바라보면 읍내리가 펼쳐져 있고 그 너머가 강화로 건너가는 바다다.

다시 내려와 도착한 교동향교는 1127년에 창건되었는데, 창건 당시 화개산 북쪽에 있던 것을 조선 중기에 부사 조호신趙虎臣이 지금의 자리로 이전하였고 인천광역시 유형문화재 제58호로 지정되어 있다. 1966년에 중건된 교동향교에는 대성전, 동무, 서무, 명륜당, 제기고 등의 건물이 있다. 조선시대에는 국가로부터 전답과 노비, 전적 등을 지급받아 교관과 교생이 학생들을 가르치던 교육기관이었으나 지금은 봄가을에 석전을 봉행하고 초하루 보름에 분향을 올릴 뿐인데 그나마 문이 닫혀 있다.

향교에서 나와 바로 보이는 곳이 옛 시절 현이 있던 읍내리이고 그곳에 교동읍성이 있다. 읍내리를 감싸고 있는 교동읍성은 1629년(인조 7)에 현재 화성시의 화량花梁에 있던 수영을 이곳으로 옮기며 함께 쌓은 성이다. 읍성 둘레는 430미터, 높이가 약 6미터이며, 세 개의 문루가 있다. 동문을 통삼루統三樓, 남문을 유량루庾亮樓, 북문을 공북루拱北樓라고 하였다. 그뒤 1753년(영조 29)에 통어사 백동원이 성곽을 고쳐 쌓았고 고종 21년인 1884년에 통어사 이교복이 문루와 성을 중수하다가 통어영이 해영(황해도 감영)으로 옮겨감에 따라 읍성을 완성하지 못했다. 그러다가 1890년(고종 27)에 부사 민창호가 동문과 북문을 중수하였다. 지금은 무지개 형태인 남문과 일부가 남아 있는데 그 문 안쪽으로 슬래브 집이 들어서 무심한 세월의 흔적을 남겨놓았다.

말이 읍내리이지 교동읍성 안에는 빈집들이 여기저기 눈에 띄고 사람들도 드문드문 살고 있을 뿐이다. 교동읍성의 북문 안에는 부군당府君堂

이라는 신당집이 있는데, 이 당이 만들어진 유래가 이채롭다. 연산군이 중종반정으로 쫓겨난 뒤 1506년 9월에 교동으로 추방되어 와서 살다가 그 집에서 병이 들어 죽었다. 그러자 인근에 살던 사람들이 연산군과 그의 아내인 신씨의 화상을 모셔놓고 그 집에서 원혼을 위로하는 제사를 지냈는데, 그곳이 바로 지금의 신당집이다. 연산군의 불행은 성종의 비였던 어머니 윤씨가 질투심으로 인해 폐비가 되면서 시작되었다.

어린 시절을 고독하게 보냈던 연산군은 임금으로 등극하면서 어머니 폐비 윤씨의 비참한 죽음을 알게 되자 자신의 내면에 숨겨져 있던 광폭한 성격을 숨기지 않고 표출하기 시작했다. 그때부터 윤씨를 내쫓거나 죽이는 데 반대하지 않았던 사람들은 물론이고 심부름을 했던 사람들까

교동읍성 현재 교동읍성에는 남문인 홍예문만 남아 있고 대부분의 성벽은 허물어져 있어 그 옛날의 자취를 찾아볼 수가 없다.

지 모조리 대역죄에 걸려 죽임을 당했고 심지어는 그들의 친척들까지 무사하지 못했다. 그 현장에 있었던 한명회, 정창손 등 그 사건에 관여했던 중요한 인물 열두 명은 '십이간妍'이라고 해서 그들 가운데 그때까지 살아 있던 사람들은 목을 베고 죽은 사람들은 무덤을 파헤쳐 뼈를 가루로 만들어 바람에 날려보냈다. 그의 어머니 윤씨를 헐뜯었다는 죄목으로 성종의 후궁 엄숙의와 정숙의를 궁중 안뜰에서 손수 몽둥이로 때려 죽였고, 그것을 말렸던 할머니 인수대비마저 머리로 부딪쳐서 죽게 만들었다.

임금의 자리에 있었던 12년 동안 연산군은 무오사화戊午士禍와 갑자사화甲子士禍를 통해 수많은 사람들을 죽였다. 연산군은 아무리 가까운 사람일지라도 자신을 비판하는 사람을 용납하지 않았지만 그 자신의 말로는 비극적이었다. 연산군 재위 12년인 9월 초하루 지중추부사 박원종朴元宗과 성희안成希顏 등이 밤을 틈타서 창덕궁을 포위하고 정현왕후 윤씨를 찾아가면서 연산군의 시대는 막을 내렸다. 그는 교동도에 유배온 지 3개월이 지난 12월에 "부인 신씨가 보고 싶다"는 말 한마디를 남기고 병들어 죽었는데 그때 그의 나이 31세였다.

이곳을 두고 조선 전기 문신 최숙정崔淑精은, "푸른 산 높고 높아 육오두六鰲頭에 눌렸는데, 게으른 손 올라서니 먼 근심 없어지네. 물 나라 찬 조수에 고기잡이 마을 저물었고, 하늘 끝 지는 해에 바닷물에도 가을이 왔구나. 가슴은 활짝 틔어 삼천 리요, 눈길에 멀리 보이는 것 수십 주로다. 둘러앉은 풍류는 누가 가장 씩씩하냐. 술잔 부어 서로 주며 더 놀고 가세"라고 노래하였고, 이색은 "바닷물 끝없고 푸른 하늘 나직한데, 돛 그림자 나는 듯하고 해는 서로 넘어가네. 산 아래 집집마다 흰 술 걸러내어, 파 뜯고 회 치는데 닭은 홰에 오르려 하네"라고 읊었다.

이곳 읍내리에 있었다는 교동현의 객사 터나 목은 이색이 수양하던 곳이라는 갈공사 터는 사람들에게 물어보아도 알 길이 없다. 황치신黃致身은 그의 시에서 교동현의 객관을 다음과 같이 노래했다.

3월에 바삐 돌아오니 해는 지려 하는데, 원림 곳곳에 푸르게 그늘이 생겼네.
어여쁠사 철쭉꽃은 너무도 멋지게 피어서, 봄빛을 독차지하고 길손의 마음 위로하네.

읍내리에 있는 문무정文武井은 화개산 남쪽에 있는 샘으로 동서로 두 개가 있다. 동쪽의 것은 문정, 서쪽에 있는 것을 무정이라고 하는데, 맑고 찬 물이 양껏 솟아나고 샘 둘레가 약 10미터로 수심도 매우 깊었다고 한다. 그런데 이 샘은 문정에 물이 많으면 무정의 물이 줄어들고 고을에서 문과 급제자가 많이 나며, 그 반대로 무정의 물이 넘치면 문정의 물이 줄어들면서 무과 급제자가 많이 난다는 속설이 있었다. 이 문정, 무정을 합해서 문무정이라고 부른 것이다.

이 샘에 얽힌 재미있는 일화가 전해온다. 이 샘물이 빛을 내면 멀리 바다 건너 삼산면 송가도까지 비치었다. 그런데 이 빛을 받으면 부녀자들이 바람이 났다고 한다. 그래서 송가도 사람들이 몰려와서 이 샘을 메우려고 했지만 하도 물이 많이 나와 어쩔 도리가 없었다. 사람들이 난처해하고 있는데 마침 그곳을 지나던 스님이 그 사실을 알고서 말하기를 "소금 몇 섬만 넣으면 될 것이다"라고 하였다. 그의 말대로 소금 몇 섬을 넣고 메우자 그 샘이 메워졌다고 한다.

또 다른 이야기도 있다. 여자들이 이 샘을 보기만 하면 미쳐버리자 마을 사람들 모두 걱정이 태산 같았다. 하루는 늙은 스님이 지나가다가 오두막에 살고 있는 할머니의 환대를 받고 답례로 떠나는 길에 "문무정만 메우면 된다"는 말을 남기고 갔다. 마을 사람들이 메우려고 했지만 도무지 메워지지 않아 걱정하고 있을 때 그 스님이 다시 홀연히 나타나 "창포를 엮어서 덮고 메우라" 하므로 그 말대로 그 샘을 메우고 있는데, 갑자기 벼락 치는 소리와 함께 용마가 뛰어나와 울더니 어디론가 사라져버렸다고 한다.

지금은 문무정이 흔적조차 남아 있지 않아서일까? 아무리 사람들에게 문무정이 어디에 있는지 물어도 아는 사람이 없었다.

읍내리에 서서 남쪽 바다를 바라보면 높이 53미터의 남산南山이 보인다. 조선시대에는 전망산 봉수가 있어서 서남쪽으로 봉수를 받아 교동현에 전달하였던 이 산은 소나무가 울창하고 바닷바람이 매우 상쾌하다고 하여 진망납량鎭望納凉이라 불리며 교동팔경 가운데 한 곳이다.

남산 밑에 있는 마을 이름은 남산포이고, 남산 밑에는 식파정息波亭이라는 정자가 있었다. 이 정자는 처음에 어변정이라는 이름으로 불리다가 그 앞이 넓은 바다이므로 밀려왔다 밀려가는 파도가 볼 만하다고 하여 식파정이라는 이름으로 바뀌었다. 1881년(고종 28)에 부사 민창호閔敞鎬가 중건하였다.

남산 기슭의 읍내리 571번지에는 사신관使臣館 터가 있다. 바닷가의 바위들을 정으로 쪼아서 만든 층층대가 있는데, 고려 때 송나라의 사신들이 이곳에 머물렀다가 떠날 때 배에 오르기 쉽도록 만들어놓은 것이라고 한다. 고려가 망하면서 그 기능을 잃어버렸고 조선 중엽 이후에는 군기고로 쓰다가 통어사 정기원鄭岐源이 창고로 고쳐서 쓰던 것을 그 뒤에 방어사 이근영李根永이 읍내로 옮겨 세웠다. 바로 그 옆에 사신당이라는 당집이 있다. 송나라 사신이 임무를 마치고 귀국할 때에 뱃길이 무사하기를 기원하는 제사를 지내던 이 집은 한국전쟁 당시 없어졌는데, 1969년에 다시 세워 지금도 뱃사람들이 무사태평을 기원하는 제사를 지내고 있다.

한편 읍내리 동쪽에 있던 동진東津은 양서면 인화진과 삼산면 석모리로 건너가던 나루였다. 예전에는 손님들이 많이 드나들어서 전송하는 광경이 매우 볼 만했기 때문에 '동진송객東津送客'이라 하여 이 역시 교동팔경 중의 하나였다. 그러나 지반이 자꾸 높아져서 지금은 나루를 남산포로 옮기고 말았다.

한편 교동면 봉소리 바다 가운데에는 청주펄 또는 청주풀이라는 이름의 갯벌이 있다. 고구려 때 정주貞州 고을이 있었던 곳으로 부자들이 많아서 청동으로 다리를 놓고 호화롭게 살았다고 한다. 그러나 그곳 사람들은 그렇게 잘 살면서도 인심이 아주 사나워서 지나가는 사람에게 밥 한 그릇도 주지 않았다. 하루는 그 마을에 늙은 스님이 시주를 얻으러 왔는데, 시주를 주기는커녕 쪽박까지 깨버리고 말았다. 그래서인지 얼마 안 되어 천둥번개가 치더니 온 마을이 금세 바다로 변하고 말았다. 그때 그곳에 살던 모든 사람들이 다 죽었으나 마음씨 고운 할머니 한 사람만 간신히 살아나 황해도 연안군 고미포에 가서 홀로 살다가 죽었다. 봉소리 사람들이 사당을 지어 그 할머니의 제사를 지내주면서 할미당이라고 하였다는 이야기가 전해온다.

봉소리의 불근고개는 작은말 동쪽에 있는 고개로 땅 빛이 붉어서 붙여진 이름이고, 서잿마루는 도토리라 부르는 도통동의 위쪽에 펼쳐진 들판으로 혁명을 꿈꾸다 실패한 신천영申天榮의 서재가 있었다고 해서 생긴 이름이다.

교동면 무학리는 무서산 밑에 있어서 무서리라 하다가 학이 춤추는 형국이라고 하여 이름을 무학리로 고쳤는데, 문필봉이라고도 부르며 쥐처럼 생겼다 해서 주산이라고도 부른다. 이 산 아래에 있는 둥그런 바위는 옛날에 장사가 가지고 놀던 공깃돌이라 하여 장사공깃돌이라 불린다.

교동면 인사리에 있는 북진 나루터에서 나룻배를 타면 황해도 연백군 호동면 봉화리로 건너갈 수 있었다. 그러나 바다 건너 황해도는 먼 기억 속의 국토라서 바라보는 것조차 아득할 뿐이다.

정이오鄭以吾가 시에서 "외로운 섬 사면은 바다인데, 구름과 물이 서로 모여 까마득할 뿐일세. 길이 물가로 났으니 버들을 많이 심었고, 집은 섬에 의지했는데 두루두루 밭을 이뤘네. 누른 소 누운 곳엔 맑은 연기 꽃다운 풀 자욱하고, 흰 새 나는 가엔 이슬비 비낀 바람 지나가네. 북으로 송도 바라보니 이내 생각 하염없구나. 뭇 봉우리 높고 높아 퍼렇게 하늘에 닿았네"라고 노래한 것처럼 지금은 이곳 교동도에서 바라보기만 할 뿐 길이 막혀 갈 수 없으니 다시 왔던 곳으로 돌아갈 수밖에.

갈 수 없어 더욱 그리운 땅. 태백에서부터 내려온 한강이 쌓이고 쌓인 역사를 푸른 물로 풀어버린 서해 바다가 그 땅을 가로막고 있을 뿐이다. 언제쯤 교동도에서 나룻배 타고 뱃노래 부르며 그리운 그곳으로 건너갈 수 있을까?

충북 단양 영춘 - 길게 흐르는 강 옷깃을 여민 듯한 온달산성의 고장

충북 영동 황간 - 추풍령을 넘기 전 숨을 고르던 나그네의 쉼터

충북 옥천 청산 - 첩첩한 봉우리와 첩첩한 메뿌리가 울울창창하니

충북 제천 청풍 - 충주호에 잠겨버린 수려한 산천

충북 청원 문의 - 대청댐 푸른 물살에 흔들리는 옛고을의 흔적

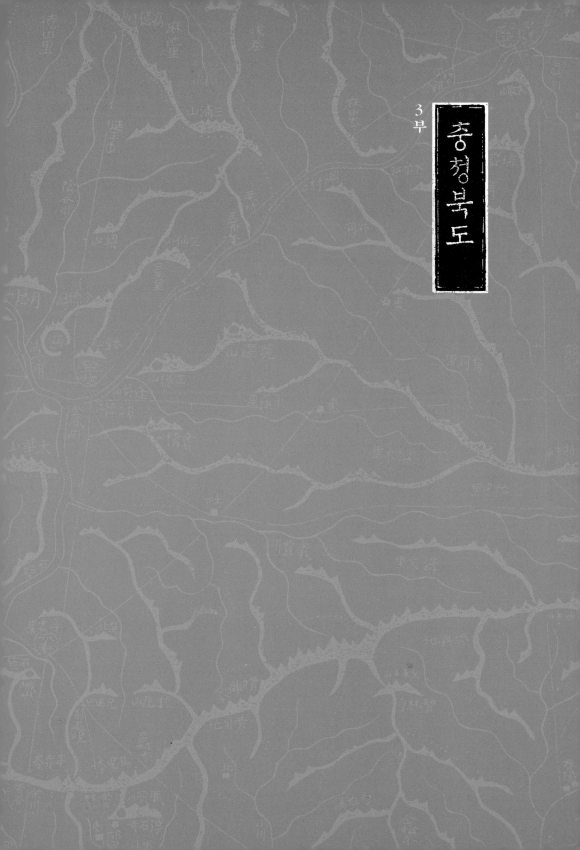

3부

충청북도

永春

길게 흐르는 강 옷깃을 여민 듯한 온달산성의 고장

1894년 동학농민혁명이 진행되고 있던 당시 조선과 일본 그리고 중국을 답사했던 영국 왕실의 국립지리학자 이사벨라 버드 비숍 여사가 한강에서 배를 타고 영춘에 이르렀다. 그때의 상황이 버드 비숍 여사의 저서『한국과 그 이웃 나라들』에 다음과 같이 실려 있다.

남한강 강원도 영월군과 접경해 있는 영춘의 남한강에서는 관광객들이 한가하게 래프팅을 즐긴다.

이 읍의 관아는 크고 불규칙하게 여기저기 서 있고, 훌륭한 출입문을 비롯해 해뜰 때와 해질 때에 관청이 열리고 닫히면서 귀가 먹을 정도로 시끄러운 소리를 내는 북과 그밖의 기구들을 가지고 있다. (백성들에 의해 자발적으로 인정되지 않은) '훌륭한 관리'의 많은 돌비석, 하늘에 봉사한 희생자들을 위한 넓은 터, 서원, 매우 더럽고 황폐해진 왕의 누각 등이 있다. 모두가 공손한 것은 아닌 군중들이 관청까지 우리를 따라왔는데, 나는 그곳에서 금강산까지의 길에 대한 정보를 얻기를 바랐다. 관아에 들어갈 때 하급 관리는 매우 오만했다. 잠시 동안 그의 불쾌한 행동을 참고 나서야 더러운 방으로 안내를 받았는데, 그곳에는 경멸적이고 악의 품은 얼굴을 하고서 우리를 거들떠보지도 않는 사또가 담뱃대를 옆에 두고 바닥에 앉아 있었다. 동양에서는 개인 면담이 드물었기 때문에, 그가 하인을 통해 짧은 대답을 내릴 때까지 우리는 뒤에서 몰려드는 군중들의 압력에 어려움을 겪으면서 입구 바깥에 서 있었다. 이것이 내가 한국 관아를 마지막으로 방문한 것이다.

버드 비숍 여사가 왔을 무렵 이곳 영춘군에는 1,500여 명쯤의 사람들이 살았다고 하는데 지금은 한갓진 시골 면소재지일 뿐이다. 그는 "한강에서 처음 열흘은 평균 75척의 큰 배들이 물길을 오르내리고 있는 것을 볼 수 있었다. 한강에는 유동인구가 매우 많이 존재했다. 전 구간에 걸쳐 다리는 단 하나도 존재하지 않았지만, 정부가 운영하는 47개의 무료 여객선으로 왕래가 이루어지고 있었다. 나는 많은 수의 인구가 강변을 따라서뿐만 아니라, 그 근처에 있는 크고 기름진 땅을 끼고 마주 달리는 계곡들에도 살고 있다는 것을 알고 매우 놀랐다. 한강과 영월 사이의 강변을 따라서만도 176개의 마을이 있었다"고 기록하였다.

한편 영춘장은 삼일장, 팔일장으로 상리와 별방에 섰는데, 예전에는 남한강의 포구인 용진에 가까이 있어서 그 규모가 웬만한 시장보다 컸다고 하지만 지금은 쇠퇴하여 겨우 그 명맥을 이어가고 있다.

단양군 영춘면은 조선 후기만 해도 하나의 현이었다. 본래 고구려 때는 을아단현乙阿旦縣이었는데 신라 때 자춘子春으로 고쳐 내성군柰城郡의 영현을 만들었고, 고려시대 지금의 이름으로 고쳐 원주에 합하였다.

1399년(정종 1)에 영춘과 강원도 영월이 견아상입지형犬牙相入地形이라 하여 그 소속을 맞바꾸어 영춘을 충청도에 이속시킨 후 감무를 두었으며, 1413년(태종 13)에 현감을 두었다. 1895년(고종 32)에 군으로 만들었다가 1914년에 단양군에 합해졌다. 백두대간이 지나는 소백산 인근에 인접해 있어 조선시대에는 군사 교통상 중요한 역할을 하였는데, 관적령串赤嶺, 마아령馬兒嶺, 여촌령呂村嶺 등을 통해 경상도 지역과 연결되었다. 또한 신라에 말갈족이 침입하여 아달성阿達城을 빼앗으려 하자 성주인 소나素那가 말갈족과 분전하다가 전사한 기록이 있다.

영춘현의 향청鄕廳이 1906년 6월에 수리되어 영춘흥명학교가 되었다가 1911년에 사립 영춘보통학교로 개칭되었다. 『신증동국여지승람』에 의하면, 영춘현에서 동쪽으로 경상도 풍기군豊基郡 경계까지 36리이고, 남쪽으로 단양군丹陽郡 경계까지 58리이며, 서쪽으로 제천현堤川縣 경계까지 55리이고, 북쪽으로 강원도 영월군 경계까지 31리이며, 서울까지의 거리는 464리였다.

『신증동국여지승람』「산천조」에 "성산城山은 현 남쪽 3리에 있는데 진산이다. 아래에 석굴이 있어 높이가 10척이 넘고, 넓이가 10여 척쯤 되고, 깊숙이 들어가 끝이 없고 물이 철철 나와 깊이가 무릎에 닿는데, 맑고 차기가 얼음과 같다. 읍 사람이 횃불 열 자루를 가지고 들어갔는데 구멍이 끝나지 않아서 홰가 다하매 돌아왔다"고 실려 있다.

영춘현의 성산은 온달산성이다. 영춘은 고구려의 바보 온달과 평강공주 이야기로 널리 알려진 온달 장군에 얽힌 전설이 가장 많이 남아 있는 곳이다.

이곳 영춘에서 소백산 쪽을 바라보면 온달산성이 눈에 들어온다. 바보

온달이라고 불리던 온달이 평강공주를 아내로 맞이하게 되면서 인생의 전환점을 맞게 되는 『삼국사기』「온달열전」은 백제의 무왕 설화와 흡사하다. 『삼국사기』의 「온달열전」에서는 590년(영양왕 1) 온달이 왕에게 "신라가 우리 한북의 땅을 빼앗아 군현으로 삼았으나 그곳 백성들은 통한하여 부모의 나라를 잊은 적이 없습니다. 저에게 군사를 주신다면 가서 반드시 우리 땅을 되찾겠습니다. 계립령과 죽령 서쪽의 땅을 되찾지 못한다면 다시 돌아오지 않겠습니다" 하고 출정하였으나 아단성 아래에서 신라군과 접전을 벌이다 화살에 맞아 죽었다는 내용을 전하고 있다. 그러나 여러 정황과 산성의 형태로 미뤄볼 때 온달산성은 고구려에서 쌓은 것으로 보이지는 않고 신라 쪽에서 쌓은 성으로 추정된다.

온달산성 바로 아래에 온달동굴이 있다. 1979년에 천연기념물 제261호로 지정된 온달동굴은 석회암 천연동굴로서 지질연대는 4억~5억 년 전이며 동굴의 형성 시기는 10만 년 정도로 추정된다. 남한강변의 물이 휘돌아가는 곳에 동굴 입구가 있어 수위가 높아지면 동굴이 물에 차므로 진동굴성 생물은 찾아볼 수 없지만 지형 경관이 매우 수려하고 아름답다.

영춘현의 중심지였다가 면소재지가 된 원상리에서 영춘 장터 동북쪽의 개천 건너편에 있는 느티마을로 건너가던 나루가 상리나루였다. 이 상리나루에서 온달 장군을 장사지냈다고 한다. 온달이 죽은 뒤 아무리 힘을 써도 관이 움직이지 않자 평강공주가 관을 어루만지며 "죽고 사는 길이 이미 갈라졌으니 마음 놓고 돌아가시오" 하니 관이 움직여 장사를 지냈다는 슬픈 전설이 전해져온다. 그 북쪽의 강변에는 옛날 어느 장군이 들어다놓았다는 둔들바위가 있다.

온달산성 고구려 평원왕의 사위 온달이 신라의 침입 때 이 산성을 쌓고 싸우다가 전사했다는 전설이 어려 있는 석성이지만 고구려 석성임을 입증할 만한 명확한 근거가 없다.

영춘에 남아 있는 일화 중에 선돌과 쉰돌에 얽힌 이야기가 있다. 고구려의 온달은 우리 역사 속에 자주 등장하는 마고할멈에게 온달성을 쌓는 데 쓰일 돌을 나르도록 하였다. 그러나 마고할멈이 다 나르기도 전에 온달 장군이 신라군에 패하여 퇴각하고 말았다. 그 소식을 전해들은 마고할멈은 슬픔에 겨워 가지고 있던 돌을 팽개치고 말았는데 그 돌이 장발리의 선돌이라고 한다. 또 다른 이야기로 온달을 도우려고 산성으로 달려가던 온달의 누이동생이 장발리에 이르러 온달이 패한 뒤 도망치고 말았다는 소식을 듣고 그 자리에서 한이 맺혀서 죽은 뒤 돌이 되고 말았는데, 그 돌이 선돌이라는 설도 있다. 쉰돌은 온달이 고구려의 성이 함락된 뒤 후퇴하다가 바위에서 윷놀이를 하면서 쉬어갔다고 해서 생긴 이름으로 영춘면 상리에 있다.

영춘 장터 동쪽 남한강에 깎아지른 듯이 서 있는 벼랑이 북벽이다. 이곳에서 벼슬살이를 한 이보상李普祥이라는 사람이 그 벼랑에 '북벽北壁'이라는 두 글자를 크게 새겼다. 높이는 수십 미터에 이르고 넓이는 3킬로미터나 되는 절벽이 강을 끼고 있는데 일찍이 노숙전盧叔全이 "길게 흐르는 강 옷깃을 여민 듯하고 수많은 산들 감싸돈 형세"라고 표현했던 것처럼 언제나 봄이라는 뜻을 지닌 영춘에서 봄가을에 배를 타고 절벽을 안고 돌면서 바라보는 정경은 가히 선경 중의 선경이라고 한다. 그래서일까? 한국수자원공사에서 강 지도를 만들 때 북벽을 표지 사진으로 쓰기도 했다. 하지만 앞 강가를 반듯하게 다듬어놓고 래프팅 시설이 줄을 잇고 있으니 과거의 풍광을 본다는 것은 이미 가버린 옛 이야기가 되고 말았다.

영춘 객사터 서쪽에 있는 여울을 관청 여울이라고 부르고 현재 영춘면사무소가 있던 곳에 사선루四宣樓라는 누각이 있었다. 원상리 북쪽에 있는 반공이 마을은 옛날 어느 장군이 산이 하도 험악해서 하늘을 바라보니 반공같이(하늘이 공의 반쪽처럼) 보였다고 해서 지어진 이름이다. 상리 409번지에는 지금은 사라지고 없는 송파서원松坡書院이 있었다. 1703년(숙종 29)에 창건하여 미촌美村 윤선거尹宣擧를 배향한 이 서원은 고종 때 서원철폐 당시 헐리고 말았다. 영춘면 용진리에 있는 염산鹽山에는 합천 가야산 건너편에 있는 남산 설화 같은 이야기가 서려 있다. 이 산의 지세가 불처럼 생겨 마을에 불이 잘 난다고 한다. 그래서 이 산 꼭대기에 소금을 묻고 봉우리 둘레에 소금을 뿌려서 화재를 예방한다는데, 지금도 이 산에서 도끼소리만 나면 마을에 불이 난다고 한다.

사이곡리의 용동골 남쪽에는 모양새가 금계포란형金鷄抱卵形인 산이 있고, 용동골 북쪽에 있는 해고개는 지대가 하도 높아서 해뜨는 것을 제일 먼저 본다고 해서 생긴 이름이다. 사지원리와 영월군 남면 조전리 사이에 있는 태쟁이 마을은 조선시대에 태조 이성계가 들러서 쉬어갔다고 해서 붙여진 이름이고, 태쟁이 100미터 지점에 있는 탑은 태조가 들렀던 것을 기념하여 세운 탑이라고 한다.

영춘면 남천리의 청목동靑木洞은 원남터 북동쪽에 있는 마을로 물푸레나무가 많아서 지어진 이름이고 대어구大於口 마을 동쪽에 있는 원만터라는 산은 옛날에 원만이라는 사람이 소백산에서 인삼을 캐기 위해 이곳에다 막사를 지었다고 해서 생긴 이름이다. 웃남천 동쪽에 있는 멀곡은 남천리의 중앙에서 멀리 떨어져 있어서 멀곡이라 지었고, 동대리의 베틀마을에는 소백산 안에 명당이 있는데 이곳의 지형을 옥녀직금형玉女織錦形이라고 한다. 거무실 안쪽에는 발로 구르면 쿵쿵거린다는 쿵

쿵바위가 있고, 만종리 만마루 서쪽에는 옥녀가 머리를 풀어헤치고 화장을 하기 전의 모습같은 형국이라는 옥녀산발형玉女散髮形의 명당자리가 있다고 한다. 이곳에도 크고 작은 고개들이 많이 있는데, 노은치露銀峙는 영춘면과 어상천면의 접경을 이루는 오계산과 삼태산이 만나는 곳에 있는 고개다. 이 고개는 어상천면 임현리와 만종리를 연결하는 곳으로 교통이 불편한 영춘면 서부지역의 중요한 교통로가 되고 있을 뿐만 아니라 경치가 아름다워서 사람들이 즐겨 찾는 곳이다.

어상천면 대전리의 누르메기마을은 황학동이라고도 부르는데, 예전에 황학촌이라는 호걸부인의 이름을 따서 지었다고 한다. 연곡리와 중거리로 넘어가는 긴 고개인 누르메기는 이 고을에 붉은 황토흙과 학이 많아서 붙여진 이름이다. 넘은골 서쪽에 있는 꽃밭둥이 산은 참꽃(진달래)이 많이 피어서 부르는 이름이고, 옛터골 서쪽에 있는 백마산白馬山은 지형이 달리는 말이 안장을 벗는 형국이라는 주마탈안형走馬脫鞍形이라서 지어진 이름이며, 방산미芳山味 마을은 경치가 무척 아름답다고 한다.

영춘현 여러 고을에는 지명에 얽힌 재미있는 유래가 있다. 어상천면 임현리 사창동과 사고개 사이의 모롱이는 많은 왕래객들이 이곳에서 이별했다고 해서 이별모롱이라는 이름이 붙었다. 이곳의 구름터는 상깃들 동남쪽에 있는 마을로 여름철에 임현에서 동쪽 하늘을 바라다보면 형형색색의 구름이 뭉게뭉게 떠오르는 광경이 매우 아름답다고 한다. 수입촌이라고 불리는 무두리는 고시골 북쪽에 있는 마을인데, 지형이 접시처럼 생겨서 물이 들어오기만 하고 빠져나갈 곳이 없으므로 물이 밑으로 스며들어 빠져나간다고 한다. 임현리에서 영춘면 만종리로 가는 노운재(399미터)는 고개가 매우 높아서 그 위에 늘 이슬이 맺힌다고 한다.

한편 자작리의 장자터는 자재기 서쪽에 있는 마을로 신라 때 화랑들의 훈련에 필요한 군기와 식량을 저장하던 곳이고, 장자터 북쪽에 있는 화랑터는 신라시대 이곳의 청년들이 모여 화랑도를 닦던 곳이라고 한다. 어상천면 방북리의 조대바위는 돌마래미 남쪽에 있는 바위로 조선 중기 퇴계 이황이 단양군수로 있을 때 이 바위에서 낚시질을 하였다고 한다.

충청북도 단양군 영춘면 백자리 소백산 자락 잣골에 위치해 있는 구인사는 전국에 백몇십 개의 말사를 거느리고 있는 사찰로 1966년 9월 30일에 창건되었다. 우리나라에서 가장 큰 절의 하나로 알려진 구인사가 비약적으로 발전하는 것과 달리 예전에 고속도로나 다름없던 남한강에 뱃길이 끊어진 지는 이미 오래이고, 『신증동국여지승람』에 "비마라산毗摩羅山은 현 서쪽 8리에 있다. 아래에 큰 강이 있고 비탈을 따라 석벽을 파서 길을 냈는데, 길이 대단히 위태하고 험하다"라고 실린 산은 어디인지조차 분명하지 않다. 제대로 된 길조차 불과 몇십 년 만에 사라져 버리는데, 하물며 '위태롭고 험하다'는 길이 남아 있기나 할까?

영춘에서 남한강이 보이는 제방 위에 올라서면 남한강은 언제 그런 일이 있었냐는 듯 유장하게 흐르고 있다.

黃澗

충북 영동 황간

二장

추풍령을 넘기 전 숨을 고르던 나그네의 쉼터

"구름도 자고 가며 바람은 쉬어가는 추풍령 구비마다 한 많은 사연"
이라는 노랫말을 들으면 추풍령이 꽤 높은 고개일 것 같지만 추풍령은
사실 야트막한 고개다. 추풍령은 백두대간이 지나는 길목에 자리 잡고
있으며 지금은 경부고속도로가 지나는 중요한 길목으로 추풍령 휴게소
가 있다. 추풍령 일대에 있는 산은 그다지 높거나 웅장하지 않으며 땅이
기름진데다 물이 많으므로 물대기가 쉬워서 한재旱災가 없다고 알려져
있다. 그러나 2002년의 홍수 때에는 추풍령 일대와 김천 일대가 큰 화를
당하기도 했다. 언제까지나 온전한 것은 없는 모양이다.

추풍령 못 미친 곳에 자리 잡은 황간은 경부선 철도와 경부고속도로
가 나란히 지나는 곳이다. 그래서 깊은 골짜기에 있음에도 불구하고 경
상도 일대에서 넘어온 사람들이 옥천의 적등진나루를 건너기 전 숨을

초강 황간 앞을 흐르는 초
강은 전라북도 무주군 덕유
산에서 발원하여 영동군 심
천면 심천리에서 금강에 합
류한다.

고르거나 나그네들이 추풍령을 넘어가기 전 하룻밤 유숙하며 쉬어갔던 교통의 요충지였다.

영동의 동쪽과 보은군의 북쪽에 걸쳐 있는 황간은 지금은 영동군에 소속된 하나의 면이지만 본래는 황간, 매곡, 상촌, 황금면을 아우르는 독립된 현이었다. 영동역과 황간역 사이가 다른 역들 사이의 거리보다 훨씬 먼 데서도 짐작할 수 있듯이 황간은 오랫동안 영동과 따로 떨어진 고을이었다.

황간은 원래 신라의 소라현召羅縣이었는데, 경덕왕 때 지금의 이름으로 고치고, 영동현 영현領縣으로 삼았다. 고려 현종 때 경산부京山府에 붙이고 뒤에 감무를 두었으며, 공민왕 때에 다시 경산부에 소속시켰다. 1390년(공양왕 2)에는 다시 감무를 두었고, 조선시대에 들어와 1413년(태종 13)에 본도에 예속시켰으며, 1414년에 청산을 합쳐서 황청현黃青縣으로 만들었다. 1416년에 각각 다시 복구시키고 현감을 두었다. 이후 1914년 군면 통폐합 당시에 영동군이 통합되면서 면이 되고 말았다.

『신증동국여지승람』에는 황간읍성을 두고 "읍성은 돌로 쌓았는데, 둘레가 1,646척이요, 높이가 7척이며, 안에 우물 하나가 있다"고 하였다.

고려 말과 조선 초의 문신 이첨李詹은 이렇게 기록했다.

황간은 산골 고을로 동서로 가는 사신들이 수십 리를 가야만 위험한 곳을 벗어나게 된다. 이제 이미 큰 언덕에 의지하여 성을 쌓았는데, 성이 큰 시내를 끼고 해자를 파서 백성들 사는 것에 한계를 지었으니, 가히 성을 완전히 하여 사람들을 모은 것이 된다. 그러나 제도를 바야흐로 새롭게 하는 터에 공관이 낮고 비좁은데 왜 증축해서 올라가 놀 만한 곳을 만들어 답답한 마음을 통창하게 하고, 맑고 시원한 것을 맞아들여 마음을 비워서 백성들을 다스리게 하지 않는가. (중략) 옛날 현으로 승격되기 전에는 사는 백성들이 적고, 소나무와 참나무만이 하늘을 가려 가장 그윽하고 깊숙한데다가, 들짐승이 맘대로 뛰놀고 도둑들이 겁탈하고 노략질을 하였기 때문에, 여기를 지나는 자는 반드시 떼를 지어야만 비로소 다닐 수 있었다. 경오년에 지금 공주목사로 있는 영주 이후언이 전삼사좌윤으로서 이 고을 감무가 되매 백성들이 고통스러움을 개탄하고 이것을 없애기 위해 오로지 힘써서, 호구가 날마다 늘고 전답은 날마다 개간되고 사람을 해치는 자는 모두 사라지게 되었다. 이에 나무를 베어내고 돌을 쪼개어 이 성을 쌓아 며칠 안 되어 공사가 완성되매 백성들은 성에 전보하게 되고, 성은 덕에 보전하게 되었으니, 이후의 공이 더욱 빛이 있도다.

황간의 동쪽 20리에 있던 눌이산訥伊山 봉수는 동쪽으로 경상도 김산군 고성산에 연결되고 서쪽으로는 소이산所伊山에 연결되었다. 소이산 봉수는 고을 동쪽 13리에 있었으며, 동쪽은 눌이산에 연결되고 서쪽은 영동현 박달산에 연결되었으며 북쪽으로는 경상도 상주 중모현 소산에 연결되었다.

이곳 영동은 바람이 많기로 소문난 지역이다. 백두대간의 능선이 낮아지면서 골짜기들을 만들어 그 골짜기로 바람이 몰리기 때문이라고 한다. 이곳에서 '바람의 신'인 '영동할미'에게 제사를 지내는 풍습이 시작되었는데 그 연유는 이렇다.

조선시대 중엽에 어떤 벼슬아치가 저녁밥을 먹은 뒤 갑자기 숨이 끊어졌다. 그러자 온 마을에 큰 바람이 불어 나뭇가지를 부러뜨리고 돌멩

이들이 날아다녔다. 죽은 벼슬아치의 귀신이 억울함을 참지 못하고 바람을 일으킨 것으로 여긴 주민들이 돈을 모아 제사를 올려주자 매섭게 불던 바람이 잔잔해졌다.

그때부터 시작된 이 제사는 '영동할미제'로 굳어져 해마다 2월 초하룻날 제사를 지내게 되었다고 한다. 남해안과 제주도 그리고 이곳 영동에서만 이어지고 있는 영동할미제 역시 차츰 그 명맥이 끊어지고 있어 안타깝다.

영동 모른대 마을은 수원리에서 으뜸인 마을로 70여 년 전에 온 마을이 모두 불에 타는 바람에 다시 마을을 만들면서 불을 막는다는 뜻으로 수동水洞이라고 지었다고 한다.

노근리 쌍굴 한국전쟁 당시 미군의 노근리 주민 학살 사건으로 인해 역사적 현장으로 부각된 곳으로 이 쌍굴의 시멘트 벽에는 아직도 그날의 흔적들이 총알자국으로 남아 있다.

황간면 노근리는 본래 황간군 서면 지역으로 안대리와 목화곡리를 합하여 노근리老斤里라 하였다. 경부선 열차가 지나는 노근리 쌍굴은 미군의 노근리 학살사건으로 인해 역사적 현장으로 부각된 곳이다. 미군들은 한국전쟁 발발 직후인 1950년 7월 노근리 철교 및 쌍굴다리 속에 피신하고 있던 인근 주민들을 향해 무차별 사격을 가하여 300여 명을 살해하였는데, 노근리로 들어가는 쌍굴의 시멘트 벽에는 아직도 그날의 흔적들이 총알자국으로 남아 있다. 노근리 목화실 마을은 맨 먼저 목화를 재배했다고 알려진 마을인데 이곳에 그런 아픈 상처가 남아 있다니 우리 역사의 비극이 아닐 수 없다. 황간면 우매리에는 골이 깊어서 사람의 발길이 드물다 하여 저승골이라는 이름이 붙은 골짜기가 있고, 그곳에서 경상북도 상주시 모동면으로 넘어가는 고개 이름은 큰재이다.

황간면 언촌리의 솔티고개는 서원말 북서쪽에서 용암리로 넘어가는 고개로 옛날 이 고갯길로 소가 곡식이나 소금 짐을 자주 운반하였다고 하며, 근처에는 큰 느티나무 정자가 있다.

노근리에서 다시 황간으로 접어들면 초강변 높다란 언덕배기에 가학루駕鶴樓라는 정자가 있다. 이곳은 1393년(태조 2) 황간현감을 지내던 하첨이 처음 세웠고 그 뒤 경상도관찰사 남공이 '가학루' 라는 편액을 달았다고 한다. 가학이라는 이름에는 "천지의 시초를 초월하고 도의 본체와 어울려 바람을 타고 노니는 신선이 된다" 는 뜻이 담겨 있다고 한다. 임진왜란 때 불타버린 것을 광해군 때 다시 세웠고 이후 역대 황간현감들이 여러 차례 중수했으며 충청북도 유형문화재 제22호로 지정되어 있다.

정면 4칸의 팔작지붕집인 가학루는 측면의 한쪽은 3칸이고 다른 한쪽은 2칸인 독특한 구조인데 여러 차례 고쳐 짓는 와중에 이렇게 달라졌을 것이다. 기록에는 "가학루는 객관 남쪽에 있다. 불에 탔는데, 성화成化 병오년에 현감 손번孫蕃이 중건했다"고 나와 있다.

이원李原은 가학루에 올라 이런 시를 지었다.

집이 공중에 높이 솟았으니, 여기 올라와 종일토록 머무네. 경봉瓊峯은 난간에 닿아 빼어났고, 금간金磵 물은 마을을 안고 흐르네. 길은 긴 들 밖으로 나갔고, 성은 큰 들머리에 임해 있네. 이것은 아마도 선경仙境 속에서 학을 타고 바람 따라 노님인가 의심하네.

매곡면 강진리 동점 서북쪽에 있는 옥륵촌玉勒村의 뒷산에는 백마가 풀밭으로 나가는 형국이라는 백마방초형白馬放草形이라는 명당이 있으며, 옥륵촌 뒤에 있는 옥녀봉(545미터)은 그 모양이 매우 수려한 옥녀처럼 보인다고 하여 지어진 이름이다. 또한 한노천리의 느리내는 장교천이 이곳에 이르러 느리게 흐르므로 느르게 또는 느리게라는 이름으로 불린다.

어촌漁村리는 본래 황간군 매하면 지역으로 높은 산들이 많은 탓에 늘 어두운 기운이 있어서 어두니 또는 어둥이라고 부르다가 그 말뜻이 변하여 어촌리가 되었다. 이곳 어촌리와 경상북도 김천시 봉산면·대항면 경계에 있는 큰 고개가 괘방령掛榜嶺이다. 예전에 임지로 떠나던 관원들이나 과거를 보러 가던 선비들이 추풍령을 넘으면 추풍낙엽처럼 떨어지고 괘방령을 넘으면 급제를 하거나 오래 근무를 한다고 하여 추풍령 대신 이 괘방령을 넘었다고 한다.

어두니 남쪽에 있는 천인대는 임진왜란 때 이 바위에 1,000명의 사람이 앉아서 피난을 했다고 해서 생긴 이름이고, 건덕리의 능말개재는 강진리와 어촌리 사이를 넘어가는 고개로 고려장터가 많았던 곳이다. 상촌면 물한리는 삼도봉三道峯 밑이 되어 물이 많으므로 물한이 또는 물한 勿閑이라고 하였는데, 한천 남쪽에 있는 옥소는 삼도봉에서 흘러내린 물이 천연적으로 바위를 파서 돌확처럼 되어 거기에 옥같이 맑은 물이 두 길 가량이나 찬다고 하며 가뭄 때는 그곳에서 기우제를 지냈다고 한다.

삼도대리 어촌 동쪽에 있는 수레네미재는 옛날에 명현들이 수레를 타고 넘어다녔다고 한다. 유곡리의 고반대는 명종 때 사람인 남지언南知言이 독서를 하던 정자이고, 버드실 서쪽, 동모산東慕山 옆에 있는 닭재마을은 계성이라고도 부르며 옛날 홍수 때 이 산이 경상도 지례현에서 떠내려왔는데, 그 산에 수탉이 앉아서 울었다는 이야기가 전해진다.

가학루에 올라서자 겨울 대나무 사이로 황간이 아슴푸레 보이고 경부고속도로에는 차들이 쉴 새 없이 지난다. 이처럼 멀리까지 바라보며 마음을 정화시킬 수 있었기 때문에 연산군에게 미움을 받아 신계新溪로 유배되었던 문신 최숙생崔淑生은 다음과 같은 시를 남겼는지도 모른다.

땅은 이 누의 경치를 만들어냈고, 하늘은 우리를 머물게 했네. 산은 아침저녁 태도 다르고, 물은 예나 지금이나 마찬가지로 흐르네. 나는 새는 때때로 등을 보겠고, 기다란 대는 다만 머리만 보이네. 뜰이 한가로워 공사 적으니, 배회하며 봄놀이하는 격일세.

그러나 꽃 피는 봄도, 수풀 울창한 여름도 아닌 한겨울 눈 내리는 가학루에서 옛 사람들의 정취를 떠올려보려 했지만, 살풍경한 초강변의 분

가학루 초강변 깎아지른 벼랑에 서 있는 가학루는 황간 고을을 한눈에 내려다볼 수 있는 곳에 자리 잡고 있다.

위기가 그런 기회를 허락하지 않았다.

가학루의 기둥과 기둥 사이로 보이는 황간향교는 그림처럼 아름다웠다. 그 아름다움에 취하고자 눈 내리는 길을 걸어갔다. 그러나 홍살문을 지나 다가선 대문은 세 개가 모두 굳게 닫혀 있었고 뒤쪽에 난 쪽문만이 열려 있었다. 솟을삼문을 열고 명륜당 오르는 돌계단을 바라보니 소복하게 쌓인 눈이 단정한 명륜당의 문살과 어우러져 처연한 아름다움을 더했다.

충청북도 유형문화재 제100호로 지정된 황간향교는 1394년(태조 3)에 창건되었다. 처음엔 황간현 뒷산에 세워졌는데 1666년(현종 7)에 지금의 자리로 옮겨왔고 영조 때 두 차례 중수되었으며 1872년(고종 9)과 근래에도 중수되었다. 황간향교는 조선시대 나라에서 토지와 전적, 노비 등을 지급받았으며 지방의 중등교육기관으로서 교관 한 명이 정원 30명의 교생을 가르쳤다고 한다. 그러나 갑오개혁 이후 교육기관으로서의 기능은 사라졌다. 봄·가을에 석전을 봉행하면서 매달 초하루와 보름에 대성전에 봉안된 5성, 10철, 송조 6현과 함께 우리나라 18현의 위패를 분향하고 있다.

가학루를 내려와 본격적인 초강 답사에 나섰다. 황간면 원촌리에서 초강은 금계천을 받아들인다. 원촌리 초강변에는 모양이 배처럼 생긴 배바위가 있는데 그 바위에 전설이 서려 있다. 옛날 한 여인이 이곳에 살았는데, 하루는 강에 바위가 떠내려가자 그것을 바라본 여자가 "바위가 떠내려간다"고 소리를 질렀다. 그 순간 바위가 그곳에서 멈추고 말았다. 그 뒤부터 황간에서 여러 불미스러운 일이 일어나자 황간 사람들은 그 여자가 바위를 멈추게 했기 때문이라며 그녀를 비참하게 죽인 뒤 떠내려 보냈다. 그 뒤부터 이 지역 사람들은 배바위 부근에서 잡히는 다슬기는 먹지도 않는다고 한다.

냉천교를 지난 원촌리에 한천서원이 있었다. 숙종 때 건립하여 영조 때 사액을 받은 한천서원 터에는 정조 때 이곳 유림들이 세운 우암 송시열유허비가 있고, 월류봉 자락을 중심으로 냉천팔경이라고도 불리는 한천팔경이 있다.

한천팔경은 황간면 원촌리 일대의 여덟 군데 명승지, 월류봉月留峯, 화헌악花獻嶽, 용연대龍淵臺, 산양벽山洋壁, 청학굴靑鶴窟, 법존암法尊巖, 사군봉使君峯, 냉천정冷泉亭을 말한다. 원촌리 뒷산에 있는 월류봉은 깎아 세운 듯한 층암절벽이 공중에 우뚝 솟아 있는 형상에 시냇물이 이를 껴안고 돌아 흐르며, 고색창연한 비각과 초당도 품고 있다. 화헌악은 봄이 되면 붉은 비단을 깔아놓은 듯 진달래와 철쭉으로 뒤덮이고, 용연대는 반석 밑으로 물굽이가 소를 이루고 있는 곳이다. 산양벽은 태초의 모습을 간직하고 있는 듯한 기암 절벽이며, 청학굴은 가을에 단풍이 다홍빛으로 물들고, 법존암은 옛날 암자 터로 천고의 비바람을 벗 삼아온 바위이다. 사군봉은 흰 비단을 덮어놓은 듯한 설경으로 이름이 높으며, 냉천정에는 영조 때 창건된 한천정사寒泉精舍가 있는데 냉천이라 불리는 참샘은 눈물이 녹아 층암절벽으로 내려와서 고인 샘이라고 한다.

추풍령면 신안리 신안동 서쪽에 있는 반고개는 서울과 부산의 반이 되는 지점이라고 한다. 추풍령면 관리官里는 본래 경상도 금산군金山郡(지금의 김천시)의 지역으로 조선시대에 신풍령역新風靈驛이 있었기 때문에 역마 또는 관리라고 하였으며, 관리 뒤에 있는 당인 마당馬堂은 옛날 역말의 제사를 지내던 곳으로 당 안에는 쇠로 부어 만든 말 형상을 모시고 있다.

추풍령의 당마루 고개는 대평 남쪽에서 경상북도 김천시로 넘어가는 고개로 옛날 당나라 병정들이 진을 쳤던 곳이라고 한다. 추풍령리와 대평리 사이에 약 20미터쯤 되는 오래된 다리가 한국전쟁 후에 놓은 추풍대교였는데 그때만 해도 그 정도의 다리를 대교라고 불렀으니 새삼 격세지감을 느끼게 된다.

수많은 사람들이 두 발로 넘나들었던 추풍령을 이제는 자동차로, 열차로, KTX로 순식간에 스쳐지나간다. 황간에서 보낸 하루는 이렇게 저물어가고 나는 가학루에서 지난 여정을 되돌아보았다. 조선 전기의 학자 조위曺偉가 지은 「가학루기」의 한 부분이 문득 떠올랐다.

황간 고을은 층층한 산마루를 의지하고 절벽을 굽어보고 있다. 동남의 모든 구렁의 물들이 그 아래로 돌아 꺾어 서쪽으로 가는데, 세차게 흘러 돌에 부딪치면 거문고와 비파, 피리 같은 소리가 주야로 끊어지지 않는다. 고을 서쪽 5리쯤 되는 곳에 두어 봉우리가 우뚝 솟아 들여다보고 섰는데, 가운데 청학굴이 있다. 바위 골이 그윽하고 연기와 안개가 아득하여 지나는 사람은 인간세상 경계가 아니라고 의심한다. 객관 모퉁이에 성가퀴(성 위에 나지막하게 쌓은 담) 있어 푸른 언덕에 임해 있는데, 옛적에 여기에 누樓가 있었으니 이것이 가학루이다.

충북 옥천 청산 三장

겹겹한 봉우리와 첩첩한 메뿌리가 울울창창하니

1980년대 젊은이들이 가장 많이 불렀던 노래 중에 하나가 아마도 시인 양성우의 시에 곡을 붙인 〈청산이 소리쳐 부르거든〉이라는 노래일 것이다. 우리나라 군 단위를 통틀어 유일하게 청산이라는 서늘하도록 아름다운 이름을 가진 청산군은 현재 옥천군에 딸린 하나의 면이지만 1914년 행정구역이 통폐합되기 전까지는 군이었다.

청산은 본래 신라 굴산현屈山縣 또는 돌산㟶山이라고도 하였는데, 경덕왕景德王 757년에 기산耆山으로 고쳐서 삼년군三年郡의 영현이 되었다. 고려시대에는 940년(태조 23)에 지금의 이름인 청산으로 고쳐서 상주에 소속시켰다. 공양왕 2년에 감무를 두었고 그 뒤에 다시 상주로 회복시켰다. 조선 태종 3년에 다시 감무를 두었다가 14년에 황간黃澗에 합쳤고, 16년에 각각 다시 복구시켜서 다시 현감을 두었다. 그 뒤 1895년에

보청천 금강의 한 지류인 보청천은 보은군 내북면에서 흐르기 시작하여 보은군 마로면과 옥천군 청산면의 경계에서 1급 하천이 되어 금강으로 흘러든다.

군으로 승격시켰다가 1914년에 옥천군에 편입되었다.

이곳 청산에는 신라의 소지왕이 개축하였다는 저점산성猪岾山城이 있고, 당시에는 동쪽으로 백두대간의 웅현熊峴을 넘어 상주와 서로 연결되었으며, 북쪽으로는 보은, 서쪽으로는 옥천과 이어지는 도로가 발달하였던 곳이다.

청산면은 본래 청산군청이 있어 군내면이라고 부르다가 1914년 군면 통폐합 당시 동면과 북면을 합하여 청산면으로 개칭하였다. 청산면의 동쪽 경계에는 팔음산, 천금산 등의 산들이 솟아 있고, 남쪽에는 천관산이 솟아 있으며 북쪽에는 도덕봉이 솟아 있어 대부분 크고 작은 산지로 이루어져 있다.

한편 청산면의 보청천 일대에는 남쪽에서 북쪽으로 흐르는 하천의 여러 지류들이 합해지면서 넓은 평야를 이루어놓았다. 청산면 교평리에 있는 은산정隱山亭은 인의도덕을 숭상한 선현의 정신을 이어받고자 1975년 건립하였다. 목조 기와집인 은산정은 정면 2칸, 측면 2칸의 팔작집으로 조선시대의 전형적인 정자 건축 양식이다.

청산군의 경계는 『신증동국여지승람』에 의하면 동쪽으로는 경상도 상주尙州 경계까지 24리, 남쪽은 영동현永同縣 경계까지 13리, 서쪽은 옥천군沃川郡 경계까지 20리, 북쪽은 보은현報恩縣 경계까지 22리이며, 서울과의 거리는 423리이다.

이 청산현의 진산은 기성산己城山이고 백운정白雲亭은 객관 북쪽에 있었다. 조선 초기의 학자이며 정치가였던 김수온金守溫은 그의 「기」에서 이렇게 썼다.

우리 고향이 청산에서 멀어지기 겨우 10여 리에서, 내가 왕래할 적에는 반드시 그 정자 아래를 지나게 된다. 그렇기 때문에 여기 감무로 있는 이들 가운데 내가 알고 사귀지 않은 사람이 없다. 금년 여름에 청산현감이 이 정자 이름을 지어달라고 했다. 대체 고을 이름이 청산이니 만일 이 정자 이름을 짓는데 백운이라 하지 않고 딴 이름으로 짓는다면 이는 박물군자博物君子가 아니로다. 왜냐하면 청산에는 백운이 없는 데가 없고, 백운에는 청산이 없는 데가 없기 때문이다. 옛 사람의 시에, "청산은 백운 밖에 푸르고 푸르며, 백운은 청산 속에 희고 희다"한 것이 이를 두고 말함이다. 이 고을은 높은 산과 큰 물 사이에 있어 겹겹한 봉우리와 첩첩한 메뿌리가 울울하고 창창하니, 그대가 만일 새벽에 이 누 위에 올라가서 눈을 들어보면 흰 구름이 유연하게 생겨 마치 부슬부슬하고 자욱해서 금세 하얀 옷과 같고 금세 또 푸른 개처럼 보일 것이다.

청산현에는 또한 열운정悅雲亭이라는 정자가 있었다. 청산현이 높은 봉우리와 큰 강 사이에 있어 구름은 늘 이 정자와 마주보았으며, 맑음도 그러했고, 비 또한 그러했다. 아침 저녁으로 끼어 하루도 흰 구름이 청산에 없을 때가 없으니 청산은 더욱 푸르고 흰 구름은 더욱 희다.

청성면 장수리에는 그 모양이 광주리처럼 생겼다는 광주리산(420미터)이 있는데 1975년에 그 아래에서 발견된 자연석회동굴이 강절굴姜節窟이다. 약 6억 년 전에 생성된 것으로 추정되는 이 동굴은 입구에서 375미터쯤 들어가면 모래로 이루어진 제법 넓은 광장인 모래방이 나오고 거기에 있는 옹달샘은 물이 차고 시원하여 약수로 알려져 있다. 모래방을 지나 약 28미터 들어가면 석순방이라고 불리는 석순이 많은 호수가 나타난다. 굴 안에는 박쥐와 노랑지네를 비롯한 곤충들이 살고 있는데,

너무 오래된 동굴이라 낙반의 우려가 있고, 개발가치가 별로 없어 일반인의 출입을 금하고 있다.

청산군 군서면에 소속되었던 청성면 고당리의 강촌은 금강 상류에 있는데, 처음에 강씨들이 터를 잡아 마을을 이루었다고 해서 강姜촌이고, 고현高峴 마을은 지대가 제일 높은 곳에 자리 잡고 있는 마을이다. 농지가 절대적으로 부족했던 고현리 사람들은 옛 시절 청산군 남면 소속이었던 묘금리猫金里에 논을 사두고 세 시간씩 고개를 넘어 오가며 농사를 지어 소나 등짐으로 곡식을 옮겼다고 한다. 이른 새벽에 집을 나서서 늦은 저녁에야 돌아오므로 고현리 아이들은 부모의 얼굴을 모른다는 말이 있었다는데 40여 호쯤 되었던 집이 11호로 줄어든 지금은 그저 쇠락해가는 마을로 남아 있을 뿐이다. 묘금리의 금점 마을은 옛날에 금金이 많이 났기 때문에 금점이라는 이름이 붙었고 한때는 옹기점이 있었는데 지금은 그마저도 없어지고 말았다. 산의 지형이 아이가 춤을 추는 형국이라는 무동골과 산쥐가 많았다는 메쥐골이 묘금리에 있다.

한편 청성면 산계리의 보청천 복판에 외따로 떨어져 섬처럼 불리는 독산에 얽힌 전설이 남아 있다. 전설에 의하면 이 산은 원래 보은의 속리산 법주사에 있던 산으로 홍수 때 떠내려왔다고 한다. 법주사에서는 해마다 이곳으로 독산의 지세地稅를 받아 갔다. 그러던 어느 해 새로 부임한 젊은 현감이 독산이 필요 없으니 도로 가져가라고 하자 지세를 받으러 왔던 스님은 그냥 돌아갔고 그 뒤부터 지세를 물지 않게 되었다고 한다. 단양팔경이나 평안도에 있는 위원산 설화와 닮은 이야기이다.

산성 서쪽에 있는 계하桂下마을 위에는 수백년 묵은 괴목이 많이 서 있었으며, 산성 서북쪽 산 정상에 있는 돌로 쌓은 기성터는 삼국시대에 쌓은 성이라고 하고, 다래비산에서 구음리로 넘어가는 고개를 다래비재라고 부른다. 계하 서남쪽에 있는 안림마을은 맨 처음에 안씨들이 개척했다는 마을이고, 산성 동쪽에 있는 조개둠벙이라는 논은 조개가 많았다고 한다.

청성면 거포리의 개밭골은 거포리에서 가장 큰 마을로 옛날에 대밭이 많았다고 해서 생긴 이름이고, 구음리의 숯가마실은 황음 서남쪽 산골에 있는 마을로 전에 숯을 많이 구웠다고 한다. 능월리의 망월은 능월리에서 가장 큰 마을로 마을 앞들이 보름달처럼 둥글다고 하며, 두릉 서남쪽에는 옹기를 만들었던 옹기점마을이 있다. 대안리의 질마재는 대안리 서쪽에서 안남면으로 넘어가는 고개이고, 도장리의 마장은 내도곡 서북쪽에 있는 마을로 전에 말을 먹였다는 곳이다.

청산군 남면 지역이었던 청성군 삼남리에는 윗대문, 가운뎃대문, 아랫대문이라 하여 고개 셋이 연달아 있는 대문고개가 있고, 수내미 서남쪽에 있는 삼거리 마을은 영동읍과 심천면 그리고 청성면으로 통하는 세 갈래 길이 있어 삼거리 길로 불리고 있다.

밀개봉 남쪽에 있는 마을은 수레나미(차남)마을이라 하고, 소서리의 작은 뱀티는 소사동이라고도 부르는데, 소서리에서 가장 큰 마을로 청산면 대덕리 큰뱀티와의 경계에 뱀처럼 길게 뻗어 있는 산이다.

양저리 안돌목 뒤에는 매봉재라는 산이 있는데 옛날에 꿩 사냥을 할 때 이곳에서 매를 날렸다고 하며, 들목이 북쪽에 있는 베틀바위는 옛날이 바위에 베틀을 걸어놓고 베를 짰다고 하고, 범의 굴은 돌목이 북쪽에 있는 골짜기로 옛날에 범이 살았다고 한다.

장수리에서 가장 큰 마을인 만명마을 서남쪽의 무회라는 마을은 처음

청산향교 1398년에 창건된 청산향교는 충청북도 유형문화재 제98호로 지정되어 있다.

에 길마우라는 곳에 있었는데 도둑이 하도 창궐하여 100여 년 전에 이곳으로 옮겼다고 하며, 소곡림은 무회 서북쪽에 있는 마을로 예전에 초목이 무성해서 날짐승들이 많이 모여들었다고 한다.

구재는 장명골 동북쪽에 있는 마을로 앞에 거북바위가 있고, 뒤에는 청산면으로 넘어가는 고개가 있으며, 조천리의 강선대는 도내 동쪽에 있는 바위로 산수가 아름다워서 옛날에 신선들이 내려와 놀았다고 한다.

조천리에서 가장 큰 마을은 조분 또는 새분이라고 부르는데, 그 생김새가 새처럼 생겼다고 하며, 화성리의 석성은 뒷산이 병풍처럼 둘러싸고 동쪽만 트여 있다.

양짓마 북쪽에 있는 마을인 유몽골은 옛날에 주막이 생기면서 이루어

졌다고 하며, 화동 앞산에 있는 가매바우는 지형이 가마처럼 생겼다고
한다.

청산면 지전리의 돌안마샘은 지전 북쪽에 있는 샘으로 옛날 동헌에
딸려 있었다고 하며, 비석거리에 손씨 열녀문이 있다. 손씨는 시부모에
게 효성이 지극하였는데, 남편이 중병을 앓다가 죽자 3년간 시묘살이를
하고 남편을 따라 죽고 말았다고 한다.

지전리와 하서리 사이에 있는 옥거리는 옛날에 감옥이 있었던 곳이
며, 지전리 중앙에 있는 청산시장은 2일과 7일에 서는 장이지만 그 옛날
흥청거렸던 장터의 모습은 어디에서도 찾을 길이 없다.

천금산千金山은 옥천군 청산면과 영동군 용산면, 경북 상주 모서면 경
계에 있는 산으로 높이가 464미터이고, 예실내는 청산면 명티리 팔음산
에서 발원하여 서쪽으로 흘러 삼방리를 거쳐 예실 남동쪽에서 보청천으
로 들어간다.

충청북도 유형문화재 제98호로 지정되어 있는 청산향교는 1398년(태
조 7)에 창건되었고 임진왜란으로 불타자 1602년(선조 35)에 백운동에 재
건한 것을 1654년(효종 5)에 지금의 교평리로 이전했다.

清風

충북 제천 청풍 _{四장}

충주호에 잠겨버린 수려한 산천

청풍명월清風明月. 말 그대로 '바람은 맑고 달빛은 밝다' 는 뜻을 지닌 청풍은 지금은 제천시에 소속된 하나의 면에 불과하지만 조선시대에는 번듯한 하나의 군이었다.

본래 고구려의 사열이현沙熱伊縣인데, 신라에서 지금 이름으로 고쳐 내제군奈堤郡의 영현領縣을 삼았다. 고려시대에 들어와 1018년(현종 9)에 충주에 붙였다가 뒤에 감무를 두었고, 1310년(충숙왕 4)에 이 청풍현을 고향으로 둔 청공淸恭이라는 승려가 왕사王師가 되자, 지군사로 승격시켰다. 1660년(현종 1)에 부로 승격되었으며, 1895년에 군이 되었다. 1914년에 제천군에 병합시켜 읍내면이라고 하였다가 1917년에 청풍면으로 고쳤다.

청풍면이라는 지명은 이 지역의 산천 경계가 빼어나 남도의 으뜸이라

북진나루 제천에서 가장 큰 시장인 청풍장이 서면 서울에서 온 돛단배들과 봇짐장수들로 흥성거리던 북진나루는 물에 잠겨 버리고, 수몰 지구에 있던 문화재들은 청풍문화재 단지로 옮겨졌다.

고 하여 청풍명월이라 부른 데서 비롯되었다. 조선시대에는 청풍군의 진산인 인지산因地山 부근의 남한강에 한벽루寒壁樓라는 누각이 있어서 많은 시인들과 묵객들이 찾았던 곳이다.

이승소李承召는 그의 시에서 한벽루에 대해 이렇게 노래했다.

호남의 50성을 두루 다녀보았지만, 오늘에야 경치 좋은 땅 그윽한 정취를 맞네. 백척의 푸른 다락 바람을 내려다보아 산뜻하고, 푸른 벽 천길이나 쇠를 깎아 만든 듯싶다. 산이 좋으니 사람으로 하여금 납극蠟屐(산에 오를 때 신는 나무신에 밀랍을 발라서 윤을 낸 것을 말함)을 생각하게 하고, 강이 맑으니 나를 불러서 먼지 낀 갓끈을 빨게 한다. 도원이 반드시 인간 세상 아닌 것이 아니다. 고기잡이 늙은이를 따라 이 생을 보내려 한다.

한벽루는 조선시대 청풍현의 객사에 딸린 누각으로 보물 제528호로 지정되어 있다. 정자 밑으로 한강이 유유히 흐르는데다 강 건너에는 백사장이 하얗게 펼쳐져 있고 금수산이 우뚝 솟아 있어 경치가 아름답기로 유명하다. 이 한벽루는 정면 4칸, 측면 4칸으로 기둥 위에 공포(처마를 받치는 나무)를 둔 주심포계 팔작지붕이다. 이 건물은 원래 청풍면 읍리에 있었으나 충주댐으로 그 지역이 수몰되면서 1983년 지금의 위치인 높은 석벽 위로 옮겨졌다.

이 건물이 처음 지어진 것은 고려 말기인 1317년. 당시 청풍현 출신의 승려 청공이 왕사가 되자 청풍현이 군으로 승격된 것을 기념하기 위해 객사 동쪽에 이 정자를 지었다. 1397년에 군수 정수홍鄭守弘이 중수한 후, 1634년에 개창되었고 1870년(고종 7)에 부사 이직현李稷鉉이 고쳐 지었다. 현재의 건물 양식은 그때의 모습이 남아 있다. 밀양의 영남루, 남원의 광한루와 함께 익랑(대문의 좌우 양편에 이어서 지은 행랑)이 딸려 있는 조선시대 대표적인 누각 건물로 세 건물 가운데에서도 가장 간결하고 단아한 모습을 자랑한다.

조선 초기의 문신 하륜은 「한벽루기」에서 다음과 같은 기록을 남겼다.

내가 옛날에 여러 번 죽령 길을 지났는데, 청풍군수가 매양 길옆에서 맞이하고 전송하였다. 고을의 형승을 물으니 한벽루를 일컫고, 또 문절공文節公 주열朱悅의 네 귀 시를 외었다. 내가 듣고 즐거워하였으나 총총하기 때문에 한 번 들어가서 올라 구경하지 못하였다. 지금 정군 수홍이 편지로 내게 청하기를, "이 고을의 한벽루가 한 방면에 이름이 나서 참으로 기이하고 절승하여 구경할 만한데, 수십 년 동안 비에 젖고 바람에 깎이어 거의 장차 폐하게 되었다. 내가 고을에 이르러 다행히 국가가 한가한 때를 만나서 금년 가을에 공장을 불러 수리하여 들보, 도리, 기둥, 마루의 썩고 기울어진 것을 새 재목으로 바꾸지 않은 것이 없으니, 청컨대 그대는 다행히 기를 지어서 뒤에 오는 사람에게 보이라"고 하였다.

그 당시 청풍의 한벽루는 낡을 대로 낡아서 중창을 하지 않으면 무너질 우려가 있었던 모양이다.

고려의 문신 문정공 주열 역시 한벽루에 대한 시를 남겼는데, "물 빛이 맑고 맑아 거울 아닌 거울이요, 산 기운 자욱하여 연기 아닌 연기로다. 차고 푸름 서로 엉기어 한 고을 되었거늘, 맑은 바람을 만고에 전할 이 없네"라고 하였다. 조선 중기의 문신 최숙생崔淑生도 그의 시에서

"산이 컴컴하니 반쪽에 급한 비가 뛰고, 강이 맑으니 한쪽에 가벼운 연기가 덮었다. 괴이하게도 불 같은 더위가 모두 사라져 없어졌으니, 홀연히 긴 바람이 일만 구렁에 전하노라"라고 노래하였다.

『신증동국여지승람』「풍속조」에 "풍속이 불로 가는 것을 숭상하여 조를 많이 심는다.(중략) 천년 교목은 일 천 봉우리가 합하고, 한 줄기의 맑은 강은 한 고을로 전한다"라는 정추鄭樞의 기록이 남아 있으며, 송처관宋處寬은 「한벽루기」에서 청풍군의 산천에 대해 "산천이 기이하고 빼어나서 남도의 으뜸이 된다"고 평하였다.

『신증동국여지승람』에 의하면 청풍군은 조선시대에 동쪽으로 단양군丹陽郡 경계까지 39리, 남쪽으로 경상도 문경현聞慶縣 경계까지 60리, 서쪽으로 충주忠州 경계까지 40리, 북쪽으로 제천현提川縣 경계까지 17리이고, 서울과의 거리는 355리였다.

청풍군의 진산은 인지산因地山이었는데, 군의 남쪽 1리에 있었다. 지금은 국립공원으로 지정되어 수많은 사람들이 즐겨 찾는 월악산月岳山은 군의 남쪽 50리에 있던 산으로 신라에서는 월형산月兄山이라고 불렀다고 한다.

한편 읍하리 서쪽에는 1702년(숙종 28)에 청풍부사 이기홍이 창건한 팔영루八詠樓가 있었고, 물태리에는 충청북도 유형문화재 제50호로 지정된 청풍향교가 있다. 청풍향교는 고려 충숙왕 때 창건되었다는 설이 있지만 확실하지는 않다.

조선 전기의 문신 신개申槩가 "갈수록 물은 겹겹이요, 산 또한 거듭되는데 약간의 민가는 그림 속이로다"라고 노래했던 청풍나루에서 북진나루로 건너던 나루터는 사라져버린 지 오래이고, 충주호를 오가는 관광선만 옅은 운무 속에 잠겨 있을 뿐이다. 청풍면은 1985년 충주댐이 완공되면서 27개 마을 가운데 겨우 두 마을만 온전히 남고 나머지는 충주호에 잠기고 말았다. 조선시대까지 제천 지역의 중심 역할을 했던 청풍은 악성 우륵의 고향이었고 조선 현종 때는 왕후의 관향이라고 하여 충청도에서 유일한 도호부로 승격되기도 하였다.

한편 남한강가 북진나루에 서던 청풍장은 제천 지역에서 가장 큰 시장이었는데, 서울에서 '청풍나드리'로 들어오는 돛단배들은 서울에 사는 사대부들과 함께 소금이나 절인 생선들을 비롯한 각종 식료품과 비누, 석유, 성냥 등의 생활필수품을 실어 왔다. 온갖 농산물이 거래되었던 북진나루에는 서울에서 오는 돛단배들이 가지고 오는 여러 물품들을 받는 봇짐장수들의 발길이 부산했다고 한다. 크고 작은 짐을 진 봇짐장수들이 이곳 청풍으로 와서 서울에서 올라온 물건들을 떼어다가 나귀를 타거나 걸어서 산골짜기의 집집마다 돌아다녔다.

봇짐장수들은 몇 사람씩 짝을 지어 나귀의 방울 소리를 벗 삼아 밤길을 걸어서 영월, 주천, 평창, 대화, 진부, 봉평 등 강원도 산간지역을 돌아다니면서 옷이나 일용잡화들을 팔고, 돌아오는 길에는 깊은 산골에서 구한 약재나 잡곡, 대관령을 넘어 동해에서 온 생선을 받아서 돌아왔다. 그후 주요 교통수단이 자동차로 바뀌면서 봇짐장수들은 하나둘 자취를 감추고 박달재를 넘나들던 봇짐장수들이 사라진 그 아래에는 터널이 뚫리고 말았다. 그 와중에 번성했던 읍내와 북창진 그리고 북진나루를 지키던 느티나무도 물에 잠겨버리고 수몰지구에 서 있던 문화재들은 물태리에 있는 청풍문화재단지로 옮겨지게 되었다.

북진여울 아래에는 황석리의 범여울이 있으며 비봉산 아래 계산리에서 강은 바다처럼 넓어진다.

넓은 옥토를 두고 떠나간 실향민들의 가슴속엔 지금도 고향의 그 논 밭들이 눈물을 글썽이게 하는 기억으로 남아 있을 것이다. 강 가운데에 드러난 섬에는 뼈대만 앙상한 나무들이 우뚝우뚝 솟아 있다. 주열은 그의 시詩에서, "물빛이 맑고 맑아 거울 아닌 거울이요, 산 기운 자욱하여 연기 아닌 연기로다. 차고(寒) 푸름(碧) 서로 엉기어 한 고을 되었거늘, 맑은 바람(淸風)을 만고에 전할 이 없네"라고 했는데 물빛은 예나 다름없이 맑고 푸르며 바람은 맑지만 그 옛날 번성했던 청풍고을은 사라져 버리고 없으니.

금수산錦繡山은 남한강 건너에 있는 산으로 이 산에는 주나라 천자에 얽힌 이야기가 서려 있다. 주나라 천자가 하루는 세수를 하는데 세숫대야 속에 아름답기 이를 데 없는 명산名山의 모습이 비쳤다. 주 천자는 물에 비친 그 명산을 찾기 위해 온 나라를 돌아다니다 조선에 와서 보니 그 산이 바로 이 금수산이었다고 한다. 주 천자는 죽어서 이곳에 묻혔다는데, 이 산에는 지금도 '주 천자 묘'라는 무덤이 남아 있다.

금성면 성내리 금수산 밑에는 통일신라시대 의상대사가 세웠다는 무암사霧岩寺(당시의 이름은 무림사霧林寺였다고 함)가 있다. 1740년에 중수했다는 이 절에는 싸리나무로 만든 기둥과 사리탑 그리고 네 개의 부도가 남아 있다. 세월이 흐른 뒤 다시 절을 세웠는데, 절 마당 건너편에 있는 큰 바위는 안개가 끼면 더욱 잘 보여 안개바위, 무암으로 불린다고 한다. 그래서 새로 지은 절 이름도 무암사로 부르기 시작했다고 한다.

성내리에는 1639년(인조 17)에 창건한 봉강서원鳳岡書院 터가 있는데 이 서원에서는 부제학을 지낸 김식金湜과 호조판서를 지낸 김권金權 그리고 영의정을 지낸 김육金堉을 모셨으나 1871년 서원철폐 당시에 훼철되고 말았다.

위림리 모래재 서북쪽에서 봉양면 삼거리로 가는 아니고개는 고개가 매우 낮아서 고개 같지 않다고 하여 붙여진 이름이고, 활산리 막골 위에 있는 골짜기는 설지른구댕이(혈이 있는 곳)인데, 풍수지리상 좋은 자리가 있다고 하여 누군가가 큰 인물이 나지 못하도록 무쇠말뚝을 박아 혈을 질렀다고 한다.

제천시 수산면은 본래 청풍군 원남면 지역이었으며, 수산면 대진리 임간이마을 남쪽에 있는 사작재는 고갯마루에서 단양 · 청풍 · 문경 · 충주 네 곳으로 가는 길이 갈라져 있다. 수산면 오티리의 오티고개는 한수면 덕곡으로 넘어가는 고개로 조선시대에 이곳에서 봉화를 올렸다고 하고, 오티 동쪽에 있는 나루터인 청풍나드리는 청풍으로 가는 큰 길목이었다. 금성면 산곡리의 한티재는 양지말 동남쪽에서 월림리로 가는 큰 고개로 조선시대에 청풍으로 가는 관행 길이었다. 서창리는 조선시대 논양원論陽院이 있었으므로 원리라고 하다가 서창 옆이 되므로 서창이라고 하였는데, 1914년 행정구역 통폐합에 따라 한수면에 편입되었고 지금은 흔적도 없이 물 속에 잠겨버렸다.

위아래 여울로 되어 있으며 큰 물결이 쏜살같고 아랫여울을 지나며 용소를 이루었다는 황공탄여울은 남한강을 따라 뗏목을 타고 가던 뗏꾼들에게는 악명 높은 여울이었다. 수많은 뗏꾼들의 한이 맺히고 서린 황공탄여울과 서창 서쪽에서 명오리의 상명으로 건너던 상명오나루는 어디쯤에 있었을까 더듬어보지만 알 길이 없다.

월악산은 청풍의 명산으로 『신증동국여지승람』에는 "월악사는 월악

월악산 마애석불 덕주사
의 마애석불은 10세기 초에
조성된 불상으로 신라 경순
왕의 딸인 덕주공주가 조성
했다고 알려져 있다.

산에 있다"고 기록되어 있지만 현재 월악산에는 월악사가 없다. 청풍 지역 사람들이 동양의 알프스라고 부르는 월악산(1,093미터)은 월악 영봉을 비롯하여 중봉, 하봉 등의 산봉우리와 송계계곡·덕주골 등 풍부한 관광자원들이 즐비한 산이다. 1984년 6월 열네 번째 국립공원으로 지정된 월악산 남쪽 기슭에 있는 덕주사德周寺는 신라 진평왕 9년(587)에 창건되었다고 전해오지만 정확한 창건연대와 창건자는 알려지지 않았다. 다만 신라의 마지막 태자인 마의태자麻衣太子와 그의 누이 덕주공주德周公主가 망국의 한을 품고 은거했다는 전설이 어려 있다. "월악산이 물에 비치고 항구골에 배가 닿으면 구국의 한이 풀릴 것이다"라는 말을 남기고 월악산을 떠난 마의태자의 한이 풀린 듯 지금은 충주호의 푸른 물에 월악의 영봉들이 비치고 있다.

정인지는 그의 시에서, "복사꽃 촌 길은 신선의 지경이요, 단풍잎 시내와 산은 금수의 병풍이다"라고 하였으며, 안극인安克仁은 "물을 끼고 있는 백성의 삶은 곧 신선 지경이로구나. 구름에 치달은 새 길은 인가의 연기와 통한다"고 하였는데, 지금은 그 남한강의 물살을 아쉬움으로 바라볼 뿐이다. 남한강의 물살 아래 있는 청풍초등학교 자리에는 과거 청풍현의 객사와 청풍현 관아의 문루였던 금남루라는 누각이 있었다고 하는데, 흔적을 찾을 길이 없다.

조선시대만 해도 청풍읍 근처에 북강진北江津이라는 나루가 있어서 제천으로 통했고, 황강진黃江津이라는 나루는 북쪽에 있으면서 원주로 통했다고 한다. 또한 충주댐이 생기기 전 맑은 강물이 유장하게 흘렀던 시절에는 이 지역에서 누치·쏘가리·자라가 많이 잡혔다고 하지만 댐이 되어버린 지금은 사는 물고기의 종류마저 달라졌을지도 모를 일

옥순봉 단양팔경 가운데 하나인 옥순봉은 봉우리의 생김새도 절묘하지만 푸른 강물과 어우러져 세상에서 드문 절경을 빚어낸다.

이다.

이중환의『택리지』「복거총론」에는 청풍 지역에 대해 다음과 같이 실려 있다.

구담龜潭은 청풍淸風 지역에 있다. 양편 언덕에 서 있는 석벽이 하늘 높이 솟아 해를 가리고, 강물이 그 사이로 흘러서 간다. 석벽이 겹겹으로 서로 가려서 문과 같으며, 좌우에는 강선대降仙臺, 채운봉彩雲峯, 옥순봉玉筍峯이 있다. 강선대는 강을 바라보며 서 있는 바위로 평퍼짐한 그 바위 위에는 사람 100여 명이 앉아 있을 만하다. 채운봉과 옥순봉은 모두 만 길이나 높은데, 돌 하나로 되어 있다. 옥순봉은 더욱 곧게 솟아 있어 거인이 팔짱을 끼고 서 있는 듯하다.

『택리지』의 기록처럼 장회탄 아래에 있는 구담봉龜潭峯은 소沼 가운데에 있는 바위가 모두 거북 무늬로 되어 있고 절벽의 돌이 모두 거북처럼 생겼다 하여 붙여진 이름이다. 거울같이 맑은 물이 소를 이루어서 꽃 피는 봄과 단풍 드는 가을에는 아름다운 경치가 물 속에 비쳐 배를 띄우고 놀면 그야말로 신선놀이가 따로 없었다고 한다. 퇴계 이황, 금계錦溪 황준량黃俊良, 율곡 이이 등은 이곳의 경치를 보고 시를 지어 찬양하였다. 옥순봉은 희고 푸른 암봉巖峯들이 비온 후 죽순이 돋아나듯 미끈하고 우뚝하게 줄지어 있으며 소금강이라고 불리기도 한다.

구담봉과 옥순봉 사이의 소석대(농암)에는 '유수고산流水高山'이라고 쓴 퇴계의 글씨와 함께 구담봉의 장관을 노래한 퇴계의 시가 나란히 새겨져 있다. 그리고 옥순봉에도 퇴계의 글씨로 '단구동문丹邱同門' 넉 자가 새겨져 단양과 제천시의 경계임을 알려주었는데 지금은 충주호에 잠겨서 가뭄 때나 물 밖으로 살짝 드러나 보일 뿐이다.

　정추의 시에, "늘어선 멧부리가 동으로 돌아서 해와 달을 맞이하고, 큰 강이 서쪽으로 달아나면서 구름과 연기를 흡수한다"고 하였고, 김백영은 그의 시에서, "9월의 맑은 서리에 산이 비단이 되었고, 한강의 부슬비에 물에서 연기가 난다"라고 하였는데, 한강은 이곳에서 하나의 호수가 되고 갇힌 강물은 사람의 손에 의해서만 흐르거나 멈추게 되었으니, "강물은 감자를 심지 않네. 목화도 심지 않네. 심는 사람은 잊혀지지만, 유장한 강물은 흘러갈 뿐, 유장한 강물은 흘러서 갈 뿐"이라는 옛 사람의 싯구는 정녕 말뿐이란 말인가?

충북 청원 문의 五장

대청댐 푸른 물살에 흔들리는 옛고을의 흔적

　지금은 대청댐에 수몰되어 면 소재지 자체가 옮겨진 문의는 대통령의 여름 별장이던 청남대가 국민들에게 알려진 뒤 그곳을 찾는 사람들로 인산인해를 이루고 있다. 물 밑에 잠긴 고향을 그리워하는 사람들의 마음은 아랑곳없이 대청댐은 그저 평화롭기만 하다. 출렁거리는 물살도 보이지 않는 신新문의에서 문의의 역사 속으로 천천히 걸어 들어간다.

　문의는 원래 백제의 일모산군一牟山郡이었다. 신라 때는 757년(경덕왕 16)에 연산군燕山郡으로 개칭하였고 고려 때는 청주에 소속되었다. 1172년(고려 명종 2)에 감무를 두었으며, 1259년(고종 46)에 위사공신 박희실朴希實의 고향이므로 현령으로 승격하고 지금의 이름으로 고쳤다. 고려 충렬왕 때에 가림에 병합하였다가 이내 복구하였고, 조선 임진왜란 때에도 청주에 속하였다가 1597년(선조 30)에 현으로 복구하였다. 1895년(고종

대청댐 수문 1975년에 착공하여 5년 9개월 만에 완공된 대청댐은 금강 유역의 종합적인 수자원을 개발하기 위하여 건설되었다.

32)에 군으로 승격되었으나 1914년 군면 통폐합 때 청주에 병합되었다.

　문의라는 지명은 붓끝처럼 생긴 문필봉에서 비롯하였고, 의義를 위해 글을 쓴다는 뜻을 담고 있다. 문의는 조선시대에 남북으로 옥천과 청주를 잇는 곳이었고, 동서로는 연기와 회인을 잇는 도로가 발달하였다. 이곳에 있던 역驛으로는 덕류역이 있다. 이곳은 후삼국시대에 후백제의 견훤과 왕건이 피의 격전을 벌였던 곳이기도 하다.

　문의에서 조선 후기 삼남민란으로 알려진 농민봉기가 일어난 것은 철종 13년인 1862년이었다. 그때 난을 일으킨 주모자는 이낙기李洛基라는 사람인데, 얼마나 많은 사람들이 그의 생각에 동조해 농민봉기가 일어났는지는 확실하지 않다. 농민군은 그 당시 문의 관아와 민가를 습격하여 불태웠다. 조정의 지시를 받은 충청도 관찰사 유장환愈章煥이 난을 진압하였고, 이 난의 주동자 이낙기를 비롯한 농민 5명이 붙잡혀 처형되었으며, 충청좌병사忠淸左兵使 송재선宋在璿은 그 책임을 물어 처벌을 받았다.

　이 세상 어딘들 상처 없는 곳이 있으랴마는 문의만큼 수많은 사연이 서린 곳도 없을 것이다. 문의가 고향인 신동문 시인의 집에 문상차 왔던 고은 시인은 「문의 마을에 가서」라는 시 한 편을 남겼다.

　　겨울 문의文義에 가서 보았다
　　거기까지 닿은 길이
　　몇 갈래의 길과
　　가까스로 만나는 것을
　　죽음은 죽음만큼 길이 적막하기를 바란다
　　마른 소리로 한 번씩 귀를 닫고

길들은 저마다 추운 쪽으로 뻗는구나

그러나 삶은 길에서 돌아가

잠든 마을에 재를 날리고

문득 팔짱 끼어서

먼 산이 너무 가깝구나

눈이여 죽음을 덮고 또 무엇을 덮겠느냐

겨울 문의文義에 가서 보았다

죽음이 삶을 껴안은 채

한 죽음을 받는 것을

끝까지 사절하다가

죽음은 인기척을 듣고

저만큼 가서 뒤를 돌아다본다

모든 것은 낮아서

이 세상에 눈이 내리고 아무리 돌을 던져도 죽음에 맞지 않는다

겨울 문의文義여 눈이 죽음을 덮고 또 무엇을 덮겠느냐

　삶과 죽음은 언제 어느 곳에서나 있듯이 모든 것은 변하며 탄생과 함께 소멸의 길을 밟는다. 문의에는 1,000여 년 전인 고려 초기에 일륜대사라는 스님이 제자들에게 남긴 전설이 전해진다. "사방의 정기는 영명英明하기 이를 데 없다. 장차 이곳에 문文과 의義가 크게 일어나 숭상될 것이다. 뭍으로 난 길과 물길이 사통팔달했으니 마을과 인물이 모두 번성할 것이다. 그러나 이 어인 조화인가. 앞으로 1,000년 뒤의 운세가 물

문의 문화재단지 문의 일대가 대청댐에 수몰되면서 문의의 문화재를 모아 문의 문화재단지를 조성하였다.

밑에 잠겨 있으니 말이다. 그때 이르러서야 새 터전을 마련하게 될 것이니라." 이 말을 들은 사람들은 이곳의 지명을 문의 또는 문산이라고 지었고, 그의 예언이 맞았는지 문의는 훗날 호수에 잠기고 말았다. 오랜 역사를 자랑하던 문의는 댐으로 수몰되고 그 옆에 옮겨 지은 문의 문화재단지 안의 유물 외에는 볼 만한 것이 별로 없다.

남아 있는 문의향교는 1719년에 현유의 위패를 봉안하고 지방민의 교육과 교화를 위해 창건되었는데, 현재 충청북도 유형문화재 제52호로 지정되어 있다.

이 지역에 자리 잡은 몇 개의 산들 중 구룡산은 문의면 문덕리와 소전리, 염티리 경계에 있는 산으로 샘봉산 혹은 천봉산이라 부르기도 한다. 전하는 이야기에 따르면, 이 산에는 백제의 궁궐과 관창 터가 있었고 산정에는 삼국시대에 쌓은 석성과 노인성전老人星殿이 있었다. 산 아래의 구룡동굴은 옛날에 용이 승천하였다는 전설이 남아 있는데, 날이 가물면 인근에 사는 사람들이 기우제를 지내기도 했다고 한다.

가덕면 국전리와 문의면 문산리 경계에 있는 봉화봉은 높이가 221미터로 조선시대에 소이산所伊山 봉수가 있어서 남으로 회덕현의 계족산鷄足山에 응하였고, 북으로 청주 거질대산巨叱大山에 응하였다.

청원군 가덕면 인차리는 본래 문의군 동면 지역인데, 인차 서쪽에 가덕산이라고 불리는 더덕산이 있다. 더덕이 많아서 더덕산이라고도 부르고, 덕을 더한다는 뜻에서 가덕산이라고도 부른다. 이곳 인차리에 있는 모래고개는 사창에서 청룡리 원청룡으로 넘어가는 고개로 모래가 많기 때문에 부르는 이름이고, 양달말과 음달말 중간에 있는 바위는 수살제를 지내기 때문에 수살바위라고 부른다.

청룡리의 꼴미는 청룡 서남쪽에 있는 마을로 꽃뫼 또는 화산이라고 부르는데 마을 뒤에 꽃 모양을 한 산이 있으며, 어서각御書閣은 정조 때 백제의 장수를 지낸 신의청申義淸에게 내린 어서(임금의 글씨)와 물품을 보관하는 전각이다.

가덕면 노동리의 고일마을은 갈월 남쪽에 있는 마을로 옛날에 큰 부자가 살았는데 창고에 쌀이 넘쳤으므로 고일庫溢이라고 부르던 것이 변하여 괴일이 되었다고 하며, 서원골은 갈월 동남쪽에 있는 마을로 조선시대에 서원이 있었다는 마을이다.

『신증동국여지승람』「산천조」에 "양성산壤城山은 문의현의 서쪽 4리에 있으며, 누현漏峴은 현의 동쪽 9리 되는 구소리九巢里에 있었다. 크고 작은 두 개의 바위 굴이 있는데 그 굴은 깊이를 헤아릴 수 없이 깊고, 큰물이나 가뭄에도 마르거나 넘치는 일이 없다. 세상에서 전하기를, '아홉 용이 살던 곳이라 하여 마을 이름을 구소라고 하였다'"라고 기록되어 있다.

해발 292미터의 양성산에는 돌로 쌓은 양성산성壤城山城이 있었는데, 둘레가 985미터로 삼국시대에 축조되었으며 후삼국시대까지 치열한 격전의 장소로서 군사와 행정적 요충지 역할을 했던 산성이다. 3,754척에 높이가 한 길이나 되었다. 그 안에는 큰못이라 부르는 둥그런 못이 있는데 둘레가 58미터이고, 사면에 모두 돌을 쌓아 섬돌이 되었다고 한다. 그 깊이를 헤아릴 수 없으며 가뭄이나 장마에도 물이 마르거나 넘치는 일이 없었다고 하는데, 지금은 찾아볼 수가 없다.

또한 용혈龍穴은 현의 동쪽 3리에 있었다. 아무리 들어가도 끝이 없으며, 아래에 큰 웅덩이가 있는데 불을 던지면 불꽃이 반딧불같이 되어서 꺼져버릴 만큼 깊어 문의 고을 사람들이 횃불을 들고서 노끈을 매고 들어가다가 되돌아나올 생각부터 해야 했다고 한다.

문의면 가호리佳湖里는 금강이 휘돌아 흘러서 여울을 이루었으므로 가여울 또는 가탄 및 가호라 불렀고, 가여울 서남쪽에 있는 아덕이마을 은 마을의 전면이 금강이고 그 유역이 백사장이어서 앞이 아득하므로 아덕이라고 하였으며, 버꾹재는 아덕이에서 부곡리 잔시골로 넘어가는 고개다. 가여울 북쪽에 있는 벼랑이 파소벼루이다. 문의면 덕유리의 홍 고개는 배갈덕유에서 두모리로 넘어가는 고개인데, 조선 중엽에 중국의 지리학자가 이 산을 그냥 두면 명장이 나올 것이라고 하여 칼로 산을 친 결과 붉은 피가 흘러내려 홍고개라 불렀다고 한다.

문의면 미천리米川里는 본래 문의군 읍내면의 지역으로 뒷산 절에 스님 천여 명이 있어서 쌀을 씻은 뜨물이 내를 덮어 흘러내렸으므로 새미실 또는 미천이라 불렀고, 새미실에서 남계리로 넘어가는 무네미고개는 옛날에 문의 땅의 물이 청주로 넘어가서 생긴 이름이리고 한다.

품골리는 땅의 모양새가 아늑하여 사람의 품처럼 생겼으므로 품실 또는 빔실, 품곡이라 하였고, 그 품곡리의 차드래기마을은 마을 입구에 차돌이 박혀 있어서 지어진 이름이며, 차드래기에서 현도면 시동리 신암 골로 가는 열고개는 고개가 험하고 도둑이 들끓어 열 명 이상 모여야 넘었다고 해서 생겨난 이름이다.

후곡리의 독골에서 동면 칙동리 찬샘내기로 가던 독골나루도, 벌말에서 대덕군 북면 황호리 성주원으로 건너던 벌말나루도 사라진 지 오래다. 텃밭 북쪽에는 도당굿을 했다는 도당산이 있지만, 그 역시 그 맥이 끊어진 지 오래다.

문산리는 문의 읍내와 양성산의 이름을 따서 문산리라고 불렀는데,

문의군의 객사 이름 역시 이 문산리에서 비롯한 것으로 문산관이라 불렸다. 문산리 26번지에 있던 문의군의 동헌은 사라지고 대청댐이 들어서면서 옮겨간 피민루만 산 위에 있을 뿐이다. 문의군 동면은 문의군의 동쪽에 있으므로 동면이라 부르다가 1914년 행정구역을 통폐합하면서 가덕산의 이름을 따서 가덕면이라 했다. 가덕면 계산리의 가정절은 고려 때 가정사柯亭寺라는 절이 있어서 지어진 이름이고, 피반령은 가정절 동북쪽에 있는 고개로 임진왜란 때 조선의 원군으로 온 중국 명나라 장수 이여송李如松이 이 고개의 혈맥을 끊을 때 피가 나왔다는 이야기가

문산관 문의현의 객사 건물로 문의 문화재단지 제일 위쪽에 자리 잡고 있다.

전해진다. 그는 조선에 인재가 많은 것은 산수가 수려하기 때문이라고 생각해서 가는 곳마다 산천의 혈맥을 끊었다고 한다.

우여곡절 끝에 충북을 비롯한 중부지역에 큰 변화를 몰고 온 금강 유역의 대역사大役事 대청댐은 1975년 3월에 착공을 알리는 강렬한 폭음과 함께 5년 9개월간의 공사에 들어갔다.

정부의 4대강 유역 종합개발계획의 일환으로 금강 어귀로부터 150킬로미터, 대전 동북방 16킬로미터, 청주 남방 16킬로미터 지점(당시 충북 청원군 현도면 하석리－충남 대덕군 신탄진읍 미호리 사이)에 다목적댐을 건설하여 금강 유역의 종합적인 수자원을 개발함으로써 중부권의 균형 있는 국토개발과 산업발전에 기여하기 위해 만들어졌다.

대청댐은 당시 충남 대덕군과 충청북도 청원군 사이를 흐르는 물을 막아 만든 둑이라 하여 두 지역의 첫 글자를 따서 이름을 지었는데, 홍수와 가뭄을 조절하고 전력을 생산하며 공업용수와 농업용수를 공급해 주는 등 여러 가지 일들을 한꺼번에 하는 다목적댐이다.

이 대청댐의 건설로 충남과 충북지방의 논밭 1,500만 평이 물에 잠겼고 여기서 살던 4,275가구의 2만 5,925명의 사람들이 다른 곳으로 떠났다. 1975년부터 연인원 70만 명이 동원되어 다섯 해 만에 건설한 이 댐의 첫째 목적은 주변 지역에 충분한 물을 공급하는 일이었다. 이 댐 덕분에 청주와 대전을 비롯한 충청도 주민들은 2000년대까지 물 걱정을 할 필요가 없게 되었다. 또한 이 댐은 금강 상류인 공주나 부여 부근 하천의 물 높이는 말할 것도 없고 하류인 장항이나 군산 하천의 물 높이까지도 조절할 수 있어 비가 많이 와도 큰 수해는 없으리라 예상했지만, 그것은 단지 희망에 불과할 뿐 그 뒤로도 여러 차례 큰 홍수로 농경지가 물에 잠졌다.

그 당시 대통령인 전두환의 기념사는 이러했다.

"이 대청 다목적댐 건설이야말로 천혜의 부존자원을 개발함으로써 대체에너지를 개발해나가려는 국가적 의지의 표현인 것이다. 이것은 비단 산업발전에 크게 기여하는 것일 뿐만 아니라 농가 소득에도 크게 이바지하여 이 지역을 풍요로운 고장으로 탈바꿈시킬 것이 기대되는 바다. 여러분이 선조대부터 살아왔던 이 정든 곳에 이처럼 웅대하고 거창한 인공 호수가 우리의 힘으로 만들어졌다는 것은 한없이 자랑스러운 일이다."

수몰민들의 애환을 뒤로한 채 국가와 지역인들의 이익을 위해 만들어진 대청 다목적댐의 개발 목적은 첫째가 댐 하류 홍수량 절감 및 홍수 피해의 경감에 있었으며, 둘째는 금강 하류와 미호천 유역 및 전북 만경강 유역으로의 관개용수 공급이었다. 그 다음으로는 청주, 대전, 공주, 논산, 장항, 군산, 전주, 익산 등 도시지역에 생활용수 및 공업용수를 공급하고 전력을 생산, 중부지역에 전력에너지를 공급하며 금강 어귀 연안의 염수 피해를 줄이는 것이었다. 그 밖에 부수적으로는 호반 주위에 종합휴양지와 관광지 등을 조성하여 주민들의 수익 증대에 보탬이 되게 하는 것이었다.

그러나 대청댐이 현재 얻고 있는 개발 효과는 과연 무엇인가. 대청호 전역에 1998년부터 '녹조경보'가 발령되는 등 식수오염에 대한 우려가 높아지고 있다. '녹조'는 물의 흐름이 완만하거나 정체된 하천, 호수에 녹색이나 남색을 띠는 식물성 플랑크톤(조류)이 과다 번식하는 현상이다. 질소와 인 등의 과도한 영양분과 높은 수온(30℃), 태양에너지에 의한 광합성 작용으로 물 속의 유기물이 부영양화를 일으키는 것이다. 부영양화를 막기 위해서는 인과 질소를 제거할 수 있는 새로운 하수처리 방식을 도입해야 한다. 생물학적으로 처리에 의존하는 현재의 하수처리 방식은 BOD 수치만 낮출 뿐, 오히려 인이 부영양화하기 쉬운 구조로 만들기 때문이다. 현재 녹조와 물꽃 현상, 민물 태형동물의 번식 등 여러 문제가 있음에도 불구하고 대청댐의 수질은 조금씩 개선되고 있는 추세이다.

L. 킨즈버그는 다음과 같은 말을 했다. "둑이 없는 강이 어디 있겠는가. 자유는 오로지 속박 속에서만 산다." 그렇다면 저렇게 갇힌 강물은 자유롭고 나는 갇혀 있는가. 기실 내가 자유롭다고 여기는 그 자유조차 갇힌 자유가 아닌가.

대청댐 건너편 산에 다람절이라고 불리는 현암사가 있다. 행정구역상 청원군 현도면 오가리의 다섯 절경 중 하나인 다람절은 높은 산자락과 바위에 달아맨 것 같다 해서 그렇게 불렸으나, 요즘에는 다람절을 한자화한 현암사懸岩寺로 더 많이 알려져 있다. 이 절은 406년(백제 전지왕 3) 달솔해충達率解忠의 발원으로 고구려 승려 청원선경淸遠仙境 대사가 창건했다고 한다. 그 뒤 655년(신라 문무왕 5)에 원효가 중창하였고, 수차례의 중창을 거쳐 1978년 대청댐 건설 당시 댐 건설업체인 현대건설과 수자원공사로부터 자재 시주를 받아 도량을 확장하여 오늘에 이르렀다.

이 절에는 원효대사의 전설이 서려 있다. 원효대사가 구룡산 다람절에 들어와 수도를 하던 어느 날 "1,000년 뒤에 이 앞에는 호수가 생겨날 것이며 호수가 생겨나면 임금 왕王 자의 지형이 형성되어 왕이 이곳에 와 머물게 될 것이다"라고 얘기했다. 그러한 예언 때문인지 이 절 앞에는 대청호가 그 푸른 물살을 드러내고, 얼마 전까지만 해도 역대 대통령들의 여름 휴양지로 활용되었던 청남대가 들어서 있었다.

현도면 우록리의 고남이고개는 지정말에서 문의면 품곡리 치드래기로 넘어가는 고개이고, 갈골 서쪽에 있는 매채울마을에는 매화가 땅에 떨어진 형상으로 자손의 발복이 크다는 매화낙지형梅花落址形의 묘가 있다.

갈골 동북쪽에는 조선초기의 문신 하연河演의 영당을 모신 영당마을이 있고, 갈골은 우록 북쪽에 있는 마을로 이곳에 갈대 형상의 산이 있다. 죽전리의 삼성골은 갱치 동남쪽에 있는 마을로 옛날 이곳에 삼태성이 비쳤다고 하며, 배오개는 백옥포라고도 부르는데 갱치 서남쪽에 있는 마을로 석기시대의 돌촉이 나왔던 곳이고, 장자말은 삼성골 남쪽에 있는 마을로 옛날에 큰 부자가 난 터라고 한다.

중척리의 다박골은 중청리에서 가장 큰 마을로 매봉재 바깥쪽이 되고, 강정마을은 다박골 북쪽에 있는 마을로 앞에 금강이 흐르고 있어서 지은 이름이다.

하석리는 석천石川 아래쪽이 되므로 아래석천 또는 하석천이라고 하였고, 성헌 동북쪽에 있는 각희마을은 옛날 이곳에 풍수사들이 모여 회의를 하였다는 곳이다. 오가리는 성헌 동북쪽에 있는 마을로 다섯 집만이 살아서 오가리라고 불렸다. 오가리의 금강가에는 관음보살이 은혜를 갚기 위해 돌을 쌓아 만들어주었다는 돌살(물 빠진 갯벌에 세워진 돌담으로 썰물 때 미처 빠져나가지 못한 물고기를 잡는 함정어구)이 있었다고 한다. 고기를 지게로 져다 날라야 할 정도로 많이 잡혀 쌀 한섬지기 논과도 바꾸지 않았다는 이 돌살은 1975년경에 사라져버리고 강물만 흐릿하게 흐를 뿐이다.

지금 문의는 그저 한가하게 대청댐 푸른 물살에 흔들리고 있다.

충남 서산 해미 ― 백제의 미소가 그늘진 해미읍성의 고을
충남 서천 비인 ― 세월 속에 묻힌 비인 팔경
충남 아산 온양 ― 사람들의 발길이 끊이지 않는 온천의 고장
충남 예산 대흥 ― 백제 부흥운동의 격전지 임존성이 있는 곳

4부

충청
남도

海美

충남 서산 해미

一
장

백제의 미소가 그늘진 해미읍성의 고을

봄꽃이 피는지, 꽃잎이 날려 봄이 가는지도 모르고 살았던 세월이 얼마나 많았던가? 그래서 "봄날 아침이었네, 누가 와서 가자고 했네"라는 이성복 시인의 시 한 구절처럼 아침마다 길을 나서며 얼마나 마음이 설렜던가? 바다도, 깊은 산속도 아니면서 푸르게 봄물이 드는 목장의 길목에 벚꽃이 찬란하고, 늦게야 꽃을 피우는 진달래가 아름다운 해미를 이 봄날에 찾아가는 마음은 말 그대로 설렘으로 가득했다.

'아름다운 바다'라는 뜻을 지닌 해미海美는 정해현貞海縣과 여미현餘美縣을 합한 현이다. 『신증동국여지승람』에는 해미현에 대해 이렇게 기록되어 있다.

전해오는 속설에 의하면 고려 태조 때에 몽웅역夢熊驛의 아전 한韓가가 큰 공

해미읍성 천주교 수난의 역사 현장으로 잘 알려져 있으며 사적 제116호로 지정되어 있다.

로가 있어 대광大匡의 작호를 내리고, 고구현高丘縣(지금의 홍주 속현) 땅을 분할하여 정해현으로 만들어서, 그의 본관으로 삼았다 하는데, 현종顯宗 9년에 운주運州로 붙였다가 뒤에 감무를 두었다. 여미현餘美縣은 본래 백제의 여촌현餘村縣이었는데, 신라 때 여읍餘邑으로 고쳐 혜성군槥城郡의 속현으로 하였다. (중략) 태종 7년에 두 현을 병합하여 지금의 이름으로 고치고서, 정해를 그 다스리는 곳으로 삼았는데, 13년에 다른 예에 따라 현감을 두었다.

해미현은 그 뒤 1895년(고종 32)에 군이 되었다가 1917년에 서산시에 소속된 하나의 면이 되었다. 해미면 산수리에 있는 안흥정安興亭이라는 정자는 고려 문종 때부터 오랜 세월에 걸쳐 송나라 사신을 맞아들이고 보냈던 곳이라고 한다. 『신증동국여지승람』에는 "본현 동쪽 11리 지점에 있다"고 하였으며 『고려사』 권 제9에는 "1077년(문종 31)에 나주도 제고사 태부소경 이당감李唐鑑이 아뢰기를, '중국 조정의 사신이 왕래하는 고만도高彎島의 정자는, 수로가 약간 막혀 있어 선척의 정박이 불편하오니, 청하건대 홍주洪州 관하 정해현 땅에 한 정자를 창건하여 맞이하고 보내는 장소로 삼도록 하소서' 하니 제서를 내려 그 말을 따랐다" 라는 기록이 있으며, 『대명일통지大明一統志』에는 "나라 중간에 있는 목장지로서 옛날에 객관이 있었는데, 안흥정이라 일컬었다" 라는 글이 실려 있다. 해미면 반양리의 구해미라는 마을은 과거 정해현의 현청이 있었던 곳이다.

불과 몇 년 전에 서해안 고속도로가 개통되면서 사통팔달의 고장이 된 해미에는 사적 제116호로 지정된 해미읍성이 있다. 음식축제로 소문난 순천의 낙안읍성과 성 밟기 풍속으로 사람들에게 널리 알려진 고창의 모양성과 더불어 우리나라의 읍성 중 제 모습을 거의 갖추고 있는 곳이다. 충남 덕산에 있던 병마절도사의 병영을 이곳으로 옮긴 것은 1414년(태종 14)이었다. 병마절도사영이 옮겨오면서 이곳에 성이 필요하자 1470년(성종 1)에 이 성을 착공하여 1491년(성종 22)에 성벽이 완성되었다. 그 뒤 1651년(효종 2) 청주로 병영을 옮기면서 해미영이 설치되었다. 해미영은 충청도의 5개 영 중 하나로 호서좌영湖西左營이라고 불렀다. 해미읍성은 청주로 병마절도사영이 옮겨가기 전까지 서해안 방어의 요충지 역할을 했다.

이 해미읍성에 임진왜란 때의 영웅 이순신 장군이 병사영의 군관으로 10개월 정도 근무했었고, 숙종 때에는 온양에 있던 충청도 좌영을 이곳으로 옮겼으며 다산 정약용이 열흘 동안 유배생활을 하기도 하였다. 해미현의 염조포 부근에는 안희산 봉수가 있어서 서산의 북산 봉수를 받았고, 면천의 창택산 봉수와 연결되었다.

성 둘레에 탱자나무 울타리를 둘렀다고 하여 '탱자나무성'이라고도 불렀던 이 성을 두고 조선 초기의 대학자 서거정徐居正은 이렇게 노래했다.

백마가 힘차게 세류영細柳營에서 우는데 중요한 땅 웅장한 번진藩鎭의 절도사節度使가 장성長城을 이루었네. 늦은 가을 하늘 높이 세워진 큰 기의 그림자가 한가롭게 보이고, 진종일 투호投壺하는 소리마저 자세히 들려온다. 아낙네의 소라 같은 쪽진 머리가 떠오르는 듯 산이 둘러싸 있으며, 바다는 고래 물결로 동하지 아니하고 맑고 깨끗하다. 서녘 바람이 얇은 솜옷 속으로 한없이 불어젖히니, 먼 길손 만리 타향의 외로운 정을 건디기 어렵도다.

서거정은 해미읍성을 둘러싼 가야산의 맑고 고요한 모습 그리고 규율이 엄격한 군대의 주둔지를 표현했던 것으로 보인다. 『신증동국여지승람』에 의하면 성 둘레가 6,630척, 높이가 13척, 옹성이 둘, 우물이 여섯 개 있었던 해미읍성 안에는 불과 몇십 년 전만 해도 행정관청과 학교를 비롯한 민가 160여 채가 남아 있었다. 그러나 사적 제116호로 지정되면서 성 밖으로 옮겨진 후, 아직도 사람이 살고 있어 생동감 있는 전남 낙안읍성과 달리, 고창읍성처럼 죽은 성이 되고 말았다.

해미읍성은 1866년 병인양요 이후 천주교인 천여 명이 처형된 곳이기도 하다. 천주교인들은 이곳 해미영에 끌려와 감옥에 갇히기도 하고 지금도 서 있는 호야나무에 묶여 고문을 당하고 목을 매단 채 죽기도 했다. 천주교 수난의 역사 현장으로 알려져 있는 해미읍성에는 따사로운 봄 햇살만 내리쬐고 동헌도 객사도 현감이 머물렀던 내아도 문을 굳게 닫은 채 고요 속에 잠겨 있을 뿐이다.

해미읍성을 지나 개심사開心寺에 이르는 길에는 봄꽃들이 아우성을 치고 있다. 옛 기록에는 개심사가 있는 상왕산象王山이 여미현 동쪽 4리 지점에 있다고 기록되어 있고, 가야산伽倻山은 현의 동쪽 11리 지점에 있으며 상왕산과 서로 잇닿아 있다고 나와 있다.

그러나 『신증동국여지승람』에 실린 절들 중 문수산에 있었다는 문수사文殊寺나 가야산에 있었다는 안흥사安興寺, 일악사日岳寺, 수도사修道寺는 현재 찾을 수 없고, 황락리皇洛里에 있는 일락사日樂寺만 이름이 바뀐 채 남아 있을 뿐이다. 또한 개심사나 보원사지는 아예 기록에 등장하지도 않는다. 물론 그 당시 조선은 불교를 배척하고 유교를 국교로 삼았기 때문에 절에 대해 제대로 조사하지 않았을 수도 있지만 말이다.

마음을 여는 절로 알려져 있는 개심사를 찾아가는 길에 만나는 풍경은 이국적이다. 3공화국 시절 김종필 씨가 조성한 거대한 삼화목장이 5공화국에 들어서면서 국립종축장으로 바뀌어 있다. 저수지를 돌아가면 소나무 숲이 아름다운 개심사에 이른다. 나라 안에서 소나무 숲이 가장 아름다운 절 몇 개를 꼽으라면 청도 운문사와 합천 해인사 그 다음이 개심사일 것이다.

　'세심동'이라 씌어진 표지석을 지나 산길로 접어들었다. 옛것이 고스란히 남은 듯한 개심사 올라가는 길은 아침이어서 그런지 더욱 청량하기만 하다. 소나무 숲길을 따라 한참을 올라가 만나게 되는 연못의 나무다리를 건너 돌계단을 오르면 안양루가 보이고 근대의 명필 해강 김규진金圭鎭이 예서체로 쓴 상왕산 개심사라는 현판이 한눈에 들어온다. 근래 들어 건축가들로부터 건물에 비해 글씨가 너무 크다는 평가를 받고 있는 안양루를 돌아서면 개심사 대웅보전에 눈길이 멎는다.

　개심사는 가야산의 한 줄기가 북쪽으로 뻗어내려 만들어진 상왕산(307미터)의 남쪽 기슭에 세워진 전형적인 산지 가람으로 654년(백제 의자왕 14)에 혜감스님이 창건했다고 한다. 본래 이름은 개원사였으며 고려시대에 들어와 1350년(충정왕 2)에 처능대사가 중창하면서 개심사로 불리기 시작했다. 그러나 1941년 해체 수리할 때 발견된「묵서명墨書銘」에 의하면 현재의 절은 1475년(성종 6) 불에 탄 것을 중창한 것으로 그 뒤 17세기와 18세기에 한 차례씩 손을 보았다고 한다.

　개심사는 우리나라 절 중 보기 드물게 임진왜란 때 전화를 입지 않았다. 그래서 조선시대 고건축사 연구에 귀중한 자료가 될 만한 건물들이 여러 채 남아 있다. 보물 제143호로 지정된 대웅보전은 수덕사의 대웅전을 축소해놓은 듯한 모습으로 정면 3칸, 측면 3칸의 주심포식 맞배지붕으로 지어졌으며, 우리나라의 건축이 고대 인도식인 천축식에서 다포식(전통 목조건축 양식)으로 이행하는 과도기적 건물로서 중요한 위치를 차지하고 있다. 그보다 더욱 이 절의 아름다움을 널리 알리고 있는 건물은 심검당이라고 이름 붙여진 요사채이다. 이 건물은 대웅보전과 같은 시기에 지어지고 부엌채만 다시 지은 것으로 추정되는데, 나무의 자연스러움을 한껏 살린 건물 중 나라 안에서 손꼽힐 만큼 아름다운 자태를 자랑한다.

개심사 심검당 역사상 보기 드물게 임진왜란 때 전화를 입지 않은 개심사, 그중에서도 요사채인 심검당은 우리나라에서 손꼽히는 아름다운 고건축물이다.

1962년에 해체 수리할 때 발견된 「상량문」에 의하면, 1477년에 세 번째 중창되었고 영조 때까지 여섯 번이나 중창을 거쳤으며 시주자들의

이름과 목수였던 박시동朴時同이라는 사람의 이름까지 들어 있어 사료로서의 가치가 매우 높다. 뿐만 아니라 조선 후기의 몇 안 되는 건물로 송광사의 하사당, 경북 환성사의 심검당과 함께 초기 요사채의 모습을 보여주는 귀중한 건축물로 알려져 있다.

그 밖에도 안양루의 너른 창문 사이로 내다보이는 범종루의 기둥들 또한 휘어질 대로 휘어져, 보는 이의 눈길을 놀라움으로 가득 채운다. 크지 않으면서도 정신적으로 큰 절인 개심사를 두고 누군가는 "자연의 흐름을 한 치도 거스르지 않으면서 마음껏 멋을 부린 옛 선인들의 지혜로운 마음이 제대로 표현된 절"이라고 말하기도 했다.

개심사에서 멀지 않은 운산면 용현리에 보원사지普願寺址와 서산마애삼존불瑞山磨崖三尊佛이 있다. 대부분의 폐사지가 그러하듯 언제 세웠고 언제 폐사가 되었는지 내력조차 전해오지 않는 보원사지는 사적 제316호로 지정되어 있다. 이곳에는 보물 제103호로 지정된 당간지주와 보물 제102호로 지정된 석조石槽 그리고 통일신라시대 양식을 가장 잘 이어받았으면서도 고려 탑의 전형을 가장 잘 간직하고 있는 보원사지 오층석탑(보물 제104호)이 서 있고, 그 탑 너머로 978년(경종 3)에 건립된 법인국사보승탑(보물 제105호)과 법인국사보승탑비(보물 제106호)가 서 있다.

보원사지가 『신증동국여지승람』에도 기록되어 있지 않은 것을 보면 그 이전에 폐사되었던 것 같다. 전해오는 말에 의하면, 보원사 주위에 99개의 절이 있다가 백암사라는 절이 들어서자 모조리 불에 타 없어지고 말았다는 뜬구름 같은 이야기만 남아 있을 뿐이다. 그 아랫자락에 서산마애삼존불이 있는데 그 건너편에 있는 바위가 인암印巖이라고 불리는 인바위이다. 사면이 돌로 되어 있고, 이끼가 끼어 있는 이 바위 속에

옛날 어느 임금이 말[斗] 만한 인장을 숨겨 놓았다는 이야기가 전해온다.

예전에 해미고을 원님이 이 인장을 꺼내기 위해 석공을 시켜 이 바위를 떼어내려고 하자, 별안간 구름이 일며 천둥번개가 내리치고 소나기가 퍼부어 할 수 없이 중지했다고 한다.

서산마애삼존불 '백제의 미소'로 유명한 서산마애삼존불은 부처의 표정이 빛에 따라 여러 모습으로 보여서 '신비한 미소'라 불리기도 한다.

현존하는 마애석불 중에 웃는 모습이 아름답기로 소문나 '백제의 미소'라고 불리는 서산마애삼존불은 서산시 운산면 용현리에 있다. 백제의 분위기를 가장 거리낌없이 표현한 작품으로 꼽히며 1959년에 발견되어 국보 제84호로 지정되었다. 『법화경』 교리에 의하면, 가운데 본존인 석가여래입상이 서 있고, 왼쪽에 제화갈라보살이, 오른쪽에 미륵보살이 서 있다고 보기도 한다. 그 미소가 '신비한 미소'라고 불리는 것은 부처의 표정이 빛에 따라서 여러 모습으로 보이기 때문이다. 양옆의 협시보살들 또한 얼굴 가득 웃음을 띤 여자다운 모습이라서 살짝 토라진 본부인과 의기양양해진 첩 부처라는 장난스러운 이야기가 전해오기도 한다. 그러나 분명한 것은 누구나 편안하게 만드는 그 너그러운 웃음은 고구려의 미소를 백제화시킨 한국 불상의 독특한 형태라고 볼 수 있을 것이다.

한편 원평리의 원벌 남쪽에 있는 어름재는 예산군 덕산면으로 넘어가는 큰 고개인데, 산이 험하고 높아서 여러 사람이 어울려 넘어야 넘을 수 있다고 하여 지어진 이름이다. 운산면 수평리의 옥녀봉은 원마루 뒤 북쪽에 있는 산으로 옥녀가 비단을 짜는 형국이라고 하며, 장사목골 서남쪽에 있는 열두마지기배미는 논의 넓이가 열두 마지기라서 붙여진 이름이다.

충남 서천 비인 二장

세월 속에 묻힌 비인 팔경

조선 초기의 문신 이승소는 비인을 두고 이렇게 읊었다.

한 조각 높은 성이 바닷가를 굽어보고 있는데, 푸른 하늘은 물과 같고 물은 하늘과 같구나. 바람 불어오니 끌어 밀려오는 조수 소리 장하고, 해뜨면 청홍빛 신기와 임한다. 작은 섬에 뜬 구름은 암담暗淡한 연기요, 큰 고래 물거품을 희롱하니 눈더미가 무너지는 듯, 금자라 등 위에 신선의 반려들이 홍진紅塵 속에 세어 빠진 살쩍 보고 웃으리라.

비인군庇仁郡(비중)은 본래 백제의 비중현比衆縣으로, 신라 경덕왕 때 비비比庇로 고쳐서 서림군西林郡(서천)에 딸린 현이 되었다. 1018년(고려 현종 9)에는 가림현嘉林縣에 붙였다가, 뒤에 감무가 되고, 조선 1413년(태

비인 해수욕장 수면이 깨끗하고 백사장이 광활하며 경사가 완만하여 해수욕장으로서는 최적의 입지조건을 갖추었다.

종 13)에 예에 따라 현감이 되었다. 그후 고종 32년 지방관제 개정에 따라 군이 되어, 내면, 동면, 서면, 북면, 일방, 이방의 6개 면을 관할하였는데, 1914년 군면 통폐합에 따라 서천군에 편입되어, 비인, 종천, 서면, 동면의 지역이 되었다.

성내리城內里(성안, 성내, 읍내)는 본래 비인군 군내면 지역으로, 읍성 안이 되므로 성안 또는 성내, 읍내라 하였는데, 1914년 행정구역 통폐합에 따라 교촌리, 원두리, 상북리의 각 일부를 병합하여 성내리라 칭하고 서천군 비인면에 편입하였다.

지금의 비인면사무소에는 비인동헌이 있었는데 그곳에 있던 기와집을 헐어버리고 지금의 건물이 들어섰다고 한다. 옛날 비인관아가 있었던 곳이지만 남겨진 것이 별로 없고, 그나마 지금까지 이어지고 있는 비인시장이 옛 시절을 회상시켜주고 있을 뿐이다.

비인면 성내리에 있는 비인향교는 1398년에 창건되었으며, 현재 대성전과 세 동의 목조 기와집이 있다. 비인향교는 충청남도 기념물 제129호로 지정되어 있지만 향교 유림의 말에 의하면 유림들이 자꾸 줄어들어 재정 형편이 갈수록 어려워지고 있다고 한다.

『신증동국여지승람』에 비인읍성은 돌로 쌓은 성으로 주위가 3,505척에 높이는 12척이며, 그 안에 우물이 세 개가 있고 바다까지의 길이가 160보라고 기록되어 있고, 세종 3년에 여러 고을의 군정軍丁으로 하여금 이를 지켜보도록 하였다는데, 나무 숲이 우거진 그 형체가 성처럼 보일 뿐 그 당시 성의 모습을 추정하기는 쉽지 않다.

이곳 비인면에는 선현을 모신 사당들이 여러 곳 있다. 그 중 검산사劍山祠는 비인면 구복리에 있는 구황具滉을 모신 사당이다. 구황은 28세에

무과에 급제하여 선전관을 거쳐 선조 때 훈련원첨정이 되었고, 임진왜란이 일어나자 왜장 가토 기요마사加藤清正의 군사를 대패시키는 등 공을 세웠으나 안타깝게도 나이 40세에 전사하였다. 1844년에 창건한 검산사는 1868년에 철폐되었다가 1979년에 다시 세웠다.

비인향교 1398년에 창건된 비인향교는 현재 대성전, 외삼문, 내삼문, 명륜당의 건물이 남아 있다.

비인면 율리에 있는 율리사栗里祠는 충청남도 문화재자료 제303호로 평산 신씨 7명을 모신 사우이다. 평산 신씨의 시조인 신숭겸申崇謙을 비롯 신현, 신혼, 신연, 신기, 신철, 신오를 모신 이 사당은 1851년에 창건되었다가 1871년 서원 철폐령으로 헐렸던 것을 1898년에 다시 복원하였다.

비인면 남당리에 있는 청절사淸節祠는 유씨兪氏 5명을 배향한 사우로 연산군의 폭정을 극간하다가 유배되었던 첨지중추부사 유기창兪起昌과

유여림, 유홍, 유황, 유계를 모신 사우이다. 1720년 지방 유림과 현감 조영기趙永期가 창건한 이 사당은 1868년에 헐렸다가 1968년 지방 유림과 유씨 문중에서 다시 세웠다.

골독재는 교촌 남쪽에 있는 고개로 예전에 곰들이 많았다는데 우리나라 어디에서나 야생곰의 자취를 찾을 길이 없는 시절이고 보니 곰이 돌아다녔다는 것은 하나의 이야기로만 남아 있을 뿐이다. 개의 목처럼 생겨서 개목 또는 개야목이라 불렀다는 개야리介也里, 범의바위는 안개목 뒤 서북쪽에는 바위 밑에 굴이 있는데 범이 살았다고 한다.

마량리馬梁里(마량진, 마량)는 진의 터가 있던 곳으로 본래 남포현에 있었는데, 1656년(효종 7)에 이곳으로 옮겨왔다. 이곳 마량진에는 첨사 1명과, 전선戰船 1척, 방어하는 배 1척, 짐 싣는 배 1척, 예비선 1척이 있었다.

비인면 선도리에 있는 비인 해수욕장은 비인에서 서해안 쪽으로 6킬로미터 지점에 자리 잡고 있다. 이곳은 수면이 깨끗하고 백사장이 광활하며 경사가 완만하여 해수욕장으로서의 입지조건이 좋다. 부근에 우거진 송림과 쌍도를 비롯한 크고 작은 섬들이 많으며, 특히 동백꽃으로 유명한 동백정 등의 명승지가 있어 사람들이 즐겨 찾는 해수욕장이다.

서천군 서면 도둔리는 본래 비인군 서면 지역으로 곶의 지형이라 도둠곶, 도둔고지, 도두음곶, 도둔이라고 하였는데, 1914년 행정구역을 개편할 때 도둔리로 바꿨다. 이곳은 조선시대에 수자리가 있어서 왜적을 막는 관방이었는데, 『신증동국여지승람』「관방조」 도두음관술都豆音串戌에는 다음과 같은 글이 실려 있다.

본읍 서쪽 20리 지점에 있으며, 우도첨절제사右道僉節制使가 군사를 나누어

서 이를 지킨다. 세종 원년에 왜倭의 선척 50여 척이 습격해 와서 도두음관의 병선을 포위하고 불태우니, 만호萬戶 김성길金成吉이 그의 아들 윤倫과 더불어 왜적에 항거하여 싸우다가 창에 맞아 물로 떨어져 발헤엄을 쳐서 죽음을 면하였다. 그때 아들 윤이 적을 쏘아 3명을 죽이고 그 아버지가 이미 물에 떨어지는 것을 돌아보고는 죽었으리라 생각하고 드디어 물에 빠져 투신하여 죽었다.

도둔고지 서쪽에는 웃골이 있고 웃골 서쪽에 틈개 또는 탄동이라고 불리는 홍원 마을이 있으며, 이곳이 그 유명한 전어축제가 열리는 홍원 항이다. 전어는 몸의 등쪽은 짙은 푸른색이고 지느러미는 누런 빛을 띠

홍원항 전어가 잘 잡히는 가을이면 전어잡이 배들이 만선으로 돌아오고 전어를 기다리는 상인들로 장사진을 이루는 이곳은 전어축제로 유명하다.

었으며 등에는 갈색 반점으로 된 세로줄이 여러 줄 있고, 옆구리에는 큰 흑색 반점이 있지만, 배는 희다. 그리고 생김새는 주둥이가 아래 턱의 끝보다 좀 나와 있다.

고대 중국의 화폐모양과 유사하다 하여 전어錢魚라 불리는 이 전어의 참맛은 9월말 부터 11월초까지가 최고인데, 전어회, 회무침, 그리고 구이 등의 다양한 요리방법이 있다. 예로부터 "집 나간 며느리도 전어 굽는 냄새 맡으면 집으로 돌아온다"라는 말이 있을 만큼 그 냄새와 맛이 뛰어나다.

비인에 있는 월명산의 4층바위에는 아기장수 설화가 전해온다. 옛날에 늦도록 자식을 두지 못한 부부가 월명산 아래에서 백일기도를 드린 뒤 아들 쌍둥이를 낳았다. 두 아들에게 용골대, 망골대라는 이름을 지어주고 정성껏 키웠는데, 다른 애들보다 무척 빠르게 자라서 몇 개월 만에 칼싸움을 할 정도였다. 부부는 하도 이상하여 어느 날 두 아들이 잠든 사이에 자세히 살펴보니 아이들의 겨드랑이 밑에 날개가 달려 있었다. 깜짝 놀란 부부는 그 아들들이 역적이 될까 두려워 죽이기로 마음 먹었다. 두 아들이 언덕에서 놀고 있을 때, 그 부모가 큰 돌을 굴렸는데, 망골대만 깔려 죽고 놀란 용골대는 돌을 피해 살아남았다. 그 일이 있은 뒤 용골대는 곧바로 집을 나가 중국으로 건너가 청나라 장군이 되었다. 병자호란이 일어나자 용골대는 인조의 무릎을 꿇게 한 장수가 되었는데, 그 소식을 전해들은 부모들은 월명산에서 숨어살다가 죽고 말았다. 4층바위는 용골대 형제가 어릴 때 가지고 놀던 바위로 그 높이가 4층이나 된다고 한다.

신합리의 합전蛤田은 신합리 중앙에 있는 마을로 예전에 바닷물이 드나들어 조개가 많았다고 하며 월호리의 옥녀봉玉女峰은 월하성 남쪽에 있는 산으로 옥녀가 비단을 짜는 형국이라는 옥녀직금형의 명당이 있다고 한다.

'잃어버린 왕국'이라고 표현되는 백제의 땅에서 아름다운 백제 탑을 찾기란 쉽지 않은데 그것은 백제의 멸망 이후 백제의 문화재들이 수난을 받아 사라졌다는 이야기일 것이다. 남아 있는 것은 부여정림사지오층석탑이나 왕궁리오층석탑, 은선리삼층석탑, 장하리삼층석탑과 미륵사지석탑 등 몇 개뿐인데 그 중 하나를 이곳 비인에서 만날 수가 있다. 서천군 비인면 성북리 마을 한 귀퉁이에 우뚝 서

비인오층석탑 '작은 정림사지 오층석탑'이라고 부를 수 있을 만큼 정림사지 석탑의 양식을 충실히 따르고 있는 아름다운 석탑이다.

있는 비인오층석탑은 서천군에 있는 단 하나뿐인 보물(제224호)이다. 높이가 6.2미터인 이 탑은 백제탑의 전형을 이룬 정림사지 오층석탑의 세부 양식을 가장 충실하게 모방하였다는 평가를 받고 있다. 그러나 기단이 협소하고 2층 이상의 탑신석들이 지나치게 감축되었으며 각 층의 옥개석들이 지나치게 커서 안정감을 잃고 있다. 조성 연대가 고려시대로 추정되는 이 탑은 현재 마을 귀퉁이에서 쓸쓸히 서 있지만 백제의 여인처럼 바라볼수록 아름답다.

서천군 종천면은 본래 비인군 이방면이었고, 당정리의 뚜두렁이는 당정리에서 가장 큰 마을로 그 이름의 유래는 신당에서 굿을 하느라고 날마다 뚜드럭거려서 지어졌다고도 하고, 이곳에 땅 속에 종이 숨어 있다

는 복종伏鍾형의 명당이 있는데 그 종을 치는 소리에서 따온 것이라고도 한다.

산천리의 여루고개는 서낭댕이라고도 부르는데, 위말 서쪽에서 종천리 부내로 넘어가는 고개로 하도 험해서 열 사람이 모여서 넘어다녔다고 한다. 석촌리는 돛대바위가 있으므로 돛대바위, 돛바위 또는 석촌이라고 하였고, 갱이들은 안골 동쪽에 있는 들로 토질이 나쁘다고 하며, 한정재는 동역 남쪽에서 문산면 북상리로 넘어가는 고개이다. 지석리는 고인돌이 있으므로 괸돌 또는 지석이라고 하였는데, 괸돌 마을 뒷산에는 여러 개의 고인돌이 있고, 괸돌 동쪽에 있는 들은 백제 때 비중현比衆縣의 읍성 동문이 있었던 곳이다.

건너뜸에 있는 삼층석탑(충청남도 문화재자료 제131호)은 높이가 1.3미터로 본래는 회이산에 있었는데 일제 때 일본인들이 운반해 가는 것을 이 마을 유지들이 빼앗아 이곳에 세웠다고 한다. 동문들 안에 있는 논인 옥거리는 백제 때 비중현의 감옥이 있었다는 곳이고, 평풍바위는 금성산 밑에 있는 바위로 그 밑에 용이 살았다는 용추가 있다.

화산리는 꽃매산이 있으므로 꽃매 또는 화산이라고 하였고, 두름배 모탱이는 화산 남쪽에서 구암리로 가는 모롱이이며, 수리너머고개는 화산 서쪽에서 장구리로 넘어가는 고개인데 그 길이 매우 험하다고 한다.

화산 남쪽에 있는 이재민촌은 이재민을 위해 새롭게 마을을 조성한 곳이고, 함박재는 화산 남쪽에서 장구리로 넘어가는 고개이다.

무라야마 지준村山智順이 지은 『조선의 풍수』에는 종천면 신검리의 뒷산이 웅대한 내룡來龍과 청룡, 백호, 주작의 산수로 둘러싸인 풍수상 형승形勝(지세나 경치가 뛰어남)의 산으로 조선 제일의 명당이라고 기록되어 있다. 그래서인지 이 지방의 유력자는 물론 각지의 부호들이 모두 이 땅에 눈독을 들이게 되었다. 그러나 마을 사람들은 이 산에 묘를 쓰면 자기들이 유리걸식遊離乞食해야 할 액운에 빠지게 된다고 믿고 묘지 매매를 극력 반대했기 때문에 아직껏 외지인들의 차지가 되지 않고 그대로 있다고 한다.

천하의 길지吉地란 어떤 곳인가? 천지의 정기精氣가 모였다가 생기를 발하는 곳이다. 경치가 매우 맑고 아름다워 크게 칭송할 만한 형승의 땅이며 영초이수靈草異獸가 나타나는 곳이고 생활의 발달 신장을 축복할 만한 땅이다. 그러나 당시가 아무리 일제 때라고 해도 지역 사람들의 집단 반발에는 어찌해볼 도리가 없었던 모양이다. 그때나 지금이나 묘를 잘 쓰기 위해 혈안이 되었던 것은 변하지 않는 풍습인지도 모르겠다.

비인군 판교면은 비인 읍내 동쪽이어서 동면이라고 하였고, 마대리의 가루개재는 난텃골 동북쪽에 있는 고개로 보령 미산면으로 넘어가는 고개이다. 문곡리의 사기점골은 문덕이 남쪽에 있는 골짜기로 예전에 사기점이 있었고, 사기점재는 사기점골에서 종천면으로 넘어가는 고개이다. 상좌리의 매봉재는 은동 동쪽에 있는 산으로 그 형세가 매처럼 생겼다고 하며, 산제 새암은 은동 동쪽에 있는 샘으로 산제를 지낼 때 이 물로 노구메를 지어올렸다고 한다.

수성리는 지형이 방망이처럼 생겼으므로 솔맹이, 소을망이 또는 설명이라고 하였는데 그 말이 변하여 송수침 또는 송암이라고 하였다. 작은설맹이 동쪽에서 지전리로 넘어가는 고개가 구추마잿배기이고, 당산재는 큰설명 동쪽에서 작은설맹이 서쪽으로 넘어가는 고개이다. 심동리는 장대봉 밑의 깊은 골짜기가 되므로 깊은 골 또는 심동이라고 한다. 부엉바우 모랭이는 월봉 남쪽에서 하심으로 넘어가는 고개이고, 짝우절 고랑은 하심 동쪽에서 수성리로 넘어가는 고개로 옛날에 절이 있었던 곳이다. 우라리의 누른굴 잿빼기는 우라실 서쪽에서 상좌리로 넘어가는 고개이고, 우라실 북쪽에 있는 약바위는 주먹 크기만한 구멍에 늘 물이 고여 있으며 그 물의 약효가 빼어나다고 한다.

너다리가 있으므로 너다리, 너더리 또는 판교라고 부른 판교리 복판에 있는 마을은 옛날 시장이 섰기 때문에 구장터라고 부르고, 너더리 동북쪽에 있는 놋점이 마을에는 놋을 파는 상점이 있었다. 현암리는 검고 큰 바위가 있어서 검은 바위, 검은 배 또는 현암이라고 하였고, 분뭇굴은 검은 바위 동쪽에 있는 마을로 부처가 있었다고 하며, 검은 바위 서쪽에 있는 질마재는 뒷산이 질마처럼 생겨서 붙여진 이름이다. 판교장은 현암리에 있는 시장으로 판교리의 구장터에 있다가 해방 후 이곳으로 옮겼다.

이렇듯 아름답고 정감있는 이름들이 산재한 비인 지방의 아름다운 여덟 풍경을 조선 초기의 문장가인 서거정은 다음과 같이 노래했다.

제1경은 미망대해微茫大海로, 만리 고래 물결, 만리의 하늘 남명南溟으로 옮겨가는 붕새, 몇 3천을 활개쳐 날았던고, 맑고 깊은 곳에 신룡神龍이 졸고 있으리니, 우저牛渚의 신령한 물소 뿔에 나도 불붙여 비추어 보련다.

제2경은 은영소도隱映小島로, 큰 자라 등에 얹혀 있는 자그마한 섬들이 신기하게 푸른 파도 가운데 솟아 있는데, 바다 기운 혼몽하게 종일토록 싸고 있다. 이 사이에 가장 기화 같은 장면이란, 맑게 갠 날 넘쳐 출렁대고 가는 비에 은은히 떠오르는 모습일세.

제3경은 중중신루重重蜃樓로, 구름 같은 파도, 눈같이 부서지는 물거품 이미 높이 솟고 있는데, 신기루에 뜬 구름은 다시 몇 층이던가. 늙은 용의 오묘한 술법인줄 알긴 하지만, 어찌하여 부르고 불러도 끝내 대답이 없느냐.

제4경은 점점나계點點螺髻로, 먼 산 봉우리 흰 구름 사이로 출몰하니, 부녀자들의 구름 모양 쪽과도 같아 그 검은 빛이 차기만 하다. 아득한 저 창파 약수와 연했으니, 이 사이에 삼신산이 있는 것이 아닐까.

제5경은 둔영수고屯營戍鼓로, 동해 바다도 이제는 깨끗이 숙청되어 풍파를 모르는데, 비휴貔貅 같이 용감한 군대 엄히 지켜 소요스런 소리 다시 없다. 장군님 베개 높이 베고 깊은 졸음 들었는데, 때로 논문轅門의 북소리 울려온다.

제6경은 연포귀범煙浦歸帆으로, 한평생 이 몸에 양구를 걸치고, 금자라를 낚으려고 일찍이 낚시질을 쉬지 않았다네. 반폭 대자리에 바람을 가득 싣고, 석양에 돌아가는 저 한 조각배여.

제7경은 송평추월松坪秋月로, 해마다 8월이면 저 달 중천에 뜨는데, 양쪽 강 기슭 단풍은 나무마다 붉게 물들었네. 어느 곳 선객들이 쇠피리에 손가락 짚어 희롱하였다. 밤 깊어가니 사람의 말 소리가 작은 정자에서 새어나온다.

제8경은 관사모종觀寺暮鍾으로, 그 절 연하 속 몇째 봉우리에 있었던고, 맑은 종소리 저 달을 흔들고 평림으로 떨어지네. 유연히 나로 하여금 깊은 반성 일으켜, 홍진 속 10년간의 이 마음을 다 씻어주는구나.

하지만 서거정이 그토록 찬탄해 마지않았던 '비인팔경'은 현재 다른 지역의 문화관광 상품에 밀려나 아는 사람조차 없으니, 세월은 그처럼 모든 것을 묻기도 하고 드러내기도 하는 마술상자란 말인가?

충남 아산 온양 三장

사람들의 발길이 끊이지 않는 온천의 고장

이숙함은 그의 시에서 온양을 두고 "꽃은 자고 버들도 줄어 봄이 한창인데, 일도 없는 저 포곡새(뻐꾹새)는 농사에 힘쓰라고 '뻐꾹 뻐꾹, 울어댄다. 가을 보리 구름같이 연하여 이삭 물결 일더니, 단비 내려 하룻밤에 푸른 꺼럭이 늘어졌다. 절기 흘러 자리 자리 천만 개의 마을마다 조석 연기 일어나니, 태평스런 민간 풍경 춘대에 올라 보는 듯하다"고 노래하였다.

온양은 원래 백제의 땅으로 온천이 있으므로 탕정군湯井郡이라 하였다. 신라 문무왕 때 주로 승격시켜 총관摠管을 두었다가 뒤에 주를 폐하고 군으로 하였다. 고려 초기에는 온수군溫水郡으로 고쳤으며, 1018년(고려 현종 9)에 천안부에 붙였고, 1172년(고려 명종 2)에 감무를 두었다. 1414년(태종 14)에 신창현과 병합하여 온창溫昌이라 이름을 고쳤다가

온양호텔 안의 불상 머리와 몸이 따로 붙어 있어 균형감각을 잃어버린 것이 오히려 더 애잔한 감상을 일깨워준다.

1416년(태종 16)에 이를 다시 쪼개어 온수현을 설치하였다. 1450년(세종 32)년에 임금이 온천에 거둥하여 지금의 이름으로 고쳐 군으로 승격하였다. 1895년(고종 32)에 지방관제 개정에 의하여 온양군으로 고쳤다가 1914년에 아산군에 편입되었다. 그 뒤 1986년에 시로 승격되었던 온양은 다시 아산시에 통합되었다.

이렇게 여러 번에 걸쳐 부침을 거듭한 온양의 경계는 『신증동국여지승람』에 의하면 동쪽으로는 천안군 경계까지 22리, 남쪽으로는 예산현禮山縣 경계까지 26리, 서쪽으로는 신창현新昌縣 경계까지 13리, 북쪽으로는 아산현牙山縣 경계까지 13리이고, 서울과의 거리는 251리이다.

연산燕山은 온양의 북쪽 2리 지점에 있는 이 고을의 진산이고, 배방산排方山은 읍 동쪽 8리 지점에 있는 산으로 산마루에 네 개의 봉우리가 똑같이 대치하고 있는데, 이 산을 속칭 과안봉過鴈峰이라고도 한다.

『신증동국여지승람』「산천조」에 "가리천加里川은 온양의 동북쪽 1리 지점에 있는데, 그 근원이 셋이니 하나는 읍 서쪽 전족령全足嶺에서 나오고 하나는 가문현에서 나오며 다른 하나는 읍 동쪽 잉읍현仍邑縣에서 나와 신창현의 견포로 흘러 들어간다"고 실려 있고 "온천은 읍 서쪽 7리 지점에 있는데, 질병치료에 효험이 있어 우리 태조, 세종, 세조가 일찍이 이곳에 거둥하여 머무르면서 목욕하였는데, 유숙한 어실御室이 있다"고 기록되어 있다.

또한 신정神井이 생기게 된 유래에 대해 임원준任元濬의 기記를 인용하여 설명했는데 내용은 다음과 같다.

1464년(천순 8) 봄 2월에 우리 주상 승천체도 열문영무 전하께서 남쪽으로 충

주필신정비 세조 임금이 1464년 보은 속리산 복천사에 갔다가 온양온천 부근에 왔을 때 뜰 앞에서 물이 솟아올라 온천의 시초가 되었는데, 그 일을 기리기 위해 이곳에 비를 세웠다.

청도를 순시하시면서 속리산 복천사福泉寺에 거둥하사 혜각존자를 만나보시고, 그 뒤 3월초 1일에 온양군의 온탕에 거가를 머무르셨다. 그러한 지 4일 만에 신천이 홀연 솟아올라 뜰에 가득히 흘러 찼다. 성상께서 크게 기이하게 여기시고 명하여, 그곳을 파니 물이 철철 넘쳐나오는데 그 차기는 눈과 같고, 그 맑기는 거울 같았으며, 맛은 달고도 짜릿하였고, 성질이 부드럽고도 고왔다. 명하여 수종한 재상들에게 반포해 보이시니, 서로 돌아보며 놀라고 기뻐하지 않는 자가 없었고, 또 서로 이르기를, "옛날에 없던 것이 지금 새로 생기어 탕정의 물은 따뜻하고 이 우물은 차니, 이는 실로 상서의 발로이다" 하여 8도에서 표문을 올려 하례 칭송하니, 드디어 주필신정駐驛神井이란 이름을 내렸다.

위의 기록에 등장하는 온양온천은 온천동에 있으며 우리나라 온천 중 가장 오래되었다. 이 온천이 사람들에게 널리 개방되기 시작한 것은 장항선 열차가 개통되기 시작하면서부터였는데, 이 온천에는 다음과 같은 전설이 전해온다.

이 고을에 한 노파가 살고 있었는데 가난한데다가 자신이 절름발이라는 이유로 삼대독자를 혼인시키지 못하고 있었다. 어떻게 하면 아들에게 짝을 찾아줄까 고민하던 노파가 백일 기도를 드렸더니 어느 날 밤에 관세음보살이 나타나 "내일 마을 앞 들판에 나타난 절름발이 학의 거동을 살펴보아라"라고 일러주었다. 이 말을 들은 노파는 그 다음날 들판에 나가 학이 날아오기를 기다렸다. 드디어 학이 날아와 걸어가는 모습을 살펴보니 정말로 학이 다리를 절뚝거렸다. 며칠을 날아와 그 자리에서 한 발로 껑충껑충 뛰어다니던 학이 며칠이 지나자 완치되어 멀리 날아갔다. 노파가 학이 있던 자리에 가보니 펄펄 끓는 물이 솟아오르고 있었다. 노파는 하도 기이하여 자신의 다리를 끓는 물에 넣었더니 신통하게도 절름거리던 다리가 치료되고, 그 뒤 아들은 양갓집 처녀와 혼인을 하여 노파의 소원이 이루어졌다고 한다. 그 다음부터 그 자리에서 병을 고치기 위해 수많은 사람들이 몰려들었는데 그곳이 온양 온천의 시초가 되었다고 한다.

온양에 옛날 남산南山이 있었는데 『신증동국여지승람』에는 다음과 같은 글이 실려 있다.

고려 태조가 유검필에게 명하여 양정군陽井郡에 성을 쌓았다. 이때 후백제의 장수 김훤 등이 군사를 거느리고 와서 청주를 침공하였다. 하루는 검필이 본 군의 남산에 올라 앉아서 졸고 있었는데, 꿈에 한 거대한 사람이 말하기를, "내일 서원西原에 반드시 변란이 있을 것이니, 마땅히 속히 가서 구원해야 할 것이다" 하였다. 검필이 놀라 깨어 청주로 달려가서 후백제의 군사와 더불어 싸워 격퇴하고 독기령禿岐嶺까지 추격하여 죽이고 포로로 삼은 사람이 300여 명이나 되었다.

온천동溫泉洞은 본래 온양군 서면의 지역으로 1914년 행정구역 통폐합에 따라 하화리 일부를 병합하여 온천리라 하고 아산 온양면(읍)에 편입되었다.

온양호텔은 신정관, 행전터, 또는 철도호텔로 불린다. 백제 때부터 온천이 있어온데다 병에 특효가 있어서 고려 태조와 조선 태조가 모두 이곳에 거둥하여 목욕을 하였다. 1440년(세종 22) 3월에 소헌왕후가 이곳에 와서 1개월 동안 있었으며, 이듬해 3월에는 세종이 이곳에 거둥하여 90일 동안 눈을 치료하였다. 1464년 3월에 세조는 보은 속리산을 구경하고 이곳에 행전을 짓고 17일 동안 있었으며, 현종은 1655년 4월에 10일 동안, 숙종은 1717년 3월에 20일 동안, 영조는 1747년 9월에 8일 동안 머물러 있었다. 이처럼 행전터는 왕실에 유일한 소유로 되어오다가 일제 때 정관으로 고쳐서 일반에게 공개하고, 1945년 해방되자 철도호텔이 되었고 그후에 관광호텔로 고쳐서 전국에서 오는 많은 관광객을 맞고 있다.

온주아문 조선 후기인 1871년에 건립된 온주아문은 온양동헌의 문루이다.

신정비 서쪽에 있는 신정新井 터는 앞에서 살펴보았듯이 1464년(세조 10) 2월에 보은 속리산 복천사福泉寺에 거둥하였던 세조가 그 다음날인 3

월에 온천에 주필하였는데, 별안간 뜰 앞에서 물이 솟아오르므로 이상히 여겨 파게 하였더니 물이 콸콸 솟으며 빛이 옥같이 맑고 맛이 청량하므로 모든 신하들이 치하하고 팔도에서 표를 올려 축하하며 그 이름을 신정이라 하여 생긴 곳으로 그 옆에 신정비를 세웠다. 이 비에는 신정에 대한 사실을 적었는데, 중추원 부사 임원준이 글을 짓고, 상호군 이숙함이 글씨를 썼다.

읍내리에 있는 온양객사는 현재 온양초등학교가 되었다. 성황사城隍祠 터는 연산에 있는 온양군 성황사의 터로 1236년(고려 고종 23)에 몽골 군사들이 온양읍에 침입할 때, 아전현창 등이 문을 열고 싸워서 적병 200여 명을 죽이고 병기를 많이 노획하자, 고종은 이 싸움에서 이긴 것은 성황신의 보살핌이라 하여 성황당을 성황사로 봉하였다.

객사 서북쪽에 있는 온양군의 동헌은 현재 온양 읍내 파출소로 쓰이고 있으며, 바로 그 앞에 조선 후기의 문루 건물인 온주아문溫州衙門이 서 있다. 정면 3칸에 측면 2칸으로 익공계翼工系 팔작지붕인 이 건물은 고종 8년인 1871년에 건립하였고 충청남도 유형문화재 제16호로 지정되어 있다. 1.5미터 높이의 사각뿔 모양의 주춧돌을 세우고 그 위에 2층까지 이어지는 둥근 기둥을 세운 뒤 마루틀을 짜고 그 둘레에 격자난간을 설치하였으며, 이층 천장에 우물천장을 가설했다.

온양 지역에는 온양 온천말고도 여러 온천들이 많은데, 도고면 기곡리의 도고온천(유황천)은 아래텃골에 있는 온천으로 신라 때 태자가 이곳에 와서 초정의 물을 먹고 유황천에 목욕하였는데, 이 지방 사람들에게 민폐가 끼치는 것을 꺼려 숯으로 초정을 메우고 이 유황천을 버려두는 바람에 일반에게 알려지지 않고 오랫동안 방치되어 있었다. 1912년

장항선이 개통된 후 다시 온천을 시설하여 전국에 알리면서 다시 유명해졌다.

농은리의 나분들고개(납운현)는 논골에서 예산군 대술면 화산리로 넘어가는 고개로 넓은 바위가 있으며 배방면 수첨리의 소 잡아먹은 골은 망경산 중턱에 있는 골짜기로 절터가 있는데, 산이 너무 후미져서 도둑들이 소를 끌어다 잡아먹었다는 얘기가 전한다. 중리의 족두리바위는 굴바위 옆에 있는 바위로 모양이 족두리처럼 생겼는데, 1962년에 서울 남산에다 국회의사당을 짓는 데 쓴다며 이 바위를 떼어갔다. 치마바위골에 있는 치마바위는 1898년(광무 2) 장마 때 타나났다는 바위로 그 모양이 치마를 두른 것 같다고 한다.

행단杏壇은 중리 300번지에 있는 세종 때 정승 고불古佛 맹사성孟思誠의 집이다. 본래 고려 공민왕 때, 명장 최영崔瑩 장군의 집이었던 것을 그 손자가 맹정승에게 준 이후 맹씨들이 계속 살고 있다. 사적 제109호로 지정된 이 집은 독특한 고려식 건물로 한가운데 대청이 두 칸이고 양쪽에 방 한 칸씩 있으며, 기둥과 도리 사이에는 단포로 봉의 혀를 장식하였다. 이 집에는 맹정승이 쓰던 옥통수 1개, 목표 1개, 포도연과 맹정승의 부인이 쓰던 옥잠 1개가 남아 있다. 또 앞에 맹정승이 심었다는 은행나무 두 그루가 나란히 서 있는데, 단으로 둘러쌓아 행단이라 한다.

화룡리의 공기바위는 마주봉 밑에 있는 큰 바위로 모양이 공기처럼 둥근데 박장군이 공기 놀던 바위라 하고, 팽개바위는 솔티고개 밑 논 가운데에 있는 큰 바위로 박장군이 세교리에 있는 대성산성에서 팽개쳐서 이곳에 떨어진 것이라 한다. 봉강교蓬江橋는 봉강에 놓인 다리로 천안과 온양을 연결하는 다리이고, 아산시 송악면 강당리에 있는 외암서원巍岩

書院 터는 영조 때 학자 이간李柬과 윤혼尹焜이 관선재를 짓고 후진들을 교육하던 곳으로 순조 때 외암서원으로 하고 이간과 윤혼을 배향하였다가 1868년(고종 5)에 헐리고, 현재 강당사가 되었다.

용추龍湫(양화담)는 먹시 아래 냇가에 있는 못으로 옛날에 용이 올라갔다고 하는데 산이 높고 골이 깊어 경치가 매우 아름다웠다. 그래서 바위에 '산고무이 동심화양山高武夷 洞深華陽' 여덟 자를 새겨놓았는데 일제 때 일본인들이 '동심화양'의 글자를 거꾸로 따서 양화담이라 고쳐 불렀다.

강장리에 있는 오형제고개는 강장리에서 예산군 대술면으로 넘어가는 고개로 이 산에 고개 다섯이 있는데 두 고개는 온양 쪽에, 두 고개는 예산 쪽에 있고 가운데 고개가 가장 높으며, 옛날 도둑이 많기로 유명했다고 한다.

온양 장날 밤, 이 고개에서 살인강도 사건이 일어났다. 한 사람은 온양 쪽 첫 고개에서, 또 한 사람은 예산 쪽 첫 고개에서 모두 칼을 맞아 죽고, 두 사람은 한가운데 고개에서 아무 상처 없이 죽었는데 그들 사이에는 술병과 돈 꾸러미만 놓여 있었다. 온양 원은 예산쪽 첫 고개 밑 새술막에 살면서 혼자 술장사를 하는 문첨지를 유일한 피의자로 잡아들였으나 그 사람은 선량한데다 범행을 일체 부인했다. 원에서는 이 사건이 자칫 미제로 남을 것을 우려해 온양읍은 물론이고 국내 관장들을 괴롭게 하였는데, 마침 문첨지의 집에 붙어 살던 단양 사람 김도령이라는 사람이 그 실마리를 풀었다. 세 도둑이 온양 장에서 돈 가진 양민 한 사람을 붙잡아 데리고 오다가 온양 첫 고개에서 죽이고 그 돈을 빼앗은 후 세 놈이 동행하여 이 고개에서 한 사람을 시켜 새 술막에 가서 술을 사가지고 오게 하였다. 그런 다음 두 놈이 합하여 술 사오는 놈을 예산 첫 고개에서 죽이고 그 술을 가지고 이 고개에서 마셨는데 그 술을 사러 갔던 놈은 딴마음을 품고 술에다 독약을 탔던 것이다. 사건이 해결된 뒤 사람들은 이 사건을 두고 오형제고개 살인사건이라 하였다.

지레(지라, 지라리)는 강장 서쪽 산 속에 있는 마을로 지형이 지라(비장)와 같다고 하는데 옥녀직금형의 명당이 있다고도 한다. 거산리巨山里는 본래 온양군 남상면의 지역으로서 산이 매우 높고 크므로 거산골, 거산 또는 거상골이라 하였으며, 각흘角屹 고개는 구마니 남쪽에 있는 고개로 온양에서 공주 유구읍 각흘로 넘어가는 큰 길이 되었다. 용두원龍頭院은 거산리 큰 길가에 있는 마을로 조선시대 때 용두원이 있었다. 1593년(선조 26) 윤 11월 29일 왕세자 광해군이 임진왜란의 상황을 살피기 위하여 온양에서 공주로 가는 길에 이곳에서 점심을 먹었다 한다.

송학리松鶴里는 본래 온양군 남상면의 지역으로 봉수산 속 깊이 들어앉은 마을이어서, 속안골이라 부르던 이름이 변하여 송악골, 송학골이라 하였으며 주막거리 갈구니 앞 길가에 있는 마을에는 주막이 있었다. 통점골(동점)은 갈구니 서쪽에 있는 마을로 조선시대 이곳에 구리점이 있었고 수곡리首谷里는 본래 온양군 남상면의 지역으로 약물이 있어서 아픈 머리를 감으면 특효가 있다 하여 머리서리 또는 수곡이라 불렀다. 역촌에 있는 시흥역時興驛의 터는 조선 초에 시흥도역승을 두어서 신창의 창덕, 예산의 일흥, 덕산의 급천, 면천의 순성, 당진의 홍세, 아산의 장시, 평택의 화천 등 각 역을 관할하다가 그후에 홍주의 금정역金井驛에 합병되었다.

외암리外岩里는 본래 온양군 남하면의 지역으로 시흥역이 있을 때 말을 가두어 먹이던 곳이어서 오양골이라 하였는데 이곳에 인종 때 장사랑 이연李挻이 와서 살고, 그 육대손인 학자 외암 이간이 살았다 하여 마을 이름도 외암골이라 하였다. 오양골 입구에는 반석盤石이 냇가 바닥에 깔려 있으며, 마을 쪽으로 반석들이 누워 있는데, 위 반석에는 큰 글씨로 '외암동천巍岩洞天' 네 글자를, 그 옆에는 작은 글씨로 '이용찬서李用餐書' 네 글자를 새겼고, 아래 반석에는 '동화수석東華水石'의 대자와 '이백선서李伯善書'의 소자를 새겼다.

봉곡사鳳谷寺는 유곡리 539번지에 있는 절로 1584년(선조 17) 3월에 화암거사가 중수하여 봉서암鳳捿庵이라 고쳤다가, 1794년(정조 18) 미경, 각준 두 사람이 대웅전을 중수하고 봉곡사로 고쳤다. 1909년에 주지가 병이 들어 일인에게 약을 얻어먹고 병을 고친 고마운 뜻으로 이 절에 있던 길이 75미터, 넓이 43미터 되는 관음불의 화상을 일본으로 보냈는데, 1958년에 도로 찾아왔다.

임원준의 시에, "밭보리 푸르고 푸르러 생의에 차 있는데, 평지와 산간에 부지런히 지은 것을 농부들은 함께 기뻐한다. 무성한 이삭들 한 대에 두 이삭씩 달렸으니, 높고 낮은 푸른 물결이 몇 겹이나 되던가. 일진一陣 화풍이 남쪽에서 불어오니, 만경萬頃의 누른 구름이 가을을 재촉한다. 우리에게 풍년을 주는 것이 이로부터 시작하리니, 햇무리만으로 어찌 노대魯臺를 점치랴"라고 노래하였던 온양은 지금도 예나 다름없이 온천을 찾는 사람들로 북적대고 있으니 세월이 지나도 변치 않는 것은 건강하게 살고자 하는 인간의 마음이 아닌가 싶다.

충남 예산 대흥

四장

백제 부흥운동의 격전지 임존성이 있는 곳

지금은 예산군 대흥면이고 조선시대에는 군이었던 대흥군은 본래 백제의 임존성 또는 금주今州라고 불리던 고을로 신라 경덕왕이 임성군任城郡으로 고쳤다. 고려 초에 대흥으로 고쳐서 1018년(현종 9)에 홍주에 딸렸다가 1172년(명종 2)에 감무가 되었다. 1407년(태종 7)에 군으로 승격되었다가 1413년(태종 13)에 다시 현감이 되었다. 1681년(숙종 7)에 이 고을 박산에 있는 현종의 태실을 봉축하고 군으로 승격하였다가 다시 현으로 되었던 것을 1876년(고종 13)에 다시 군으로 하였다. 1914년 군면 통폐합에 따라 예산군에 딸린 하나의 면으로 되고 말았다.

이 고을의 진산은 봉수산으로 그 산에는 대련사大蓮寺라는 절이 있었는데 지금은 사라지고 없다.

조선시대 대흥현의 객사는 현재 대흥초등학교로 변했고, 객사에는 견

임존성 백제부흥군은 봉수산에 있는 이 성에서 전열을 재정비하고 나당연합군에 대항해 싸웠으나 중과부적으로 패하고 말았다.

사정見思亭이라는 정자가 있었는데 원래 이름은 포정정이었다. 관찰사 안침安琛이 지금의 이름으로 고쳤다.

대흥향교는 대흥면 교촌리에 있는데 1405년에 창건하였으며, 이 향교의 대성전은 충청남도 문화재자료 제172호로 지정되어 있다.

이곳 대흥은 고려시대 몽고군의 제3차 침입 때 큰 싸움이 벌어졌던 곳이다. 1235년(고종 22) 몽고의 장수 탕구唐古는 대군을 거느리고 압록강을 건너 고려를 침입하였는데 1236년(고종 23)에는 남으로 내려와 지금의 서울인 남경과 평택 그리고 지금의 아산인 아주를 격파하고, 그해 12월 대흥성을 포위하였다. 몽고군이 수일 동안 성을 공격하자 향리와 수령의 지휘를 받은 주민들이 성문을 열고 나가서 일제히 몽고군을 공격

대흥영세불망비 대흥고등학교 앞에는 대흥군을 거쳐간 관리들의 영세불망비가 있다.

했다. 이에 당황한 몽고군이 후퇴하여 대흥의 주민들은 적을 크게 물리치고 많은 무기를 노획하였다. 이 대흥전투는 몽고의 제3차 침입 때 지금의 용인인 처인성, 회천, 온양, 죽산의 싸움과 함께 승전을 거둔 전투의 하나였다. 특히 이 전투는 농민들이 주축이 되어 이루어졌는데, 지배층에 비하여 고려인들의 몽고군에 대한 저항이 얼마나 강력했는지를 잘 보여주고 있다.

대흥고등학교 담장을 따라 영의정 김제의 영세불망비를 비롯, 대흥을 거쳐간 20여 명쯤의 벼슬아치들의 영세불망비가 세워져 있었다. 대흥군의 현청인 임성아문이 잘 다듬어진 잔디밭 너머에 있다. 그 잔디를 밟고 지나가 현청에 앉아 당시를 떠올려보지만 이미 지나간 세월을 어찌할 것인가. 당시 대흥군의 영역이었던 곳이 지금은 예당저수지에 수몰되어 흔적도 찾을 수가 없다.

그곳에서 멀지 않은 곳에 백제 부흥군이 최후를 맞이했다는 임존성이 있다. 임존성은 백제의 복신福信, 지수신遲受信, 흑치상지黑齒常之 등이 당나라 장수 유인궤劉仁軌가 이끄는 나당연합군에 항거했던 곳이다. 이 성은 대흥현 관아 서쪽 13리 지점에 쌓은 석축산성으로 둘레는 약 2,450미터이고 사적 제90호로 지정되어 있는데, 현재 성문과 수구문水口門 그리고 우물지와 건물지가 남아 있다. 이 성은 높이 480.9미터의 봉수산 봉우리를 테를 두른 듯 에워싼 테뫼형 산성으로 일명 봉수산성이라고도 부른다. 이 성은 공주와 부여에서 80리쯤 떨어져 있어 백제가 수도를 웅진과 사비로 천도한 뒤부터 수도 방어의 중요한 역할을 했던 것으로 추정하고 있다. 이 성은 후삼국시대 왕건과 견훤이 크게 전투를 벌였던 곳이기도 하다. 이 산성의 성벽 구조는 안쪽에 두껍게 토사를 쌓아올리고 바깥쪽으로 돌을 쌓아 다지는 축조법인 내탁외축內托外築이며, 백제시대에 축조된 산성으로는 최대 규모이다. 이 산성의 서쪽 산꼭대기와 동쪽 작은 봉우리로 이어지는 잘록한 허리 부분에는 남북으로 통과하는 통로가 있으며, 이 통로가 만나는 북벽에 너비 6미터의 북문지가 있다. 남문지는 조금 서쪽으로 치우쳐서 성 밖으로 갈라지는 구릉과 성벽이 연결되는 지점에 위치하며, 옹성의 효과를 노리기 위한 듯한 시설을 주변에 구축하고 있다. 산의 주봉에는 약간 넓은 평지가 있어 건물이 있었을 것으로 여겨지는데, 이곳의 시계는 확 트여서 전망이 매우 좋다. 또한 남쪽 성벽 안에도 지형에 따라 넓은 평지가 형성되어 있으며, 이곳에서는 백제시대의 토기 조각과 기와 조각이 많이 출토되었다. 주류성으로 추정하고 있는 한산의 건지산성과 함께 이 성은 백제 부흥운동군의 거점으로 잘 알려져 있다.

665년 백제가 멸망한 뒤 주류성을 근거지로 사비성 탈환작전을 벌이던 부흥군은 그 계획이 실패로 돌아가자 최후의 거점인 이 성에서 흑치상지 등을 중심으로 전열을 재정비하여 신라군의 군량수송로를 차단하여 나당연합군을 괴롭히는 한편 백제의 부흥을 꾀하였던 것이다. 백제군의 용감한 기상에 놀란 7만이 넘은 당나라 군사는 일단 물러갔으며, 그 이듬해 유인궤劉仁軌를 앞세워 다시 공략해왔다.

그 무렵 복신福信이 도침道琛을 죽이고 왕자 풍豊이 복신을 죽이는 내분이 일어나 백제 군사의 사기는 크게 꺾였으며, 결국 흑치상지는 유인궤에게 투항하였다. 비운의 성 임존성은 그 뒤 후삼국이 쟁투를 벌이던 때도 결전장이 되었다. 고려 태조 왕건이 후백제의 관할에 있던 임존성을 공격하여 후백제 장군 형적邢積 등 3,000여 명을 죽이고 사로잡았다는 기록이 남아 있다.

대흥면 상중리의 임존성 밖에는 묘순이바위라는 바위가 있다. 옛날에 길동이와 묘순이라는 힘센 남매 장사가 있었다. 서로 힘 자랑을 많이 했는데, 묘순이는 성을 쌓고 길동이는 쇠 나막신을 신고 서울에 다녀오기로 하였다. 그런데 묘순이가 성을 다 쌓아가도록 길동의 소식이 묘연하자 그 어머니는 시간을 끌기 위해 묘순이가 좋아하는 좀콩밥을 구해와 먹으라고 했다. 묘순이가 그것을 맛있게 먹고 있는 사이에 길동이가 돌아와서 묘순이를 이 바위로 눌러 죽였다고 한다. 지금도 사람들이 돌로 이 바위를 두드리며 "묘순아 좀콩밥이 원수이지" 하면 "네" 하고 대답한다고 한다. 그러고 보면 그때는 딸보다는 아들에 대한 사랑이 더 깊었음을 알 수가 있다. 골말 끝에 있는 가반교라는 다리는 가반이라는 아귀 할머니가 놓았다는 다리로 현재는 예당저수지에 묻혀버렸다.

지금은 예산군 광시면이 된 광시는 원래 대흥에서 19리 떨어진 곳에 있는 역이었다. 대흥의 서쪽에 있는 성황사는 이 고을의 진산인 봉수산에 있는데, 속설에 당나라의 장수 소정방蘇定方이 이곳 성황사에서 기도하고 제사를 지냈다고 한다. 그 뒤로 봄가을에 제사를 지낸다.

한편 대흥에는 우애가 지극한 형제에 얽힌 이야기가 전해오는데, 『신증동국여지승람』에는 다음과 같이 실려 있다.

대흥에 이성만李成萬이란 사람이 살았는데, 그는 그 아우 순淳과 더불어 지극한 효성을 지니고 있었다. 성만은 아버지가 죽자 그 시묘살이를 하였고, 순은 그 어머니의 분묘를 지키면서 각각 애통과 경근을 다하였다. 3년의 복제를 마치고는 아침에는 아우가 형의 집으로 가고, 저녁에는 형이 아우의 집을 찾았으며, 한 가지 음식이 생겨도 서로 만나지 않으면 먹지 않았다. 이러한 사실이 임금에게 보고되어 정문을 세워 표창하였다.

현재 대흥면사무소에는 의 좋은 두 형제의 동상이 서 있고, 바로 그 아래에는 두 형제가 서로 볏단을 옮겨놓는 모습이 새겨져 있다,

광시면 대리의 살목골(살목, 시목)은 대동 동쪽 골짜기에 있는 마을로 백월산에 둘러싸여 오목한 곳인데, 화살나무가 많아서 살목골이라 부른다. 마사리馬沙里는 본래 대흥군 일남면의 지역으로 말을 먹이던 곳이어서 마사 또는 마새, 매사라 했다고 한다. 마새는 대흥군과 홍성군에 걸쳐 있는데, 이곳이 대흥군에 딸려 있어서 대흥마새이고 홍성마새는 홍성군 금마면 마사리에 있는 말을 먹이던 곳이다.

신흥리의 모랭이고개는 신흥리에서 청양군 운곡면 미광리에서 구모리로 넘어가는 고개이고, 미동굴고개는 신흥리에서 청양군 운곡면 미량리의 미중굴로 넘어가는 고개이다.

대흥면 교촌리의 여단 터는 선학골 위에 있는 마을로 과거에 여단厲壇이 있었다. 향교말(마을)은 교촌리에 있는데 대흥향교 앞에 홍살문 터가 있다. 갈풀이 많아 갈울 또는 노동리蘆洞里라 불리는 마을에는 무한천 가운데 외따로 있는 딴산이 있는데 예당저수지의 뚝이 이 산을 의지하여 이루어졌다.

동서교東西橋는 동서리에 있는 다리이고, 문루門樓 터는 동서리에 있는 과거 대흥읍성의 문루 자리이다. 빙고재(빙고티)는 동산에 있는 고개로 조선시대에 빙고가 있었고, 사직社稷골은 동서리에 있는 마을로 조선시대 대흥군의 사직단(임금이 토신과 곡신을 제사지내던 재단)이 있었다.

의 좋은 형제 교과서에 나오는 '의 좋은 형제'는 밤중에 서로에게 볏단을 옮겨 놓았다는 형제애를 보여주고 있다.

이 사직단은 그후에 교촌리의 소천으로 옮겨졌다. 옥담거리는 상종리에 있는 마을로 대흥군의 옥이 있었다.

대흥면 손지리에 있는 도덕골은 대숲골 남쪽에 있는 골짜기로 도둑이 많았다고 하고, 마상고개는 손죽골 북쪽에 있는 고개이다. 신양면 가지리의 명당배미는 새터말 동쪽에 있는 논으로 위치가 좋고 곡식이 잘 되어서 지어진 이름이다. 잔골 남쪽에 있는 수령골고개는 잔골에서 운곡면 광암리의 수령골로 넘어가는 고개이다.

귀곡리의 밀무리(물미리, 수조리)는 귓골 동남쪽에 있는 마을로 예전에 밀물이 이곳까지 들어왔다고 한다. 걸치기 마을은 격양 또는 글치기라고도 부르는데, 이 부근에 '게가 엎드린 형상'이라는 충남에서 제일가는 명당인, 해복형蟹伏形의 명당이 있는데, 앞들이 넓고 길어서 농사가 잘 되어 백성들이 격양가擊壤歌를 부른다 한다. 바미고개는 가재울에서 대흥면 대율리大栗里 마을로 넘어가는 고개이다.

대덕리의 원고개는 동죽 북쪽에 있는 고개로 전에 원院집이 있었던 곳이며, 말골 앞들에 있는 밭은 은銀을 300냥이나 주고 샀다고 해서 은삼백량밭이라고 부른다. 두련杜蓮이(두련리)는 서계양리에서 가장 큰 마을로 마을 지형이 연꽃이 물에 뜬 형국이라 한다. 일산이수정一山二水亭(격양정)은 걸치기 남쪽에 있는 정자이며, 대술로부터 흘러온 달천과 청양에서 흘러온 북상천이 앞에서 합한다.

시흥리의 군계들 아래 불우리 남쪽에 있는 큰돌은 조선시대 대흥군과 예산군의 경계였다 하며, 유왕골 서쪽에 있는 고갯굴고개는 광시면 서초정리의 고갯골로 넘어가는 고개이다. 차동리車洞里는 본래 대흥군 거변면의 지역으로 국사봉 너머에 있어서 수리네미 또는 차동이라 하였는데, 수리네미 고개(차령, 차동고개)는 차동에서 공주군 유구면 유구리로 넘어가는 큰 고개이다.

황계리黃鷄里의 다박골(다박곡, 풍암)은 황계 남동쪽에 있는 마을로 다복사多福寺가 있었으며, 마을 주변에 암석이 많고 단풍나무가 울창하다. 황계黃鷄 동남쪽에 있는 산인 태봉胎峯은 조선 제18대 임금인 현종顯宗의 태를 묻었던 곳으로 1681년(숙종 7년)에 다시 태실胎室을 봉하고 대흥현을 군郡으로 승격시켰다.

음봉면의 주령리朱令里는 본래 대흥군 외북면 지역으로 붉은 흙이 있어서 붉은고개라 이름 지은 주령이 있으므로 주령 또는 주령이 및 주랭이라 하였는데, 1914년 행정구역 통폐합에 따라 내주령리·외주령리를 병합하여 주령이라 하였다. 척대비고개는 밭주령 서쪽에 있는 고개로 홍성군 홍북면의 척대비로 넘어간다.

경북 김천 개령 ─ 손님 접대 빈번하고 백성 살림 넉넉하다

경북 김천 지례 ─ 맑고 한가로움이 길손을 위로하는구나

경북 안동 예안 ─ 짙푸른 안동호 속에 번성했던 과거를 묻은 곳

경북 예천 용궁 ─ 달이 지는 성에 대나무 안개가 자욱했던 고을

경북 울진 평해 ─ 월송정에 올라 관동의 경치를 조망하다

경북 의성 비안 ─ 쌍계는 비단띠처럼 돌고 봉우리는 병풍처럼 두르다

경북 포항 장기 ─ 동해바다 일출이 장관인 범의 꼬리

대구 달성 현풍 ─ 아름다운 비슬산과 그 속에 숨은 사찰들

5 부

경상북도 · 대구 광역시

경북 김천 개령 一장

손님 접대 빈번하고 백성 살림 넉넉하다

조선 초기의 학자인 서거정은 이곳 개령을 두고 이렇게 썼다.

개령현의 왼쪽은 일선군一善郡, 오른쪽은 금릉군金陵郡이요, 성악을 마주보고 상산을 뒤로 하고 있으니, 네 고을의 중심지에 있어 귀한 손님을 보내고 맞이하며, 접대하는 노고가 참으로 빈번하고 심하여, 얽히고 설킨 일을 과감히 처리하는 재주가 없이는 그 책임을 감당하기 어렵다. 그러나 땅은 기름지고 흙의 성질이 매 벼에 적당하므로, 수재나 한재가 없어 백성들의 살림이 넉넉한 사람이 많다.

또한 윤자영尹子濚은 그의 시에서 개령의 산수에 대해 "긴 강이 한 줄기 유리처럼 미끄러운데, 늘어선 멧부리는 층을 지어 수묵같이 진하구

갈항사 삼층석탑 동·서로 세워져 있던 두 탑 가운데 한 기인데, 우리나라 석탑의 역사에서 반드시 언급되는 탑으로 갈항사가 지방에 있던 왕실의 원찰이었음을 입증한다.

나"라고 묘사하였다.

개령은 본래 감문소국甘文小國이었는데, 신라가 빼앗아 진흥왕 때에 청주로 고치고 군주를 두었다. 진평왕 때에 주를 폐지하고, 문무왕 때에 감문군으로 하였다가 경덕왕 때에 지금의 이름으로 고쳤다. 고려 현종 때에는 상주에 속하였고, 명종 때에 감무를 두었는데, 조선 태종 때에 규례에 따라 현감으로 고쳤다.

1985년(고종 32) 지방관제 개정에 따라 군이 되어 동, 서, 남, 북, 부곡, 농소, 연명, 아포, 곡송의 9개 면을 관할하다가, 1914년 군면 통폐합에 따라 김천군(금릉)에 편입되어, 현재 개령면, 농소면, 아포읍, 남면까지 4곳과 감문면, 어모면 일부 지역이 되었다.

개령의 경계는 『신증동국여지승람』에 의하면 동쪽은 선산부의 경계까지 19리, 인동현의 경계까지 42리, 남쪽은 성주의 경계까지 38리, 서쪽은 금산군의 경계까지 14리, 북쪽은 선산부의 경계까지 31리, 서울과의 거리는 558리이다.

개령면 동부리東部里는 본래 개령군 부곡면의 지역인데, 동부리에 있던 개령현의 객사 터는 현재 개령초등학교 운동장이 되었다. 교동校洞은 동부리 서쪽에 있는 마을로 향교가 있었기 때문에 교동이라고 지었다. 개령현 동헌 자리에는 현재 개령면사무소가 들어서 있다.

유동산 위에는 동락정이 있고, 남산 위에는 무언루가 있으며, 만리방천에는 세류정이 있고, 갈마산에 개령향교가 있다.

양천리楊川里의 양천역 터는 양천마을 가운데 있는 터로 조선시대에 김천도찰방에 딸린 양천역이 있다가 1896년에 혁파되었다. 여제당 터는 성안 남쪽에 있는 개령현의 여제당이 있던 곳이다.

개령향교 경내에는 경상북도 문화재자료 제119호로 지정된 대성전과 명륜당, 내삼문, 외삼문이 남아 있다.

개령현의 진산은 감문산으로, 일명 성황산城隍山이라고도 부르는데, 현의 북쪽으로 2리에 있었고, 그 산 취적봉 아래 신라 법흥왕 때 아도화상이 창건했다는 계림사가 있다. 특히 계림사 주변은 경치가 아름답기로 유명해 사람들이 많이 찾는 곳이다. 현의 동쪽 2리에 유산柳山이 있는데 작은 산으로 감천이 그 산 동북쪽 통방統傍으로 흐르며, 이 산 아래에 감문국 때의 궁실 터가 남아 있다. 감문산 봉수 동쪽은 선산부의 남산藍山에 응하고, 서쪽은 금산군의 소산에 응하였다.

객관 동쪽에는 무민루撫民樓가 있었는데, 이원李原은 그의 시에서 무민루를 다음과 같이 노래했다.

남녘으로 가는 길에 더위에 시달리다가, 한 번 오르니 조금은 시원하구나. 키 큰 나무는 천 그루가 늙었고, 높은 누각은 백 척이 넘는다. 해는 기울어 성긴 대 그림자 지고, 바람은 일어 연꽃 향기 풍긴다. 오래 앉았으니 세상 생각 없어 길게 읊조리다가 석양에 이르렀네.

갈항원葛項院은 갈항고개의 밑에 있으며, 미륵원彌勒院은 현의 남쪽 38리에 있었고, 건천원乾川院은 현의 남쪽 25리에 있었다.

『신증동국여지승람』에 "계림사鷄林寺는 감문산에 있었고, 갈항사는 금오산 서쪽에 있던 절로 신라의 고승 승전勝詮이 돌 해골로 이 절을 창건하고 관속을 위하여 '화엄경'을 개강하였는데, 그 돌이 80여 개에 이르렀다"고 기록되어 있듯이 갈항사는 경북 김천시 남면 오봉리 금오산金烏山 서쪽에 있던 절로 692년에 당나라에서 귀국한 화엄종華嚴宗의 고승 승전勝詮법사가 창건하였다. 그 뒤로도 돌로 된 해골 80여 매가 이 절에 전해오며 이곳을 찾는 많은 사람들에게 많은 영험을 보였다고 한다.

이 절에 있는 두 기의 삼층석탑은 758년 영묘사靈妙寺의 언적言寂법사와 두 누이, 삼남매의 발원으로 건립하였는데, 이 석탑은 우리나라 석탑의 역사에서 빼놓지 않고 언급되는 독보적인 탑으로 이 절이 지방에 있던 왕실의 원찰이었음을 입증한다. 화엄종에 속했던 이 절의 그 뒤 역사는 전해지지 않으며, 절터에 남아 있던 삼층석탑은 1916년에 서울 경복궁으로 옮겨졌다가 다시 국립중앙박물관으로 옮겨졌다. 서울에 있는 갈항사 터 석탑 두 기 중 동탑은 높이가 4.3미터이고, 서탑은 높이 4미터로 국보 제99호로 지정되어 있다. 이 탑이 조성된 시기는 신라가 삼국통일 이후 문화가 가장 화려하게 꽃피어 불국사와 석굴암이 조성되던 때였다. 갈항사 터의 동탑의 상층 기단부의 면석에는 유려한 필치와 높은 기품의 행서로 쓰여진 명기銘記가 음각되어 있어서 이 탑을 구성한 유래와 함께 탑을 조성한 시기가 758년이었음을 보여주는데, 이렇게 탑 자체에 명문을 적어놓은 것은 신라시대 석탑으로는 유일한 예이다. 넉 줄로 되어 있는 이 명문의 내용을 풀이해보면 다음과 같다.

"이 두 탑은 천보天寶 17년, 무술戊戌년에 세웠으며, 오빠와 두 자매 세 사람의 힘으로 이루어졌는데, 오빠는 영묘사의 언적법사이시며, 손위 누이는 소문황태후이시며, 손아래 누이는 경신대왕의 이모이시다." 이와 같이 이 탑을 세우기 위해 시주한 사람들이 왕과 가까운 인척들이었던 것으로 보아 석공들이 이 탑을 세우는 데 정성을 쏟았음을 미루어 짐작할 수가 있다. 특히 이 탑에 새겨진 글은 이두문을 사용했기 때문에 더욱 귀중한 유물이라고 볼 수 있다. 이 탑을 두고 "석가탑 이후 가장 풍치 있고 아담한 탑"이라고 평하는 사람도 있는데, 우현 고유섭高裕燮 선생은 "단려端麗하고도 아순雅淳하며, 가장 문아文雅한 탑의 하나"라고 평하였다.

바로 그 갈항사 터에 보물 제245호로 지정되어 있는 갈항사 터 석조석가여래좌상이 작은 보호각 안에 갇혀 있다. 원래의 머리는 어디론가 사라지고, 아무리 보아도 어색한 새 머리를 목 위에 얹어놓았는데, 그런 석가여래좌상을 바라다보면 언짢은 내색 하나 없이 앉아 있는 석가모니가 한없이 존경스럽기까지 하다. 결가부좌한 두 무릎과 그 위에 올려놓은 양 손이 상당 부분 파손되었지만 다른 부분은 비교적 온전하게 보존되어 있는 편으로 이 불상도 갈항사 터 삼층석탑을 조성할 때 같이 세워졌을 것으로 여겨진다.

유산 북쪽 동월 곁에는 감문국 때 궁궐의 옛터가 아직도 남아 있으며, 개령현의 북쪽 20리에는 감문국 금효왕릉金孝王陵이라는 큰 무덤이 있다. 장릉獐陵은 현의 서쪽 웅현리熊峴里에 있는 능으로 감문국 때의 장부인獐夫人의 능이라고 한다.

이곳 개령평야는 들이 넓고 기름져서 일찍부터 농업이 발달하였다. 조선시대 말까지만 해도 낙동강 어귀에서 소금배가 올라올 정도로 깊었던 감천 하류는 무절제한 야산개발로 하상이 높아져 비가 많이 올 때는 대책도 없이 범람하는 바람에 몇 년째 홍수로 몸살을 앓고 있다.

고성은 개령현의 북쪽으로 2리쯤에 있는데, 감문국 때의 성이고, 고성의 남은 터가 태성산台星山에 있다.

1862년 4월, 개령현감 김후근金厚根의 탐욕과 폭정에 못 이겨 일어난 봉기가 개령민란이다. 김후근은 현감으로 부임한 뒤 3년 동안 전세田稅를 정액보다 더 많이 거두어들여 현민들로부터 크게 신망을 잃고 있었다. 그들 가운데 반민班民인 김규진金奎鎭이 읍폐邑幣를 바로잡을 목적으로 민중봉기를 선동하는 통문을 몰래 돌렸는데 그 내용은 다음과 같았다. "이 운동에 가담하지 않는 자는 그 집을 습격하여 파괴하고, 그 마을도 파괴할 것이며, 또한 이에 필요한 경비는 모두 부호로부터 징수하겠다." 김규진이 통문을 몰래 돌리다가 발각되어 옥에 갇히자 4월 7일 외촌에 살고 있던 백성 수천 명이 관내의 이천장梨川場에 모여 소요를 일으킨 뒤 읍내로 향하였다. 그들은 먼저 옥문을 부수고 김규진을 비롯한 여러 죄수들을 풀어준 뒤 관아로 난입하여 전 이방 우학능, 전 수교 우해룡, 하리 전진기 등을 살해하고 그 시체를 불태웠으며, 군부, 전부, 환부 등을 모두 불태웠을 뿐만 아니라 읍내의 민가 42채를 불태웠다. 이에 조정에서는 이보다 앞서 일어난 진주민란의 안핵사로 파견한 박규수朴珪壽에게 진주 안핵이 끝나는 대로 개령으로 향하여 사핵査覈하도록 명했다가 사태가 급하므로 안동부사 윤태경尹泰經을 대신 파견하여 난을 신속히 수습하도록 명하였다.

난이 수습된 뒤 주동자인 김규진, 안인택, 이복대와 난에 가담한 이방 문기표, 공문서를 소각한 정지평 등 5명을 효수하고, 좌수 권기일, 수교 조인국, 박경한 등 3명은 이에 대한 책임을 물어 세 차례에 걸쳐 엄한 형벌을 가한 뒤 노비로 삼아 먼 섬으로 쫓았다. 그 밖에도 십수 명을 먼 섬이나 먼 곳으로 귀양을 보내거나 중형을 내렸으며, 김후근에게도 그 책임을 물어 파직시킨 뒤 전라도 영광군에 있는 임자도로 귀양을 보냈다.

개령군의 남면이던 남면의 부상리는 개령현의 남쪽 30리에 있던 부상역扶桑驛이 있었으므로 부상이라고 하였는데, 이곳 부상역을 두고 서거정은 다음과 같은 시를 남겼다.

난산을 돌아오는 길이 높았다 낮았다 하여, 가다가 부상역에 다다르니 낮닭이 우네. 구름은 작은 바람 타고 높은 재의 북쪽을 넘고, 눈 녹은 물은 끊어진 다리의 서쪽을 흐른다. 광음은 주막에 몸을 맡긴 것같이 총총하고, 벼슬에 매어 타향살이 하니 생각은 적이 어지럽구나. 스스로 웃노라. 시에 미친 것이 아직 옛 모습 그대로여서, 벽 사이에 옛사람의 시를 거듭 살펴보노라.

부상에서 월명으로 넘어가는 고개는 땅이 모래로 되어 있어서 모래고개라고 부르고, 부상 동쪽에 있는 마을은 칠곡군과 접경에 있어서 마을 이름이 지경地境마을이다. 송곡리의 살구짐은 솔방 서남쪽에 있는 마을로 옛날에 이곳에서 토기를 구웠다고 하고, 솔방 동북쪽의 시미기는 오봉리의 사동으로 넘어가는 고개이다. 초곡리의 못고개는 서원에서 아포읍 대신리의 역전으로 넘어가는 고개로 못이 있고, 셀 앞에 있는 장수바우는 두 바위가 철길 양쪽으로 100미터쯤 떨어져 있는데, 예전에 어떤 장사가 겨드랑이에 끼고 놀다가 놓고 갔다는 바위이다.

개령면 광천리의 묘광妙光은 광천리 동쪽에 있는 마을로 지형이 묘하게 생겼기 때문에 지어진 이름이고, 덕촌리에 있는 오씨열녀문은 자방 남쪽 입구에 있는 열녀 오씨의 정문이다. 그 마을에 한 여인이 살았는데 남편이 병이 나서 자기 살을 베어 먹이는 등 구완하다가 끝내 남편이 죽자 아이를 업고 우물에 투신자살을 했다 하여 나라에서 열녀문을 내렸다 한다.

김천시 농소면 봉곡리의 고방사高方寺는 조곡 동남쪽 백마산에 있는 절로 신라 법흥왕 때 아도화상이 창건하고, 조선시대 1719년(숙종 45)에 승려 수천이 중건하였다고 하며, 별미령別味嶺은 조곡에서 성주군 벽진면 용암리로 넘어가는 고개로 별미산 줄기가 된다.

한편 이곳 개령면과 남면에서는 3월과 9월에 마을이나 시장에서 별신제를 지낸다. 봄에는 마을의 안녕과 풍년을 기원하고, 가을에는 풍년에 대한 감사의 마음과 번영을 기원하는 이 행사는 3~5일 동안 마을의 넓은 곳이나 시장에서 열린다. 동제 기간에는 마을의 입구에 금줄을 치고, 문전과 마을의 도로에 적토를 뿌린다. 그리고 제장에는 천막을 치고, 제상을 설치한 뒤에 제문을 바치며 헌작, 분향, 축문 읽기, 소지 등의 절차가 끝나면 제사에 참여한 모든 사람들이 음식을 나누어 먹고 여흥으로 3일에 걸쳐 무당의 춤과 음악이 펼쳐진다.

이처럼 볼 것 많은 문화유산과 역사적 유물을 간직한 개령의 산천을 뒤로 하고 나는 또 다른 고장으로 발길을 돌렸다.

知
禮

경북
김천
지례 二장

맑고 한가로움이 길손을 위로하는구나

지례는 경상북도 김천시 지례면 지역에 있던 현이다. 본래 신라의 지
품천현知品川縣이었는데, 경덕왕 때에 지금의 이름으로 고치고 개령군
의 영현을 삼았다. 고려 현종 때에 경산부에 소속되고, 공양왕 때에 감
무를 두었으며, 조선 태종 때에 고쳐서 현감으로 하였다.

1895년(고종 32)에 지례군이 되었다가 1914년에 김천군에 병합되면서
지례면이 되었고, 다시 김천이 시로 승격되며 김천에 딸린 하나의 면이
되었다. 조선시대에는 내륙 산간지역으로 성주·금산·무주·상주를 연
결하는 도로가 발달하였고, 작내역作乃驛 등이 있어서 교통상 중요한 곳
이었다. 그 당시 지례는 대덕, 부항, 증산, 지례등 4개 면의 전역과 구성
면 마산리와 미평리를 비롯한 일부 지역이 그 관할구역이었다. 지례면
교리에 있는 지례향교는 1426년(세종 8)에 창건되었는데, 임진왜란 때 전

청암사 계곡 "양쪽 골짜
기 사이로 계곡을 따라 붉게
물든 나뭇잎과 푸른 소나무
가 길을 에워싸고 물은 쟁쟁
거리며 음악을 들려준다"는
정시한의 일기는 아직도 이
곳의 경치를 생생하게 전해
준다.

소되었던 것을 1690년(숙종 16)에 중건하였고, 지례향교 대성전은 현재 경상북도 문화재자료 제118호로 지정되었다.

『신증동국여지승람』에 의하면 동쪽은 성주星州의 경계까지 13리, 서쪽은 전라도 무주현의 경계까지 38리, 남쪽은 거창군과의 경계까지 46리, 북쪽은 금산군의 경계까지 15리이고 서울과의 거리는 624리이다.

지례면 도곡리와 교리에 높이가 360미터인 거북산(귀산)이 있다. 일명 봉우재, 봉화산, 구산이라고 부르는 이산은 산 모양이 거북이처럼 생겨서 거북산이라고 부르며, 남쪽으로는 감천이 흐르고 있다.

옛 지례현의 진산으로 산정에는 석성인 구산성이 있어서 지례현의 방위를 담당하는 요새였던 것을 짐작하게 해주고, 이 산에는 봉수대가 있어서 남쪽으로 거창의 거말치, 북쪽으로 고성산 봉수에 응하였다.

거북산 봉수 남쪽은 거창군의 거말흘산巨末訖山에 응하고, 북쪽은 금산군의 고성산高城山에 응한다.

객관 이첨의 시에 "동구가 처음에는 좁더니 점점 넓고 평평해지는데, 난을 피한 산꼭대기에는 옛 성이 있다. 도장에 전자는 새로 정한 호를 새겼으나, 현관은 아직도 옛 이름을 지녔네. 어량에 물이 가득 푸짐한 가을도 흥겨운데, 나그네 길에 하늘도 맑으니, 들 정취가 흐뭇하구나. 다행히도 사군과 약간의 안면이 있어, 동헌에 술을 놓고 나를 위로하네" 하였다. 장지도의 시에도 "천년 반곡은 온 구역이 평평한데, 앞봉오리의 끊어진 벼랑을 차지하여 돌성을 세웠다. 예부터 내려온 토성 몇 집인고, 지금까지 열 집이 벼슬이름을 얻었다. 처마 끝에 늘어선 감과 밤은 산중의 맛이요, 추녀 끝에 서린 구름과 연기는 세상 밖의 정취로다. 성시에 일찍이 버림받음을 한탄하지 말라. 한가한 나그네 되어 한가로이

가는 것도 좋지 않으냐" 하였다.

불영산 청암사라고 씌어진 일주문을 지난다. 1686년 가을 청암사에 왔던 우담愚潭 정시한丁時翰(1625~1707)은 이 절에서 한 편의 일기를 썼는데 그 내용은 다음과 같다.

저녁을 들고 나서 혜원, 승헌 노스님 그리고 효선스님과 함께 쌍계사로 걸어 내려오노라니 양쪽 골짜기 사이로 계곡을 따라 붉게 물든 나뭇잎과 푸른 소나무가 길을 에워싸고 물은 쟁쟁거리며 음악을 들려준다. 고승 두어 분과 소매를 나란히 해 천천히 걸으며 걸음마다 (경치를)즐기니 사뭇 흥취가 깊다.

정시한의 일기 속에서 나오는 쌍계사는 그 당시 청암사를 거느렸던 본사였으나 지금은 중산면사무소 뒤편에 주춧돌 몇 개와 연꽃 두어 송이를 조각한 비례석만 남은 폐사지일 뿐이고, 시인 송재학은 「청암사 간다」라는 시 한 편을 남겼다.

가야산 북쪽이라면 우레 소리를 가둘 만하네
나의 행방불명도 저 속에 물어보네
이십 년 전 나는 짐승처럼 청암사를 베어 물었네
진저리치며 쏟아지는 폭포에서
내 귀까지 물벼락이 꿰뚫었네
썩은 나무가 가리킨 일주문을 넘네
꽃살 무늬 안으로 드나들 땐 죄罪마저 환하네
경전과 눈물이 닿으면 요사채 마당을 빗질하는 비구니,

암자 옆 자드락밭은 심한 흑백

그때도 이곳은 나와 너무 가깝다는 느낌이고

정갈한 밭이랑에서 아픔을 떠올린 것도

상처를 벌리는 햇빛, 햇빛도 그대로이고……

버들개지는 불은 밥알 같은 새순을 밀어 올리네

가야산 북쪽이라면

장대비나 근심을 지니고 갈 만하다네

나뭇잎 밟는 발자국 소리를 따라 천천히 걸으면 천왕문이 보이고 그 우측에 회당비각과 대운당 비각 및 청암사 사적비가 서 있다. 화엄학으로 이름을 날렸던 회암 정혜스님의 비각은 영조 때 우의정을 지냈던 조현명이 지었으며 대운당 비각은 청암사의 역사를 기록하고 있다. 청암사靑巖寺는 평촌리 88번지 불영산 기슭에 있는 절로 신라 말에 풍수지리학의 원조인 도선국사가 858년(신라 헌안왕 2)인 창건하였고 혜철이 머무르기도 하였다고 한다. 청암사는 그 뒤 조선 중기에 의룡율사가 중창하였고 1647년(인조 25)에 화재로 불타버리자 벽암스님이 중건하였지만 1782년(정조 6)에 다시 불타고 말았다. 지금의 건물은 1912년에 당시의 주지 김대운金大雲이 세운 절로 보물 제296호의 약광전석불좌상과 제307호의 석조비로자나불좌상이 있다.

남아 있는 절 건물은 대웅전, 육화전, 진영각, 전법루, 일주문, 사천왕문 등이 있고 산내 암자로 개울 건너에 극락암과 부속암자로 수도암이 있다.

천왕상이 곱게 그려진 천왕문을 지나면 다리가 나타나고 그 다리 아

래를 흐르는 물에 형형색색의 단풍잎들이 떨어져 흘러간다.

물은 저리도 맑고 그 흐르는 소리 또한 옥구슬을 굴리는 듯 청아한데 문득 고개를 들면 바위벽마다 새겨진 이름들 속에 '최송설당' 이라는 이름이 보인다. 최송설당은 이 절 청암사와 관련이 많은 사람이자 영친왕의 보모상궁이었다. 그는 영친왕의 생모였던 엄비와 고종의 비호 아래 수많은 재산을 모았고 대운스님과의 인연으로 두 번에 걸쳐 절을 크게 중수할 수 있었다.

비구니 승가대학이 있어서 100여 명의 스님이 수행하고 있는 청암사에 도착했을 때는 제를 올리는지 수많은 사람들이 대웅전 앞마당까지 서 있었다. 우물가에는 한 스님이 무말랭이를 널고 있었고 극락암 쪽에

청암사 신라 말의 고승 도선국사가 창건한 절로 비구니 승가대학이 있어 100여 명의 스님이 수행하고 있다.

서 파르라니 머리를 깎은 두 스님이 부지런히 대웅전 쪽으로 오고 있었다. 삼층석탑 뒤편에 서 있는 이 청암사 대웅전에는 협시보살도 없이 부처님 한 분이 앉아 있는데, 이 불상은 1912년 불사를 끝낸 대운스님이 중국 장쑤성[江蘇省] 창저우[滄州]에서 만들어온 불상을 모셨다고 한다.

수도암에 대해서는 우리나라 풍수지리학의 원조인 도선국사가 청암사를 창건한 뒤 수도처를 찾아 수도산 내를 헤매다가 지금의 이 수도암 터를 발견하고 어찌나 마음이 흡족하였던지 칠일 밤낮 동안 덩실덩실 춤을 추었다는 이야기가 전해진다. 그럴 것이다. 명산 중에서도 절이 있는 산은 좋은 산이고, 절이 있는 곳이 가장 좋은 터라고 옛사람들은 말하지 않았던가. 그때나 지금이나 수행자들이 끊임없이 몰려드는 이 수도암을 우담 정시한은 이렇게 평했다. "절이 가장 높은 봉우리에 있으면서도 평평하고 넓게 트였으며…… 가야산을 정면으로 마주보면서 산세는 둥글게 감싸여 있으니 참으로 도를 닦는 곳이라 하겠다. 봉우리의 흰 구름은 끊임없이 모였다 흩어지니, 앞문을 열어두고 종일토록 바라보아도 그 의미가 무궁하여 참으로 절경이다" 수도암 터는 풍수지리상 옥녀직금형玉女織錦形이라 자손이 번창한다고 한다. 이때 멀리 보이는 가야산 상봉은 실을 거는 부분이 되고, 뜰 앞의 동서 양탑은 베틀의 두 기둥이 되며, 대적광전 불상이 놓인 자리는 옥녀가 앉아서 베를 짜는 자리가 된다는 얘기다.

이 수도암은 1894년(고종 31) 동학농민혁명과 한국전쟁 때 공비소탕이라는 이름으로 불타버렸던 것을 최근에야 크게 중창하였다. 절 건물로는 대적광전과 약광전, 나한전, 법전 등의 건물이 있으며 문화재로는 보물 제296호로 지정된 약광전 석불좌상과 보물 제297호인 삼층석탑 2기

그리고 보물 제307호인 석조비로자나불좌상이 남아 있다.

약광전의 문을 열고 들어간다. 약광전 석불좌상은 적막강산 속에서
세상을 굽어보고 계시고 나는 그 아래 무릎 꿇고 앉는다. 약광전의 석불
좌상은 도선국사가 조성한 것으로 전해진다. 금오산 「약사암 중수기」에
"옛날부터 내려오는 전설에 지리산에 세 분의 석불이 있어 삼형제 부처
라 부른다. 그 하나는 금오산 약사암에 모시고 또 하나는 직지사 삼성암
에 모시고 다른 하나는 이곳에 모셨다"라고 전한다. 이 불상의 머리 부
분에는 보관을 장식했던 흔적이 보이는데 이는 약광보살의 머리에 금속
관을 설치했던 것으로 특이한 경우이다.

수도암 수도처를 찾아 헤
매던 도선국사가 이 절터를
발견하고 너무 기뻐 덩실덩
실 춤을 추었다는 일화가 전
해진다.

약광전을 나서자 바람이 불고 절 마당에는 떨어지는 나뭇잎들로 스산

하기만 했다. 대적광전에는 스님의 독경소리, 목탁소리가 흘러나오고 문 앞 댓돌 밑에는 신발들이 가지런히 놓여 있다.

대적광전은 낮은 축대와 짧은 기둥 때문에 지붕에 눌린다는 평을 받고 있지만 내소사 대웅보전 문살만큼은 아닐지라도 아름다운 문살 때문에 보는 이들의 마음을 진한 감동으로 몰아가게 한다. 문을 열자 대적광전에는 수많은 사람들이 기도를 올리고 있다. 이 대적광전 안으로 들어가자 마치 청량사의 석조불상이나 전북 송광사 대웅전의 불상만큼이나 사람을 압도하는 석조비로자나불상이 가야산 자락을 바라보듯 정중앙에 앉아 있었다. 나는 조용히 합장하고 가만히 앉았다. 앉은키의 높이가 251센티미터, 머리의 높이가 70센티미터에 이르는 이 불상은 석굴암 본존불과 맞먹는 크기이다. 이 불상에는 재미있는 이야기가 전해온다.

이 불상을 불당골이라는 거창의 한 마을에서 만들어 옮겨올 때 사람들은 그 크기가 너무 커서 쩔쩔매고 있는데 한 늙은 스님이 나타나더니 불상을 등에 업고 마구 달렸다. 그런데 그만 수도암 입구에 다다른 노승은 칡넝쿨에 발이 걸려 넘어지고 말았다. 화가 난 늙은 스님이 불상을 내려놓은 뒤 산신을 불러 "부처님을 모셔가는데 칡넝쿨이 웬 말이냐? 앞으로는 절 주위에 일체 칡이 자라지 못하도록 하라"고 호통을 치고 사라졌다. 그 뒤로 지금까지 수도암 근처에는 칡이 자라지 않고 있으며 지금도 칡을 찾기가 어렵다고 한다.

대적광전 앞에는 석등이 있고 그 좌우로 삼층석탑이 서 있다. 동서 양탑은 양식이 서로 다를 뿐 아니라 탑과 대적광전과의 거리가 너무 멀어 본래부터 쌍탑의 형식으로 만들어졌다고 보기는 어렵다. 그저 별개의 장소에 다른 양식으로 건립되었다고 추정할 뿐이다.

서탑은 이중기단을 가진 삼층석탑으로 2, 3층의 옥신과 옥개를 잘 유지하고 있다. 지붕돌의 층급은 차례로 1층 다섯에 2층 다섯, 3층 넷이며 상륜부는 노반·보륜·보주만이 남아 있다. 동탑은 단층기단을 한 삼층으로 기단에는 면석을 가득 채운 안상을 4면에 하나씩 새겼으며, 1층 몸돌에는 각 면을 네모지게 깊숙이 판 뒤 불상을 한 구씩 돋을새김으로 새겼다. 동서 양탑 모두 대적광전 안에 위치한 석조비로자나불좌상과 같은 시대인 9세기 후반에 건립되었을 것으로 여겨지는데, 이 석탑에는 베를 짜는 처녀가 탑신에 새겨져 있다. 나는 대적광전 앞 문살에 서서 가야산을 건너다본다. 그 풋풋했던 푸르름도 그 화려했던 단풍의 향연도 끝난 가야산은 겨울의 초입에 그렇게 서 있었다. 어쩌면 겨울이라 더욱 더 그런 느낌이 드는지 모르지만 해인사를 품에 안은 육중한 가야산이 그 오랜 기다림으로 한 송이 연꽃을 피워 올리는 듯한 모습으로 서 있었다.

　수도암에서 보면 가야산 상봉은 계절마다 다른 빛깔의 연꽃을 피운다고 한다. 푸르름이 온 산을 뒤덮는 봄에는 황련을 피우고 녹음이 우거진 여름에는 청련을 피우며 단풍이 곱게 물드는 가을에는 홍련을 피우고 눈 내리는 겨울에는 백련을 피운다.

　이곳 지례의 산천 중 용산龍山은 용산봉화대라고도 불린다. 지례면 상부리와 도곡리 경계에 있는 산으로 높이 320미터이며, 조선시대에 용산봉화대가 있어서 남쪽으로 거창군 거말흘산과 북쪽으로 금산군 고성산 봉수에 응하였다.

　떡재(동재, 똥재, 병현)는 지례면 신평리, 거물리, 도곡리와 대율리에 걸쳐 있는 산으로 높이 556미터로 옛 지례현 터 동쪽에 있다.

　구성면의 광명동에 있는 노루모기재는 중말에서 강곡으로 넘어가는 고개인데, 그 형국이 노루목처럼 생겼다고 하며, 말미기는 중리 남동쪽에서 조마면 곡강동으로 넘어가는 고개로 전에 이곳에서 말을 먹였다고 한다. 구성면 마산리 마산 밑에 있는 가래골고개는 참물내기에서 충청북도 영동군 상촌면 흥덕리의 흥덕으로 넘어가는 고개로 가래골 위가되며, 우두령牛頭嶺은 충청북도 영동군 상촌면 흥덕리의 흥덕 사이에 있는 고개로 산의 모양이 소의 머리를 닮았다고 한다.

상원리의 원터(원기)는 상원리에서 으뜸되는 마을로 조선시대에 두의곡역頭衣谷驛에 딸린 상좌원上佐院이 있었다. 송죽동의 궁장弓莊(어무정)은 개정 서쪽에 있는 마을로 지형이 활 모양이며, 이곳에서 왜적을 힘으로 물리쳤다 한다. 매봉산(웅봉산)은 죽방 북쪽에 있는 산으로 높이 200미터밖에 안 되지만, 전설에 따르면 약 200년 전에 함안 조씨가 실묘한 선조 묘지를 매를 풀어서 찾았다.

김천시 부항면 대야리는 큰 산이 둘러 있어서 지형이 대야처럼 생겼으므로 대야골 또는 대골 및 대야곡이라 하였고, 마수고개는 독산에서 월곡리로 넘어가는 고개로 전에 말이 많이 내왕했다고 한다. 밀목령密木嶺(밀목재, 면목령, 큰골재)은 대야에서 충청북도 영동군 상촌면 물한리의 가래점으로 넘어가는 고개이고, 수리미기재(차항)는 갈불에서 하대리로 넘어가는 고개이다.

사등리의 갯절(단산, 개사)은 사등리 남쪽에 있는 마을로 전에 개사라는 절이 있었다고 하며, 옥개들은 사드래 앞 서남쪽에 있는 들로 전에 지례현의 감옥이 있었다고 한다.

하대리의 박석이재는 하대 서쪽에서 전라북도 무주군 설천면으로 넘어가는 고개이고, 정거장고개는 뱃들에서 하두대로 넘어가는 고개로 예전에 주막이 있었다 한다. 조산마(장촌)는 음지말 동쪽에 있는 마을로 옛날에 장인들이 모여 살았다고 하며, 그 남쪽에 조산이 있다.

해인리海印里는 수리미기고개 윗두대에서 대야리 갈불로 넘어가는 고개로 그 생김새가 수리처럼 생겼다고 하며, 해인동은 해인리 서북쪽에 있는 마을로 신라시대 때 해인사라는 절이 있었다 한다.

증산면 부항리釜項里(가목재, 부항)는 본래 지례군 내증산면의 지역으로서 가목재 밑이 되므로 가목재 또는 부항이라 하였으며, 가목재(부항령, 부항현)는 부항리에서 지례면 여배리로 넘어가는 큰 고개이다. 용바우(용암)는 이전마을 동쪽에 있는 바위로 이 근처에 전씨의 산소가 있다. 이 산소를 쓴 뒤 그 집안에 힘센 장사가 태어났는데 장차 역적모의를 할까 두려워서 그 산소의 혈을 끊자, 용마가 나와 울고 갔다는 곳이다.

아홉사리재는 수도암에서 경상남도 거창군 가북면으로 넘어가는 고개로 굴곡이 많이 져서 생긴 이름이고, 유성리柳城里(버들밭, 유성)는 본래 지례군 내증산면의 지역으로서 버드나무가 많이 있었으므로 버들밭 또는 유성이라 하였다.

장전리長田里의 들목재(석항령)는 마구실에서 성주군 가천면 산계동의 독산으로 넘어가는 고개로 돌이 많았다고 하며, 마구실(마고실)은 장전 동남쪽에 있는 마을로 옛날에 마고할미가 쉬어갔다고 하는 곳이다.

평촌리坪村里의 가랫재(추령)는 웃가랫재에서 대덕면 추량리의 지픈이로 넘어가는 고개로 지대가 매우 높고 찬 바람이 늘 불어온다고 해서 생긴 이름이며, 너븐방우(광암)는 청암사에서 수도리의 도터매기로 가는 사이에 있는 넓은 바위이다.

증산면의 황점리는 본래 유황硫黃을 굽는 점이 있으므로 황점이라고 하였다. 화가소는 대목 동쪽에 있는 소沼로 옛날에 황점리의 문이마을에 하씨가 살았는데 시주를 받으러 오는 스님에게 행패가 심하였다. 그러던 어느 날 도승이 그를 찾아와 명당 터를 잡아준다고 하고 돌마장에 묏자리를 잡아주면서 "청룡날을 끊어 논에 물을 대면 곧 부자가 된다"고 하므로 그 말대로 산맥을 끊었다. 그러자 이 소에서 청마가 나와 슬피 울더니, 장전리의 만폭정폭포 아래에 빠져 죽은 뒤 그 하씨가 망했다고 한다.

황정리의 고뱅이재는 바람재에서 성주군 금수면 영천동 상고방으로 넘어가는 고개이고, 바람재(풍령)는 황정리 동쪽에 있는 마을로 지대가 높아서 바람이 세게 부는 곳이라고 한다. 꼬꾸랑재는 거무레서 대율리로 넘어가는 고개로 꼬불꼬불해서 그런 이름이 지어졌다.

지례면 관덕리의 구수골은 활나미 동남쪽에 있는 마을로 마을 뒤에 아홉 골짜기가 있는데, 그곳에서 흐르는 물이 합해지는 지점이다. 교리校里는 본래 지례군 하현면의 지역으로서 지례향교가 있으므로 생교마 또는 교촌, 향교촌이라 하였던 곳이다. 관창官倉골은 교리 서쪽에 있는 골짜기로 전에 관가의 창고가 있었다 한다. 경파정鏡坡亭은 옥류정玉流亭터 남쪽에 있는데 1737년(영조 13)에 현감 이병건이 세워 삼소정이라고 하다가, 뒤에 헐리면서 현감 김난규가 다시 세우고 경파정이라 하였다. 김천경찰서 지례파출소 자리에는 옛 지례현 동헌이 있었고, 봉화산 서쪽에 지례현의 사창이 있던 터가 남아 있다. 경파정 터 서쪽에 있는 연정의 터는 1690년(조선 숙종 16)에 현감 조인상이 못을 파고서 연을 심은 뒤 정자를 세웠는데, 1755년(영조 31)에 홍수로 인하여 허물어져서, 1760년(영조 36)에 현감 이창원李昌遠이 다시 짓고 못 주변에 버드나무를 심었다. 옥류정 터는 동산 남쪽 냇가에 있는 정자가 있던 자리이며, 평원당平遠堂 터는 상부리에 있는 지례현의 객사가 있던 곳이다. 상부리에 있는 홍학당興學堂 터의 홍학당은 1738년(조선 영조 14)에 현감 이병건이 창건하였는데, 오래되어 허물어져서 1742년(영조 28)에 현감 이복상이 다시 지었다가 헐렸다.

지례현의 객관을 두고 조박趙璞은 "금정에서 오는 길 평탄한 데 없더니, 어찌 다행히도 산중에 이 성이 있었던고. 지나는 나그네가 시를 지어 그런대로 기사하는데, 백성은 세상을 피하여 이름을 구하지 않네. 밭 가는 늙은이와 뽕 따는 여인네 풍류스런 멋이 풍기고, 수풀의 새와 시내의 고기는 타고난 성정 그대로구나. 땅이 궁벽하여 소송하는 날에 오는 이 적으니, 맑고 한가로움이 사신의 행차를 위로할 만하구나" 하였다.

배규裵規는 그의 시에서 "봄비가 처음으로 열 이랑 사이에 개니, 밭 가는 늙은이와 뽕 따는 여인네 한가롭기도 하다. 송사하는 뜰은 쓸쓸하여 푸른 이끼만 널렸는데, 멧부리에서 나와 흐르는 구름을 취하여 누워서 보노라" 하였는데 지금도 지례는 그때와 다름없이 산천의 아름다움이 눈을 즐겁게 하는 곳이다.

禮安

경북 안동 예안 三章

짙푸른 안동호 속에 번성했던 과거를 묻은 곳

군대에서 아침에 10킬로미터, 저녁에 8킬로미터 구보를 한 달 정도 한 적이 있다. 매일 계속되는 구보에 지칠 대로 지쳤지만 어쩌겠는가. 당시는 군대에서 전봇대로 귓구멍을 후비라고 해도 따를 수밖에 없는 상명하복의 시절이 아니었던가. 그 당시만 하더라도 식수는 군용 수통에 넣어가지고 다녔지만 구보에 지치다 보면 수통에 물을 채우지 못해 걷다가 목이 마른 적이 한두 번이 아니었다. 그때마다 논두렁에 엎드려 미지근한 논물을 벌컥벌컥 들이키는 것이 보통이었다.

그런데 세월이 몇십 년 흐르면서 나라가 온통 오염되다 보니 지금은 강을 따라 걷다가 목이 말라도 마치 그림 속의 물처럼 마실 물이 없다. 그때처럼 그렇게 안심하고 물을 마실 수 있는 곳이 자꾸 사라져가고 있는 현실이 안타까울 뿐이다.

예안마을 '살기 좋은 편안한 곳' 또는 '기름진 땅'이라는 뜻의 예안은 안동댐 건설 이후 쓸쓸하고 퇴락한 마을로 남았다.

낙동강 1,300리 길을 도보로 기행할 때 예안 일대를 지나며 마을 사람들에게 낙동강 상류의 물이 어떠한가를 물었다. 그때 노인들의 대답이 이러했다. "불과 20여 년 전만 해도 저 강물을 떠다가 밥을 해먹었고 저 물에다 채소를 씻어서 김치를 담가 먹었지. 지금은 어림도 없어. 그때가 아마 예안읍이라고 불렀을 때였을 거야. 그때만 해도 낙동강 물이 좋아서 강물을 길어다 밥을 해먹었는데 지금은 사람들이 저 물을 안 먹고 저 위에 있는 상수도 물을 먹지. 그때만 해도 낙동강물이 좋아서 강물을 길어다 밥을 해 먹었는데 사람들이 지금은 저 물을 안 먹는기라 저 위에 있는 상수도 물을 먹지."

나이 든 사람들의 기억 속에나 남아 있는 안동시 예안면은 조선시대의 현이었다. 본래 고구려의 매곡현買谷縣이던 예안현禮安縣은 신라 때 선곡善谷으로 고쳐서 나성군奈城郡의 영현이 되었다가, 고려 태조 때 신라의 성주城主 이능선李能宣이 귀순하였으므로 예안禮安으로 고쳐서 군으로 승격되었다. 1018년(고려 현종 9)에 길주吉州(안동)에 소속되었다가, 1376년(고려 우왕 2)에 그의 태胎를 이 고을 땅에 봉하고 다시 군으로 승격하였다. 1390년(고려 공양왕 2)에는 감무監務가 되는 동시에 의인현宜仁縣을 병합하였으며, 1413년(태종 13)에 현이 되었다. 1895년(고종 32) 지방관제 개정에 의하여 군이 되어 읍내邑內, 서면西面, 북면北面, 의서宜西, 의동宜東, 동상東上, 동하東下의 7개 면을 관할하였다. 1914년 군면 통폐합에 따라 안동군에 편입되었고 현재 예안, 도산陶山, 녹전祿轉의 3개 면의 지역이 되었다가 안동댐이 만들어지면서 오늘에 이르렀다.

『신증동국여지승람』에 의하면 예안의 경계는 동으로 영해부 경계까지 41리, 남으로 안동부 경계까지 12리, 서로 영천군 경계까지 39리, 북으로 봉화현奉化縣 경계까지 41리이고 서울과의 거리는 545리였다.

예안면 서부 2리에 있는 어느 식당에 들러 메밀국이 곁들여진 아침을 먹었는데, 그 식당 벽에는 사진작가 황헌만 선생이 찍은 1975년의 예안읍 풍경들이 흑백사진으로 걸려 있었다.

낙동강 변의 초가집 앞, 대여섯 살배기 아이를 가슴에 안은 어느 아낙네가 옆에 예닐곱 살 먹은 아들을 세운 채 찍은 사진이었다. 시간은 이미 흘러가버렸는데 사진 속에 풍경처럼 서 있는 사람들도 다른 곳에서 가끔씩 이곳 예안을 생각하고 있을까?

그 당시 안동댐 건설로 보상을 받은 사람들 가운데 댐 건설이 끝난 뒤 타지로 나간 이들은 땅값이 오르거나 이러저러한 이유로 그나마 형편이 나아졌지만, '송충이는 솔잎을 먹어야만 사는데, 실없이 외딴 곳으로 가서 그 신세가 가련하지 않을까?' 라는 생각에 고향을 지키고 눌러앉은 사람들의 신세는 그야말로 말이 아니게 되었다.

예안은 낙동강 상류의 분지로 영지산, 도산 등에 둘러싸여 있으며 낙동강의 지류인 분강이 흐르는 곳에 자리 잡고 있다. 이 지역은 신라시대에 군사적 요충지로 동쪽으로는 의인을 지나 청기·영양에 이르는 도로가, 북쪽으로는 영주·재산·봉화 등을 연결하는 도로가, 남쪽으로는 안동과 예천으로 연결되는 도로가 발달하였다.

예안의 이름은 예안의 예禮자가 땅을 뜻하므로 '살기 좋은 편안한 곳' 또는 '기름진 땅' 을 뜻하며 예로부터 각종 농산물이 풍부하게 나고 삼재三災를 당하지 않은 곳이라 하였다. 그러나 고려 때는 왜구의 침입이 잦았던 곳이기도 하다.

1415년에 창건된 예안향교는 안동시 도산면 서부리에 있는데, 경상북도 유형문화재 제28호로 지정되어 있다.

김효정은 「동루시」에서 "풍속은 절약하고 검소함을 숭상한다. 지역은 편소하고 토질이 박하다"고 하였다.

『신증동국여지승람』「산천조」에 "녹전산祿轉山은 현 서쪽 20리에 있다. 요성산邀聖山은 현 북쪽 18리에 있다. 장갈현長葛縣은 현 동쪽 30리에 있는데, 영해부와 청기현의 경계이다. 영지산靈芝山은 현 북쪽 5리에 있다. 용두산龍頭山은 현 북쪽 22리에 있다"고 실려 있다. 그리고 성황산城隍山은 객관 북쪽에 있는 산으로 예안현의 진산이었다.

또한 고려의 문신 최선崔詵은 「용수사기龍壽寺記」에서 "태백산 남쪽으로부터 300여 리를 높았다 낮았다 하여 우뚝하게 빠져나온 것이 있으니 이것이 용두산인데, 실로 영가군과 이이산을 짊어지고 도시가 된 것이다"라고 하였던 용수사龍壽寺는 용두산 남쪽에 있는 절로 고려 때 스님인 성원誠源이 창건하였고, 제18대 의종이 스님인 석윤을 시켜 중수한 뒤 용수사라는 이름을 하사하였다. 그 뒤 여러 차례의 중수를 거쳐 1566년(명종 22)에는 퇴계 이황이 벼슬을 사직하고 돌아와 머물렀던 곳인데, 폐사되어 주춧돌과 축대만 남아 있다가 새로 조성되었다. 신사임당의 넷째 아들이자 이율곡의 동생인 이우李瑀는 그의 시에서 용수사에 대해 이렇게 읊었다.

절 서쪽 10리 못 되는 곳, 소나무와 전나무 빽빽하게 들어섰다. 산과 시내는 온갖 풍파 다 겪은 후, 쓸쓸한 옛 절만 남았구나. 선경엔 구름 연기 자욱하고, 음침한 골짜기에는 도깨비들이 울부짖는데, 문을 나와 나를 맞이하는 것은 무무한 중 서넛뿐일세. 비바람에 시달리다 남은 긴 집은, 반절이나 불에 타

없어지고 빈 뜰에 서 있는 탑은 층계가 희미하며, 금부처의 빛깔 또한 초췌하다. 무너진 담장엔 등과 같이 엉켰고, 그림 벽엔 거미줄만 늘어졌는데, 소조蕭條한 물색物色이 너무 많아, 일찍이 놀던 곳이 아닌 듯하다.

이곳에 있던 대왕수大王藪에 대해 최선은 「용수사기」에서 "용두산의 남쪽에 마을이 있고, 마을 어귀에 늪이 있는데, 토인들이 대왕수라고 칭한다. 대개 우리 태조께서 경계를 순시하려 남쪽 지방에 이르러 여기서 군대를 주둔하고 3일 뒤에 떠났는데, 지금 그 땅에 큰 나무와 뭇 풀들이 많아도 나무꾼 풀베기꾼들이 감히 가까이 들어가지 못하니, 용이 보호하고 있는 것이라 한다"라고 기록했다.

비암鼻巖은 예안현의 남쪽 3리에 있는 곳으로 높이가 매우 높고 넓어서 그 위에 50~60명이 앉을 만하고, 앞에는 큰 시내가 흘러 예안 사람들이 즐겨 놀았던 곳이다.

객관 동쪽에 있던 추흥정秋興亭은 현감을 지낸 박결이 세웠고, 관찰사 하연이 이름을 지은 뒤 거처하였던 곳이다.

은여림殷汝霖은 추흥정을 다음과 같이 노래했다. "비단 펼친 듯 네 창문엔 산 빛이 가깝고, 유리를 깔아놓은 듯한 지역엔 물 빛이 깊구나"

이곳 예안에도 맛깔스럽고 유서 깊은 이름들이 많이 남아 있다. 본래 예안군의 서쪽이라 서면이라 불렸던 녹전면 갈현리 굴티 서쪽 골짜기의 갈골은 갈나무가 많은데 '칡꽃이 떨어지는 듯한 형국'이라는 갈화낙지葛花落地형의 명당이 있다고 하며, 굴티에서 도산면 용수사로 가는 큰 고개는 용수재라고 부른다. 구송리의 아르꿀탱이에는 아들바우가 있다. 그 중 큰 바위 하나가 길가에 있고 그 위에 또 하나 큰 바위가 있으며, 아랫바위 이마에 입을 벌린 것처럼 음푹 파인 홈이 비스듬히 나 있는데 한 길 반이나 되는 그 밑에서 작은 돌을 던져 그 구멍에 얹으면 아들을 낳는다는 이야기가 있다. 뿌리 깊은 남아선호 사상의 흔적을 엿볼 수 있는 곳이다.

녹래리의 구용골고개는 구용골에서 영주시 평온면 연당곡으로 넘어가는 고개이고, 녹전이 서쪽에 있는 녹전이재는 녹전에서 영주시 평온면 오운리로 넘어가는 고개이다.

봉수산 밑에 있는 일출암은 지대가 높아 일출 때 해가 제일 먼저 뜬다고 해서 지어진 이름인데, 부석사를 창건한 의상대사가 세웠다는 절이다. 사신리의 태봉산은 어서기 북쪽에 있는 산으로 고려 제32대 우왕의 태가 묻혀 있고, 신평리의 배고개는 범바우에서 도산면 의일리 제비실로 넘어가는 높은 고개이다. 성천 뒤 효성산에 있는 성천사聖泉寺 터는 절 뒤에 좋은 샘이 있어 불공을 드릴 때 이 물로 노구메를 지어서 올리면 영험하다고 하며, 조선시대의 큰 학자 퇴계 이황이 공부한 곳이다.

갓고개 길옆에 의마총이 있는데, 이곳은 효자 황재黃載의 말이 묻혀 있는 말무덤이다. 황재가 개성에서 벼슬살이를 할 때 어머니가 위독한 꿈을 꾸었다. 그가 고향으로 돌아오는 길에 자신의 말에게 속히 도달했으면 좋겠다고 당부하자, 그 말이 하루에 700리를 달려서 집을 얼마 앞두고 기진하여 죽고 말았다. 이에 황재가 이곳에 말을 묻고 그 넋을 기렸다고 한다.

도산면 가송리 가사리 남쪽에는 부인당夫人堂이라는 신당이 있다. 400여 년 된 느티나무 한 그루와 잡목이 많은데 동민들을 위하여 매년 정월 열나흘과 5월 4일에 제사를 지내며, 고려 공민왕의 딸이 안동 피난 길에 이곳에서 죽어 신이 되었다는 곳이다. 단천리의 단사 동쪽에 있는 단사협은 벼랑이 병풍처럼 둘러 있고, 낙동강이 그 밑을 활처럼 돌아 흘러서 경치가 매우 아름다운 곳이다. 퇴계 이황이 단사협이라는 이름을 지었는데 바로 근처에 왕모성과 갈선대가 있다.

예안면 분천리에는 농암聾巖 이현보李賢輔의 자취가 많이 남아 있다. 『택리지』에 "도산 하류에 있는 분강汾江은 농암 이현보가 살던 터이고, 물 남쪽은 제주祭主 우탁이 살던 곳으로 경치가 매우 그윽하고 훌륭하다"고 기록된 농암은 애일당愛日堂 밑에 있는 바위로 안동시 도산면 분천리에 있다.

조선 중기의 문신인 이현보는 본관이 영천으로 1498년(연산군 4) 식년문과에 급제하고 32세에 벼슬길에 올라 예문관 검열과 춘추관 기사, 예문관 봉교를 거쳤으며 1504년(연산군 10)에 사간원 정원이 되었다. 그러나 서연관의 비행을 논하다가 안동으로 유배를 갔고, 그 뒤 중종반정으로 지평에 복직되었으며 밀양부사, 안동부사, 충주목사를 지냈다. 1523년(중종 18)에는 성주 목사로 재직할 때 선정을 베풀어 표리表裏를 하사받았고, 병조참지, 동부승지, 부제학 등을 거쳐 경상도 관찰사와 호조참판 등을 지냈다. 1542년(중종 19) 그의 나이 76세에 지중추부사를 제수받았으나 신병을 이유로 벼슬을 사직하고 고향에 돌아와 시를 지으며 한가로이 보냈다. 홍귀달洪貴達의 문인인 그는 34세 연하의 이황, 황준량 등과 가까이 교류하기도 하였다.

이현보는 연산군이 집권하고 있을 때 바른 말을 하다가 역적으로 몰려 죽을 상황에 처했다. 그때 임금이 한 술사를 놓아주라고 찍은 낙묵落墨이 잘못되어 이현보의 이름 위에 떨어졌다. 그 덕분에 살아 그는 안동으

단사협 낙동강 1,300리 물길이 만들어놓은 경치 중 아름답기로 손꼽히는 곳이다.

로 유배를 갔고 거기서 세상일을 모른 체하고 지냈는데, 그 무렵 '농암'
이라는 바위 위에다 애일당愛日堂이라는 일종의 경로당을 짓고 살았다.

예안면 서부리는 예안군 읍내면이었던 지역으로 예안초등학교에 객
사터가 있고, 예안면사무소에는 예안현의 동헌이 있었다. 그 앞에 용각
송이라는 나무가 있었는데, 용각송은 임진왜란이 일어난 1592년(선조
25)에 예안 현감을 지낸 김양수金良遂가 심었다고 한다.

시사단터 1792년 정조가 차
별받던 영남 선비들을 위하
여 도산서원 앞에서 별시를
열었던 것을 기념하여 단을
쌓고 정자를 지었다고 한다.

노송골 남서쪽에 있는 이구섬은 이기섬이라고도 부르는데, 450여 년 전
이기李芑가 귀양살이를 했다는 곳이다. 이곳 예안에는 조선 유학의 거봉
인 퇴계 이황을 모신 도산서원陶山書院이 있다. 도산서원이 예안에 세워진

것은 1574년(선조 7)이었다. 서원을 창건하여 퇴계를 배향하고, 그 다음 해에 사액을 받았다. 현판의 '도산서원'의 넉 자는 선조의 명으로 조선 중기의 명필인 석봉石峯 한호韓濩가 썼다. 뒤에 있는 상덕사尙德祠는 보물 제211호로, 앞에 있는 전교당典敎堂은 보물 제210호로 지정되어 있다.

도산서원 앞 낙동강 가에 시사단試士壇이라는 작은 집 한 채가 있는데, 1792년(정조 16) 3월에 정조가 차별받던 영남 사림을 위해 도산서원 앞에서 과대인 별시別試를 베풀었던 것을 기념하여 단을 쌓고 정자를 세운 것이다. 응시자가 너무 많아 도산서원에서 과장을 열지 못하고 아래로 내려와 강변에서 과거를 보았다는데, 그 당시 답안지를 제출한 사람이 3,632명에 이르렀다고 한다.

퇴계는 이곳에서 시조「도산십이곡陶山十二曲」을 지었다.

청산은 어찌하여 만고에 푸르르며
유수流水는 어찌하여 주야에 그치지 아니하는고
우리도 그치지 말아 만고청상하리라.

도산면 토계리 원촌마을에는 민족시인 이육사李陸史의 생가 터가 있고 거기에 시비가 세워져 있다.

이육사는 경상북도 안동시 도산면 원천리에서 이황의 14대손으로 태어났다. 본명은 이활李活(이원록, 이원삼이라고도 함)이며, 육사라는 이름은 대구형무소 수감번호가 264번이었던 데서 따왔다고 한다. 1925년 대구에서 의열단으로 활동하였고, 1927년에 조선은행 대구지점 폭파사건에 연루되어 대구형무소에 투옥되었다. 이후 1929년 광주학생운동과

1930년 대구 격문사건에 연루되어 모두 17차례에 걸쳐 옥고를 치렀다. 중국을 오가며 독립운동을 하던 이육사는 1943년에 일본 관헌에게 붙잡혀 북경으로 송치된 뒤 1944년 1월에 베이징 감옥에서 생을 마감하였다.

이육사의 문학활동은 조선일보 대구지사에 근무하던 1936년 1월 『조선일보』에 「말」을 발표하면서 시작되었다. 대표작으로 「청포도」「황혼」「절정」「광야」 등이 있으며, 생존 당시에는 작품집이 발간되지 않았고 1946년 그의 동생에 의해 시집이 발간되었다. 1968년 안동에 그의 시비가 건립되었다.

예안 대사원大寺院은 현의 서쪽 1리에 있었으며, 장원場院은 현의 동쪽 28리에 있었다. 구례실 입구에 있는 정방우에는 정으로 판 구멍이 여러 곳 남아 있는데, 선조 때 명나라 장수 이여송이 혈을 지른 것이라고 한다.

태자리의 다랫재는 머골 북쪽에 있으며, 태자리에서 봉화군 명호면으로 넘어가는 고개이다. 강당마에는 태자사라는 절이 있는데, 신라 태자가 이 고개를 넘어 절에서 잠을 잤다는 이야기가 전한다. 신라의 태자가 지금의 영주시인 내령군에서 지내다가 그 고을 아전의 딸과 사랑에 빠져 오래 머물게 되자 고을 사람들이 볼까 두려워 몰래 도망쳐 와서 이곳에서 잤다고 한다. 예안면 인계리의 주지봉은 독골 앞에 있는 산으로 봉우리가 바위로 둥글게 되어 있는데, 예안지방에서 전해오는 말로 밥그릇이 높으면 "독골 앞 주지봉 같다"고 한다.

홍여방은 그의 시에서 "시내 따라 한 길이 산으로 돌고, 골짜기 가득한 숲에 은은한 안개가 깊구나"라고 읊었고, 김보륜金輔綸은 "멀리 바라보면 어렴풋하나 가까이선 도리어 밝고, 눈앞에 산과 강 있으니 병풍은 필요치 않네"라고 노래하였다. 또한 서거정은 "물은 겹겹 풀풀 나는 단

풍잎은 가는 말을 보내네. 다른 날 일찍 놀던 곳 내가 기억하지 못할 것 같아 명구를 지나가면서 자세히 보노라"라고 시를 지었다. 이처럼 시인들의 작품에 등장했던 예안은 현재 대부분의 지역이 물에 잠긴 채, 고향을 떠난 실향민들이나 고향을 떠나지 못하고 그 터전을 지키고 있는 사람들의 마음속에 아련하게 남아 있을 뿐이다.

안동호는 오늘도 짙푸르고 도산서원으로, 퇴계 종택으로, 낙동강으로 찾아가는 사람들은 줄을 잇는데 예안은 그저 역사 속에서나 그 옛날을 증언해주고 있다. 예안은 언제쯤 그 옛날의 번성을 누리게 될 것인가.

이육사의 생가 「광야」 「청포도」 등으로 유명한 시인으로서 뿐만 아니라, 의열단의 일원으로 독립운동을 했던 이육사는 이곳에서 태어나 베이징 감옥에서 생을 마감하였다.

경북 예천 용궁 四장

달이 지는 성에 대나무 안개가 자욱했던 고을

답사를 다니다 보면 사람이 인위적으로 만들지 않았는데도 자연 그대로의 모습이 어찌나 신비로운지 입이 다물어지지 않아 넋을 잃고 바라보게 되는 곳들이 많다. 낙동강의 큰 흐름과 내성천, 금천이 합쳐지는 곳에서 멀지 않은 곳에 있는 의성포義城浦(회룡포라고도 함)가 그러한 곳 가운데 하나다. 유유히 흘러가는 강물이 느닷없이 꺾이면서 거의 제자리로 돌아오는 '물도리동' 으로 이름난 곳은 안동의 하회마을과 조선중기의 학자이자 혁명가인 정여립鄭汝立이 기축옥사로 인해 의문사한 전북 진안의 죽도, 무주의 앞섬 등이다. 그러나 그보다 더한 아름다움으로 천하 비경을 자랑하는 곳이 바로 예천군 용궁면 대은리의 의성포 물도리동이다. 본래 용궁군 구읍면의 지역으로 조선시대 유곡 도찰방에 딸린 대은역이 있었으므로 대은역 또는 역촌, 역골이라 부르던 대은리에

의성포 내성천이 감돌아 섬처럼 된 의성포는 조선시대에는 줄곧 귀양지였다가 고종 때 의성 사람들이 들어와서 마을을 이루었다고 한다.

장안사 이 지역에서 남산 절 또는 장안암이라고 불리는 장안사는 비룡산성 정상 부근에 자리 잡은 절로 구읍 남쪽에 있다.

서 내성천을 건너면 장안사에 이른다.

고려 때 문인 이규보李奎報는 이곳 용궁현에 와서 원님이 베푸는 잔치가 끝난 뒤에 「십구일에 장안사에 묵으면서 짓다」라는 시 한 편을 남겼다. 그 시가 『동국이상국집』 「고율시」에 실려 있다.

산에 이르니 진금塵襟을 씻을 수가 없구나.

하물며 고명한 중 지도림(진나라 때의 고승)을 만났음에랴.

긴 칼 차고 멀리 떠도니 외로운 나그네 생각이요,

한 잔 술로 서로 웃으니 고인의 마음일세.

맑게 갠 집 북쪽에는 시내에 구름이 흩어지고

달이 지는 성 서쪽에는 대나무에 안개가 깊구려.

병으로 세월을 보내니 부질없이 잠만 즐기며

옛 동산의 소나무와 국화를 꿈속에서 찾네.

장안사에 가보니 시간 있으면 며칠 머물러 가라던 장안사 주지스님은 봉암사로 공부하러 떠나고 새로 온 주지스님마저 출타중이었다. 절 뒷 길로 300미터쯤 오르면 전망대가 나타난다. 그곳에서 바라보는 의성포 물도리동은 자연이 얼마나 경이롭고 신비로운가를 깨닫게 해준다.

의성포는 회룡 남쪽에 있는 마을로 내성천이 감돌아 섬처럼 되어 있어 조선시대에 귀양지가 되었다. 고종 때 의성 사람들이 모여 살아서 의성포라고 하였다고 한다.

육지 속에 고립된 섬처럼 떠 있는 의성포의 물도리동은 『정감록』의 비결서에 십승지지十勝之地로 손꼽혔고 비록 오지이지만 땅이 기름지고 인심이 순후해서 사람이 살기 좋은 곳이었다. 신당에서 회룡으로 건너는 시무나드리(나루)에서 의성포에 들어갈라치면 새하얀 모래밭 위에 길게 드리운 철판다리를 만나게 되는데, 공사장 철판을 연결하여 만든 임시 다리다. 그러나 발 아랫자락을 흐르는 내성천의 노랫소리를 들으며 낭창낭창 휘어지는 철판을 걸어가는 느낌은 말로 표현할 수 없이 재미있다. 걸어가는 것 말고도 이 마을 사람들이 이용하는 것은 바퀴가 모래밭에 빠지면서도 건널 수 있는 4륜구동 경운기다. 경운기로 생필품과 농기구 및 비료 등을 운반한다. 그 철판다리를 건너가면 열한 가구가 오순도순 모여 사는 의성포 마을이 있다.

한때 용궁군은 물산이 풍부하고 경치가 아름다워 서울 다음으로 번화

했으며 그 명성이 온 나라에 알려져 이름난 사대부들이 즐겨 찾아왔던 곳이다. 『신증동국여지승람』에는 용궁군이 "동으로 예천군醴泉郡 경계까지 15리, 남으로 동군同郡 경계까지 35리, 서로 상주尙州 경계까지 12리, 북으로 동주同州 경계까지 9리, 서울과의 거리는 444리이다"라고 기록되어 있고, "풍속은 화목함을 숭상한다"라고 되어 있다. 또한 장돈의 將敦義는 "일대수는 회계수會稽水(중국 저장성[浙江省] 사오싱[紹興]에 있는 강 이름)와 같고, 사위산은 영가산永嘉山과 비슷하네"라고 하였다.

예천군의 용궁과 개포, 지보, 풍양면을 영격으로 두었던 용궁군은 신라 때의 축산현竺山縣(원산園山이라고도 했다)이었다. 고려 성종 때 용주자사龍州刺史로 승격하였고, 목종 때 자사를 파하고 군으로 강등하였다. 현종 때 지금 이름으로 고쳐 상주에 붙였고, 명종 때 감무監務를 두었다. 조선에서는 그대로 두었다가 태종조에 전례를 고쳐 현감縣監으로 하였다.

용궁현은 토질이 척박하였지만 화목하였다고 하며, 『경상도 지리지』에 의하면, 호수는 396호에 인구는 4,545명이었다고 한다. 임진왜란 때에는 용궁현감 우복룡寓伏龍이 예천의 향병을 이끌고 6월 15일 용궁으로 진격해온 왜장 요시가와의 군대를 무찌른 덕분에 이 지역은 왜구로부터 무사할 수 있었다고 한다. 그 뒤 1914년에 용궁군은 예천군에 합병되고 말았다.

용궁군의 지명은 용담소龍潭沼와 용두소龍頭沼의 용이 이루어놓은 수중의 용궁처럼 지상에도 이러한 용궁을 만들어보자는 뜻에서 지은 것이라고 한다.

용궁군의 소재지는 원래 향석리였는데 조선 철종 때인 1856년에 내성천과 낙동강이 범람하여 현청이 떠내려갔으므로, 그 다음 해에 현청을 금산 아래 읍부리로 옮긴 뒤 구읍이 되고 말았다. 구읍에 남아 있는 옛 자취로는 향석초등학교 자리에 동헌이 있었다는데 동헌은커녕 학교마저 폐교가 되고 동헌 터 북쪽에 있었다는 객사 터도, 객사 터 동쪽에 있었다는 수월루水月樓도 그 자취를 찾을 길이 없다.

조선 전기의 문장가 서거정은 동헌의 수월루에 올라 "몸도 한가롭지 못한데, 하물며 마음일쏘냐. 양 볼에 수염은 부령簿領(중요한 장부) 사이에서 다 희어지네. 청산에 돌아가지 못함을 부질없이 말하랴. 남쪽에 오니 청산 아닌 곳이 없다"고 노래하였고, 조선 전기의 학자 김수온金守溫은 "맑은 때 일 없고 몸도 한가로우니, 태수는 백중伯仲 사이에서 서로 즐기네. 백잔 술 실컷 마시고, 누 위에 누워 주렴 걷으니, 남북이 모두 푸른 산일세"라고 수월루를 찬탄하였다.

향석리에서 내성천 맞은편에 보이는 산이 비룡산이고 그 산에 장안사와 비룡산성이 있다. 높이가 189미터인 비룡산은 용이 나는 형국으로, 언제 쌓았는지 모르는 석성이 있다. 둘레가 871척에 높이가 7척이며, 안에 우물 3개와 군창이 있었고, 꼭대기에 봉수대가 있어서 동쪽으로는 예천군 서암산西巖山에, 남쪽으로는 다인현 소이산所伊山에, 북쪽으로는 상주시 산양현의 소산所山에 연결되었다는데, 지금은 그 쓰임새가 사라진 채 흔적만 남아 있을 뿐이다.

『신증동국여지승람』에는 "용궁현의 진산은 축산으로 객관 북쪽에 있었고, 용비산龍飛山은 현의 남쪽 2리에 있었다. 하풍진河豊津은 안동부의 견항진犬項津, 예천군의 사천沙川 및 화천火川의 물이 용비산 아래에서 합쳐서 되었다"라고 기록되어 있다.

용궁군의 외부 연결은 도로보다 하천을 주로 이용하였는데, 남쪽의 하풍진河豊津이나 동쪽의 사창社倉 등을 통하여 물자를 운반하였다. 북쪽의 문경 관할이었던 조령산성鳥嶺山城에는 용궁의 산창山倉이 있어 충청도 지역으로 물자를 운반하였다. 용궁의 내성천 변에는 부취루浮翠樓, 수월루水月樓, 청원정清遠亭 등의 정자가 있었다.

용궁면 월오리의 절골은 감나무가 많아서 곶감 산지로 유명하고, 무지리의 지동은 예로부터 닥나무가 많아서 한지를 만드는 지소紙所가 있었지만 지금은 닥나무 껍질만 생산하고 있다. 예천은 예로부터 물맛이 좋기로 소문난 곳인데, 예천의 물줄기가 모두 한 곳에서 만나는 곳이 삼강리三江里이다. 삼강리는 본래 용궁군 남상면南上面의 지역으로서 낙동강·내성천·금천의 세 강이 마을 앞에서 몸을 섞기 때문에 삼강이라 하였는데 1914년 행정구역 통폐합에 따라 삼강리라 하여 예천군 풍양면에 편입되었다. 안동댐에서 흘러내린 낙동강의 큰 흐름과 태백산 자락에서 발원한 내성천, 그리고 충청북도 죽월산에서 시작된 금천이 이곳 풍양면 삼강리에서 만나는 것이다.

"한 배 타고 세 물을 건넌다."는 말이 있는 삼강리는 경상남도에서 낙동강을 타고 오는 길손이 북행하는 길에 상주 쪽으로 건너던 큰 길목이었다. 또 삼강리는 낙동강 하류에서 거두어들인 온갖 공물과 화물이 배에 실려 올라와 바리짐으로 바뀌고 다시 노새의 등이나 수레에 실려 문경새재로 넘어갔던 물길의 종착역이기도 했다. 여기에서 낙동강 줄기를 따라 더 올라가면 안동 지방과 강원도 내륙으로 연결되었다.

원래 500미터가 넘었다던 삼강리의 강폭은 안동댐이 건설된 뒤부터 그 절반으로 줄어들었다. 강물의 수량이 줄자 여름철의 별미로 오뉴월이면 오이 냄새가 나던 은어가 사라졌고, 그냥 마셔도 되던 맑은 강물이 오염되어 멀리 나가 식수를 구해야 먹을 수 있게 되었다. 하지만 해마다 이 지방을 덮쳐 피해를 주던 낙동강의 범람이 잡혀 큰 덕을 보기도 했다. 옛날에 낙동강을 오르내리던 소금배들이 이곳 백포나루에서 물물교환을 했다고 하는데, 그러한 사실을 아는지 모르는지 강물은 느릿느릿 천천히 흐를 뿐이다.

삼강리에는 삼강서원三江書院 터가 남아 있다. 1643년(인조 21)에 창건하여 포은 정몽주, 퇴계 이황, 서애 유성룡을 배향하였는데, 1868년(고종 5) 서원 철폐 당시 헐리고 말았다.

풍양면 청곡리의 낙동강 남쪽에 있는 삼수정은 조선시대에 정승 열한 명이 나왔다는 동래 정씨의 학습장이었다. 현재도 풍양면에서 동래 정씨가 차지하는 비중이 20퍼센트쯤 된다.

지보면 도장리 해평마을 앞에 있는 어룽샘은 물맛이 좋기로 유명한데 이 물을 마시면 과거에 급제한다고 하여 서로 앞다퉈 마셨다고 전해지며, 마전리 요성 남쪽에 있는 석계石溪 마을의 냇가는 돌과 쇠가 많아서 쇳물이 늘 흐르므로 물고기가 올라오지 못했다고 한다. 매창리에는 문씨의 정자인 문정자 나루가 있고, 소화리 동막 동쪽에 있는 시고개는 삼척 김씨, 청도 김씨, 경주 최씨들이 시제를 지내고 합동으로 음복을 하는 고개이다. 풍양면 고산리 황금산 서북쪽에는 마구할미 바위라는 밑이 파인 바위가 있는데, 어떤 사람이 이 바위를 떨어뜨리려고 밑을 파던 중 벼락 치는 소리가 들려 중지했다는 이야기가 전한다. 낙상리의 삼여울은 낙동강의 세 여울이 있다 하여 삼여울·삼탄·새멸이라고 부른다.

세 물이 몸을 섞는 백포나루엔 나룻배는 사라지고 미끈하게 잘생긴 다리가 만들어졌고 그 아래를 흐르는 낙동강 물빛은 티 없이 맑다. 옛날 낙동강을 오르내리던 소금 배들이 물물교환을 하던 백포나루에 주막거리가 번성했다고 하는데, 번듯한 주막은 사라지고 주막거리의 마지막을 주모 한 사람이 지키고 있을 뿐이었는데 지금은 그마저 사라지고 없다.

삼강 서남쪽 낙동강에는 음담(용담)이라는 소가 있는데 용이 살고 있다고 한다. 이규보는 그의 시에서, "푸른 호수엔 가벼운 노 목란주木蘭舟, 눈에 가득한 연기 파도는 모두 시름뿐일세. 올해는 점점 작년 모습이 아니니, 타향에서 고향에 놀던 생각 하누나. 용추龍湫에 해 저무니 구름 모이고, 만령巒嶺에 갈 수 없고, 옥지(신선이 먹는 약)가 창주滄州에서 늙는데 어찌할꼬"라고 읊었다.

이곳 용궁군의 천덕산에 있는 백화사를 찾아왔던 이제현은 「관공루기」를 지었는데, 그 글에서 "승경勝景 노니는 곳은 붙잡고 오르는 것이 많은데, 이 절은 낮은 산에 머물러 가장 좋구나. 한 물은 비단 펼친 듯 멀리 뻗쳤고, 두 고개는 옷깃처럼 그윽함을 보호한다. 부처 밖과 마음 밖을 구하지 말라. 인간은 곧 꿈속에 있는 것이네. 듣기만 하여도 누각의 이름 얻은 이치 알 수 있는데, 어찌 모름지기 주인 얼굴 가서 대할 것인가" 하였다.

한편 구읍에 남아 있는 용궁향교는 1398년(태조 7)에 창건되었는데, 1400년(정종 2)에 소실된 것을 거듭 중건하였다. 현존하는 건물로는 6칸의 대성전과 7칸의 명륜당, 9칸의 세심루, 6칸의 동재와 신도문 등이 있다. 용궁향교에 터를 두고 풍수지리가들은 '옥녀탄금형'이라고 부른다. 용궁향교는 멀리서 보면 그럴듯한데 대성전이나 명륜당 앞에 풀섶만 무성하고 향교 옆 서원 집은 곧 쓰러질 듯 낡아 있다. 산성 북쪽에 있는 바위는 북처럼 생겼는데, 북이 울리는 것처럼 둥둥 소리를 내는 것 같다고 하여 둥둥바위라고 부른다.

용궁 가까운 곳에 상주의 경천대와 사벌왕릉 그리고 용문산 자락에 용문사와 권문해가 지은 아름다운 정자 초간정이 있다.

권근이 그의 시에서, "한 군의 풍연은 10리 사이인데, 맑은 정치 간교한 형벌에 아전·백성 한가롭네. 문앞에 곧은 길은 담대澹臺의 길이요, 창밖에 뭇 봉우리는 사조謝朓의 산이네"라고 하였는데 지금 용궁 사람들이나 이곳을 찾았다가 금세 떠나는 나의 마음은 한가로운 것인가?

平海

경북 울진 평해

五장

월송정에 올라 관동의 경치를 조망하다

고려 말의 문인이자 목은 이색의 아버지인 가정 이곡李穀이 울진군에 편입된 평해를 생각하며 시 한 편을 지었다.

가을바람에 옛 자취 찾아 말머리 동쪽으로 돌리니, 울창한 정자 소나무 좋기도 하구나. 몇 해 동안이나 이 마음은 신선 지경 찾으려 했나. 천리 먼 길에 길 떠나려 양식을 방아 찧었네. 도끼의 액운이 없었으니 한위를 지났고, 재목은 큰 집 지을 수 있으니, 기룡에도 비기겠네. 난간을 의지하여 자연 침음하기 오래인데, 졸렬한 붓으로 만분의 일도 형용하기 어렵구나.

경상북도 울진군에 딸린 읍인 평해는 본래 조선시대의 현으로 고구려 때의 이름은 근을어斤乙於였다. 신라 경덕왕 때인 757년에 평해로 고쳐

구산해수욕장 달빛 아래 있을 때 가장 아름답다는 월송정 앞에 펼쳐진 구산해수욕장은 아름다운 모래와 깨끗한 파도로 유명하다.

유린군有隣郡의 영현으로 하였고, 고려 초기에 지군으로 고쳤다. 현종 때에 예주에 속하였으며 1172년(명종 2)에 감무를 두었다. 충렬왕 때 이 고을 사람 황서黃瑞가 왕을 따라 원나라에 들어가서 호위하여 받든 공이 있었으므로 지군사知郡事로 승격하였고 조선 세조 때인 1466년에 군으로 승격되었다. 1914년에 행정구역을 개편하면서 울진군에 속하였고, 1963년 울진군이 강원도에서 경상북도로 이관되었으며, 1980년에 평해면에서 평해읍으로 승격되었다.

『신증동국여지승람』에 실려 있는 평해의 동쪽은 바닷가까지 7리, 남쪽은 경상도 영해부寧海府 경계까지 24리, 서쪽도 같은 부의 수비부곡首比部曲 경계까지 51리, 북쪽은 울진현蔚珍縣 경계까지 38리이며, 서울과의 거리는 971리였다.

유의손柳義孫은 그가 지은 「풍월루風月樓기문」에서 "동남쪽은 바다에 의지하고, 서북쪽은 산을 등졌다"고 하였는데, 평해의 진산은 부곡산釜谷山으로 평해 서쪽에 있다.

평해읍성은 돌로 쌓았으며, 둘레가 2,325척이요, 높이는 9척이며 성 안에 우물 여섯 곳이 있고, 군량 창고가 있었지만 현재 남아 있는 것은 별로 없다.

평해향교는 1407년 군수 김한철金漢徹이 향중 유림들과 상의하여 송릉으로 이전하였다가 1612년 광해군 때 현재의 위치로 이전하였다. 1976년 대성전을 보수하였으며, 1977년 전교典校 김이두金利斗의 사재와 국고 보조로 태화루太和樓를 복원하고 명륜당을 중수하였다. 현존하는 건물로는 8칸의 대성전, 동재와 서재, 삼문, 7칸의 명륜당, 8칸의 태화루 등이 있다. 대성전은 경상북도 문화재자료 제160호로 지정되어 있으며,

소장전적 가운데『조선청금록朝鮮靑衿錄』『유안儒案』『고금향안서古今鄕案序』『고금유안총록古今儒案總錄』『액내외안額內外案』『향헌령鄕憲令』『접중완의接中完議』『평해동몽안平海童蒙案』등은 이 지방의 향토사 연구에 귀중한 자료이다. 그러나 평해향교 역시 다른 지방의 향교와 마찬가지로 그 기능이 축소되면서 과거의 흔적만 남기고 있을 뿐이다.

평해 부근 바닷가에는 수군만호水軍萬戶가 주둔하는 월송포영越松浦營이 있었고, 그곳을 지키던 성곽이 있었다. 해안지방에는 그밖에도 구진포仇珍浦, 정명포正明浦, 후리포厚里浦 등의 포구가 있었다.

한편 백암산 기슭의 백암온천은 신라시대에 창에 맞은 노루를 쫓던 사냥꾼이 발견한 것으로 그 당시에도 이름난 온천이었다. 기와집에 석조탕石造湯을 설치하여 온천 목욕을 즐기기 시작했다는 백암온천은 그때부터 약효가 뛰어난 물로 알려졌다. 수온이 섭씨 46도로 목욕하기에 알맞고 갖가지 화학 성분이 들어 있는 방사능천으로 피부병, 신경통, 위장병, 류머티스 등에 효과가 좋아 지금도 사람들의 발길이 끊이지 않는다.

평해는 동해 바닷가에 인접하였고 낙동정맥이 평해를 감싸고 있어서 고려 말기에는 해안에 출몰하는 왜구들의 침입이 잦았다. 또 북쪽에서 여진이나 몽고병의 침입은 있었지만 서남쪽에서의 피해는 없었다.

『신증동국여지승람』에는 "객사 북쪽에 풍월루風月樓가 있었으며, 객사 동쪽에는 봉서루鳳栖樓가 있다"고 실려 있고, "월송정越松亭은 고을 동쪽 7리에 있다"고 기록되어 있다. 또 "푸른 소나무가 만 그루요, 흰 모래는 눈 같다. 소나무 사이에는 개미도 다니지 않으며, 새들도 집을 짓지 않는다. 민간에서 전해오는 말에 따르면, '신라 때 신선 술랑述郞 등이 여기서 놀고 쉬었다'고 한다"고 실려 있다. 위의 기록에서처럼 월송

월송정 비가 갠 뒤 맑게 떠오른 달빛이 소나무 그늘에 비칠 때가 가장 아름답다는 월송정은 원래는
왜구의 침입을 살피는 망루로 만들어졌다고 한다.

정은 경상북도 울진군 평해읍 월송리 바닷가에 위치해 있다. 월송이라는 이름은 신라의 영랑, 술랑, 남속, 안양이라는 네 화랑이 울창한 소나무 숲의 경치가 빼어난 줄 모르고 지나쳤기 때문에 지어졌다고도 하고, 어떤 사람은 중국 월나라의 산에 난 소나무를 배에 싣고 와서 심었기 때문에 지어졌다고도 한다.

비가 갠 뒤 맑게 떠오른 달빛이 소나무 그늘에 비칠 때가 가장 아름다운 풍취를 보여준다는 월송정. 월송정이 처음 세워진 고려 때에는 지금처럼 경치를 감상하는 정자가 아니라 왜구의 침입을 살피는 망루였다. 그후 왜구의 침입이 잠잠해진 조선 중기 중종 때 반정공신으로 활약했던 박원종이 강원도관찰사로 와서 이곳을 정자로 중건하였다. 월송정은 그 뒤부터 관동팔경 가운데 하나로 뭇사람의 사랑을 한껏 받았다. 그러다가 일제강점기 때 월송정이 미군 폭격기의 지형지물로 이용된다는 이유로 아예 헐렸으며, 지금 있는 건물은 1980년에 다시 세운 것이다.

조선시대의 성종은 화가에게 명하여 조선 팔도의 시정 가운데 가장 경치 좋은 곳들을 그려 올리라고 하였다. 그때 화가가 함경도 영흥의 용흥각과 이곳을 그려 올리자 용흥각의 버들과 부용이 좋기는 하나 경치로는 월송정만 못하다는 평을 들었다고 한다. 숙종과 정조도 월송정을 돌아보고 시를 지어 아름다운 경치를 찬양하였다.

고려시대에는 안축, 이곡 등이 월송정의 경치를 칭찬하였고, 조선 선조 때 영의정을 지냈던 이산해李山海가 유배를 와서 기문을 짓기도 했다. 또한 월송정에서 바다를 내려다보면 솔숲 위로 멀리 바닷물이 넘실거리는데, 겸재 정선鄭敾은 월송정의 이런 빼어난 풍광을 화폭에서 아름답게 묘사하였다.

이처럼 선조들이 남긴 기록에 따르면, 월송정은 은빛모래가 깔린 백사장과 그 너머 동해의 쪽빛바다 그리고 백사장 주변 만여 그루의 소나무들이 어우러져 선경을 이루었다고 한다. 그러나 울창했던 송림은 일제시대 때 모두 베어내어 황폐화되고 말았다. 그 뒤 1956년 월송리 마을에 사는 손치후孫稚厚라는 사람이 사방 관리소의 도움을 받아 해송 1만 5,000그루를 다시 심어 오늘에 이르고 있다.

관동팔경의 답사를 마친 후 월송정에서 막걸리 한 잔을 기울이며 소나무 너머로 밀려오는 파도를 바라보면 정철의 『관동별곡』처럼 신선으로 화하게 될지도 모른다는 착각이 든다.

월송정을 두고 안축은 다음과 같은 시 한 편을 남겼다.

단청 빛 공중에 떠서 물 속에 비치는데, 올라와 구경하며 한 번 바라보니, 속정俗情 씻기네. 비 갠 푸른 수림엔 꾀꼬리 소리 나고, 바람 잔잔한 푸른 물결엔 흰 갈매기들 즐기네. 8월의 신선 배는 은하수를 가는 듯, 100년의 오랜 생선 가게는 앞 수풀 건너 있네. 이 강산 만고에 알아볼 이 없어서 하늘이 깊이 감추어 오늘을 기다렸다네.

울진군 축산면 도곡리는 평민 의병장 신돌석申乭石이 태어난 곳이다. 1906년 의병을 일으켜 영해, 영덕, 평해, 삼척, 강릉, 양양, 원주, 안동 등 경상북도 북부와 강원도 일대에서 신출귀몰하며 일본군에 맞서 싸웠던 신돌석은 '태백산 호랑이'라는 별명답게 일본군의 간담을 서늘하게 했다. 특히 울진의 장흥포에선 일본 군선 아홉 척을 침몰시키기도 했다. 그러나 신돌석은 의병활동이 점차 위축되는 가운데 영해 의병을 공식적

으로 해산하고 후일을 기약하던 중 1908년 그의 부하였던 사람들이 현
상금에 눈이 어두워 건네준 독주를 마시고 죽었다.

평민 의병장 신돌석이 소년 시절에 월송정에 올라 나라 잃은 설움을
시 한 수로 읊었다고 한다.

누대에 오른 나그네 갈 길을 잃고
잎이 진 나무로 덮인 강토를 탄식한다.
남자아이 열네 살에 무엇을 이루었는가.
가을 바람 비껴 감개에 젖는다.

망양정望洋亭 역시 평해군 기성면의 깎아지른 듯한 절벽에 바다를
바라보며 지어졌던 정자다. 그후 1858년 울진현령 이희호李熙虎가 지
금의 자리인 울진군 근남연 신포리로 옮겨갔다.

정추鄭樞는 망양정을 두고 다음과 같은 시를 남겼다.

망양정 위에 한참 동안 서 있으니, 늦은 봄이 가을 같아서 마음 더욱 아득해
지네. 아무래도 바다 가운데 바람, 안개 나쁜 모양이지. 전나무, 소나무 동쪽
향한 가지는 자라지 못했네. 일만 골짜기 일천 바위가 잇따라 놓였는데, 산을
따라 돌아가고 산을 따라 왔다네. 구름이 큰 물결에서 나니 하늘을 다 감쌌
고, 바람은 놀란 물결을 보내어 언덕을 치고 돌아오네.

울진에는 관동팔경이 없고 평해에만 두 군데 있어서 되겠느냐는 사람
들의 말에 따라 옮겼다는 망양정을 두고 조선 전기의 문신이자 중종반

정 공신으로 활약했던 채수蔡壽는 망양정에 대해 다음과 같은 기문을 남겼다.

이 정자는 여덟 기둥으로 둘렀는데 기와는 옛 것을 쓰고, 재목도 새로운 것을 쓰지 않았다. 웅장하고 화려하지는 못하지만, 풍경 물색의 기이함은 이루 말할 수 없다. 정자의 조금 북쪽을 둘러 여덟 칸을 지으니 이름을 영휘원이라고 한다. 벼랑을 따라 내려가면, 또 한 돌이 우뚝 솟아 그 위에 7, 8명은 앉을 만하며 그 아래는 땅이 보이지 않을 정도이니, 이름을 임의대라 한다. 북쪽을 바라보면 백 보쯤 밖에 위험한 사다리가 구름을 의지하여 그 위로 사람 가는 것이 공중에 있는 것 같으니 조도찬이라 하는데, 지나는 모든 사람들의 유람 관광하는 낙이 이 이상 없다. 바람 자고 물결 고요하며 구름 걷고 비 갤 때에 눈을 들어 한 번 바라보면 동쪽이 동쪽이 아니요, 남쪽이 남쪽이 아닌데 신기루는 보이다 말다 하고, 섬들은 나왔다 들어갔다 한다. 가다가 큰 물결이 거세게 부딪히고, 고래가 물을 내뿜으면 은은하고도 시끄러운 소리에 하늘이 부딪히고 땅이 터지는 것 같으며, 흰 수레가 바람 속을 달리고 온 산이 언덕에 부서지는 것 같다. 가까이 가서 보면 고운 모래가 희게 펼쳐지고 해당화는 붉게 번득이는데, 고기들은 떼 지어 물결 사이에서 희롱하고 향백은 덩굴 뻗어 돌 틈에 났다. 옷깃을 헤치고 한 번 오르면 유유히 바다 기운과 더불어 놀아서 그 끝간 데를 모르며, 양양하게 조물주와 더불어 함께하여 다함을 알지 못하는 것 같다. 여기서 비로소 이 정자가 기이하고, 하늘과 땅이 크고 또 넓은 줄을 알게 된다. 아, 우리나라를 봉래·영주 산수의 고장이라 하지만 그 중에도 관동지방이 제일이 되며, 관동지방의 누대를 백으로 헤아리지만 이 정자가 제일 으뜸이 되는 것으로서, 하늘도 감추지 못하고 땅도 숨기지 못하여 모습을 드러내어 바쳐서 사람에게 기쁨을 많이 주니, 어찌 이 고을의 다행이 아니겠는가. 이것은 적어서 후세에 전하지 않을 수 없는 일이다.

하지만 정자가 옮겨간 뒤로 현재의 망양정은 제법 높은 산에 우뚝 솟아 있어서 망망대해는 보일지 몰라도 고기들이 떼지어 왔다 달아나는 모습은 찾아볼 수 없고 다만 옛 사람들의 글에만 그 풍취가 남아 있을 뿐이다.

연산군 때의 문신이자 풍류객이며 채수와 함께 교류가 깊었던 성현成俔은 "백사장 주변 길에 푸른 솔 둘렀으니, 신령한 바람소리 10리에 찬 바람이 나네. 용의 수염, 무쇠 가지가 울창하게 가렸으니 검은 기운 하늘을 막아 그늘도 넓고 넓으네. 달빛이 그 그늘 뚫어 절반쯤 어둡고 밝은데, 일만 가지 황금이 부서진다. 가다가 신선들 퉁소 불면, 안개 옷깃 펄렁 펄렁, 옥패 소리 들린다네"라는 글을 남겼다.

한편 이곳 월송리는 평해 황씨의 본고장이다. 『삼국사기』의 기록에 의하면, 한나라의 황락黃洛이란 사신이 교지국交趾國, 즉 지금의 베트남으로 가다가 풍랑을 만나 여기에 정착했다는데, 그가 황씨의 시조가 되었다고 한다. 그때가 신라 유리왕 5년, 서기 28년이었음을 생각해보면 이 마을의 역사는 거의 2,000년 쯤 된다고 볼 수 있다.

경북 의성 비안 _{六장}

쌍계는 비단띠처럼 돌고 봉우리는 병풍처럼 두르다

비안현은 현재 경상북도 의성군에 딸린 하나의 면이 되었지만 1914년 행정구역을 개편하기 전까지 하나의 군이었다. 비안현 객관의 동헌인 요산헌樂山軒을 두고 김지경金之慶은 다음과 같은 기문을 지었다.

공자의 말씀에 "어진 이는 산을 좋아하고, 지혜로운 이는 물은 좋아한다"고 했다. 무릇 궁실을 경영하는 이는 땅을 선택함에 있어 산수의 명승지를 얻지 못한다면 비록 사치를 다한다 하더라도 후세에서는 높이지 않을 것이니, 택할 점이 무엇 있겠는가. 이 마루로 말한다면 여기에 앉아 사방을 돌아볼 때 푸른 산이 병풍처럼 사방에 둘러 있고, 산골 물이 띠처럼 앞에서 흐르고 있어 실로 산에 오르고 물가에 나는 듯한 멋이 있다. 산수의 즐거움이 모두 갖춰져 있는 것이다. 그밖에 제도의 교묘함이나 단청의 아름다움은 '특히 나머지 일이다.'

비안현의 옛 거리 옛날 이곳은 비안현의 중심지로, 번성한 거리엔 활기가 넘쳤으나 오늘날의 모습은 사라져가는 쓸쓸함이 무엇인지를 보여주고 있는 듯하다.

이제부터 이 마루에 오르는 이는 산수의 즐거움을 좌우에서 취하여도 그 근원을 만날 수 있을 것이다. 더구나 현의 별호가 본시 병산이니, 산수를 병풍에 그리는 것이 산수를 눈에 직접 대는 것보다 못하다. 이렇게 해서 병풍의 뜻을 취하고, 감히 요산으로써 이 마루의 이름을 삼고자 하거니와 괜찮을 것인지.

김지경이 묘사한 띠처럼 흐르는 내는 쌍계천이고 쌍계천은 쌍계리에서 위천渭川으로 접어드는데, 군위군 고로면 학암리와 화산에서 발원하여 여러 고을을 지나 비안면, 구천면, 안계면을 지나 상주 중동면 우물리에서 낙동강으로 들어가는 천이다.

비안현의 경계는 『신증동국여지승람』에 의하면 동쪽으로 의성현義城縣 경계까지 16리, 남쪽으로 군위현 경계까지 17리, 서쪽으로 선산부 경계까지 22리, 상주 경계까지 21리, 북쪽으로 예천군 경계에 이르기까지 33리, 서울에서의 거리는 538리이다.

비안은 본래 신라의 아화옥현阿火屋縣이었다(병옥幷屋이라고도 한다). 757년에 신라의 경덕왕이 비옥比屋이라고 고치고 문소군聞韶郡(지금의 의성군)의 영현으로 삼았다. 고려 현종이 상주목에 귀속시켰고, 1390년(고려 공양왕 2)에 안정현安貞縣에 아울렀다. 1421년(세종 3)에 비안현이라 고쳐 부르다가 세종 5년에 치소를 비옥으로 돌리고 이어서 지금 이름으로 고쳤다. 그 당시 비안현의 인구는 463호에 4,077명이었다. 1895년에 대구부 소관의 비안군이 되었다가 다음해 경상북도 소속의 군이 되었고, 1914년에 의성군에 병합되어 비안면이 되었다. 조선시대에는 진산인 성황산 남쪽에 자리 잡고 있었으며, 위천과 쌍계천이 합류하는 지점에 비옥한 평야가 펼쳐져 있었다. 교통은 현재 의성 가는 길목에 자리 잡은 쌍계리에 쌍계역雙溪驛을 통하여 서쪽은 낙동강의 여차리진을 건너 선산 지역과 연결되었으며, 북쪽은 관어대를 지나 안계역을 거쳐 다인과 용궁에 이르고, 남쪽은 위천을 건너 군위와 연결되는 도로가 발달하였다.

비안향교는 현재의 의성군 안계면 교촌리에 있는데, 처음에는 비안현에 있다가 임진왜란 때 소실되자 현재의 자리로 이건하였고, 1898년과 1924년 그리고 1935년에 다시 중수하였다. 현존하는 건물로는 8칸의 대성전과 3칸의 동무, 4칸의 서무 그리고 6칸의 명륜당과 3문이 있다.

박결朴潔은 이곳 비안현의 풍속을, "백성은 순박하고 풍속은 검소하여 옛날 풍습이 남아 있네"라고 기록하였고, 정종주鄭宗周는 그의 시에서, "쌍계는 얇은 비단 띠처럼 돌았고, 겹친 봉우리는 무늬있는 비단 병풍처럼 둘렀도다"라고 묘사하였다. 또한 『신증동국여지승람』에 의하면 이 현의 진산은 현의 북쪽 1리에 있던 성황산城隍山이고, 대암산大巖山은 안정현安貞縣 서쪽 3리에 있으며, 간점산肝岾山은 현의 남쪽 7리에 있었다.

간점산의 봉수는 남쪽으로는 군위현 마정산에 응하였고 북쪽으로는 대암산에 응하였다. 현의 북쪽 29리에 있던 안계역安溪驛은 현재 이 지역의 중심지 역할을 할 만큼 교통의 요지에 자리 잡고 있으며, 쌍계역은 쌍계리에 자리 잡고 있었고, 홍계원興溪院은 현의 서쪽 19리에 있다.

의성군 다인면 덕미리의 매근대미고개는 상광에서 예천군 풍양면 풍신리로 넘어가는 고개이고, 장승이고개(장승현)는 하광덕에서 상주 중동면 금당리 다래로 넘어가는 고개이며, 삼분리三汾里(삼분, 삼분동)는 본래 비안군 현동면의 지역으로서 유명한 고분 셋이 있다 하여 삼분이라 하였다. 꼬부랑길은 삼분에서 안사면 만리동으로 넘어가는 고개이며, 신주막(신동, 새동말, 신주말)은 신항 서쪽에 있는 마을로 옛 시절에 주막이 있었던 곳이다. 용천사龍天寺 터는 용천산 안쪽에 있는 절터로 절은 사라지고 주춧돌만 남아 있으며, 팔명당八明堂 골은 삼분 남쪽에 있는 골짜기로 여덟 개의 명당이 있다는 '내팔 명당골'과 '외팔 명당골'이 있어서 수많은 술사들이 들락거리는 곳이다.

양서리陽西里의 대마들은 다인 북쪽에 있는 들로 지보역촌의 말을 먹이던 곳이고, 외정리의 창말랭이는 외산정 남쪽 끝에 있는 들로 예전에 창倉이 있었던 곳이다.

단밀면丹密面은 본래 비안군 단남면의 지역으로 조선시대에 낙동역落東驛이 있었던 곳이다. 역은 역참이라고도 부르는데, 국가의 명령과 공문서의 전달, 변경의 중요한 군사정보, 그리고 사신왕래에 따른 영송迎送과 접대 등을 위하여 마련한 교통통신 기관의 하나이다. 역참은 군사·외교 면에서뿐만이 아니라 행정적인 측면에서도 중앙집권국가를 유지하는 데 중요한 역할을 하였다. 육상에는 육참陸站을 설치하여 주로 역참이라고 하였고, 해상이나 강변에는 수참水站을 설치하여 수로와 육로를 연결하였으며, 때로는 관방의 역할도 하였다.

낙동역이 있던 이곳이 낙동강 어귀에서 700리쯤 되었기 때문에 〈낙동강 칠백리〉라는 노래가 생겨나기도 했는데, 이곳에서 상주와 문경새재를 거쳐 서울로 가거나 칠곡과 대구를 거쳐 밀양과 부산으로 향하던 나그네들이 묵었던 곳이 상주 낙동면 낙동리와 의성군 단밀면에 자리 잡은 낙동나루였다. 영남지방 사람들이 서울로 용무를 보러 가거나 과거 보러 갈 때에 꼭 거쳐야 하는 중요한 길목 중의 하나였다. 안동 아래쪽에 있는 낙동강의 나루 중 가장 큰 나루였던 낙동나루에 지나는 길손의 발길이 뜸해진 것은 구미 도개면 신림리에 일선교가 놓인 1967년부터였다. 장마가 져서 물살이 거세지면 며칠씩 인근의 주막에 묵으면서 물이 줄어들기를 기다렸던 나그네들의 절절한 한숨소리가 들릴 법도 한데, 나룻배가 사라진 지도 이미 오래고 수많은 나그네들의 애환이 서려 있는 주막 역시 찾을 수가 없다.

조선 후기까지만 해도 나라의 동맥이나 다름없었고, 해방되기 전까지는 부산에서 올라온 소금배가 안동과 예안으로 올라가는 건널목이었다는 낙동나루에는 현재 모텔 몇 개와 음식점들만 서 있고, 나룻배로 강을 건너던 사람들의 자취는 찾아볼 수 없게 되었다.

다만 유장하게 흐르는 낙동강을 굽어보는 벼랑에 세워진 관수루觀水樓가 남아 흐르는 세월의 무상함을 바람소리로 들려주고 있을 뿐이다.

'낙동강을 바라보며 정취를 즐긴다'는 뜻으로 지은 관수루觀水樓는 조선 후기 고종 때 홍수로 떠내려가버린 것을 1976년에 이 지역 사람들이 다시 지었는데, 관수루에는 낙동강을 노래한 시 열 편이 걸려 있다.

황지의 근원 물은 겨우 잔에 넘치는데
냅다 흘러 예 와서는 넓기도 한지고.
한 줄기에 예순 고을이 갈리고
나루 곳곳엔 돛대가 너울너울
바다까지 곧바로 내려가길 400리
편풍便風에 왕래하는 장사꾼 배들
아침에 월파정月波亭을 떠나
저녁에 관수루에 묵네.
누각 아래 배에서는 천만 량을 실었으니

관수루 낙동강 변 벼랑에 세워진 이 누각만이 남아 낙동나루의 정취를 전해주고 있다.

남토南土의 백성들 어찌 혹독한 조세를 견디리.

쌀독은 비고 도토리, 밤도 없는데

강가에선 노래와 풍류 살진 소를 잡는구나.

나라의 사자使者들은 유성遊星과 같건마는

길가의 해골들은 누가 허물이나 묻겠는가?

소녀처럼 부는 바람

왕손을 울리는 풀

아지랑이 아물아물 봄 물가에 하늘거리는데,

바라보는 내 눈은 멀리 새 나는 곳까지

고향의 꽃 소식은 새로웠으리만,

흉년이라 봄놀이 하는 사람도 없으리.

기둥에 기대서서 노래하노라니,

봄흥도 문득 잡쳐지누나.

갈매기는 나를 웃으려는 듯,

바쁜 듯하고 한가한 듯도 하고.

위의 글은 조선 초기의 학자 김종직이 이곳 낙동나루에서 그 당시 민중들의 절절한 삶의 현장을 보고 지은 「낙동요」이다.

낙정리洛井里에는 낙동역이 있었던 역마을이 있고 역마을에는 심한 가뭄에도 물이 마르지 않던 양정良井이라는 우물이 있었으며, 낙동과 양정 사이에는 옹기점 마을이 있었다. 부치댕이 고개는 양정에서 용산리 산두로 넘어가는 고개이고, 생송리의 뒤뜸이나루(낙동뒷나루)는 밤실에서 상주 낙동면 낙동으로 건너는 나루이며, 열재(십령)는 생물에서 구미 도개면 동산리로 넘어가는 고개이다.

단밀면의 도방이는 고실 서쪽에 있는 마을로 어떤 학자가 도를 닦았다는 곳이고, 바른골은 단곡에서 구미 도개면 신곡리 문주사로 넘어가는 고개이며, 수월水越(무네미)은 용곡리 동쪽에 있는 마을로 예전에 둑을 막기 전에는 큰물이 지면 위천강의 물이 넘어왔다고 한다. 신천新川은 용곡리 남쪽에 있는 마을로 폭우로 인해서 하룻밤 사이에 시내가 되었다고 하며, 주선리注仙里의 관골(관동, 효자리, 선상동)은 주선리 중앙에 있는 마을로 신라 때 단밀현의 소재지였으며, 이곳에서 효자인 신우가 태어났다. 두겹샘은 관동 서쪽에 있는 샘터로 뚜껑을 두 겹으로 만들어 덮고 원님만 먹었다는데, 현재는 들판이 되었다.

단북면 노연리의 무네미는 용연 남쪽에 있는 들로 예전에 큰물이 지면 물이 넘어왔다고 하며, 성암리의 칠성七星은 성암리 동남쪽에 있는 마을로 앞에 바위 일곱 개가 북두칠성처럼 있었는데, 현재는 세 개가 사라지고 네 개만 남아 있다.

신하리의 무릉武陵은 용산 서남쪽에 있는 마을로 기암괴석과 기화요초가 많아 무릉도원에 비교되므로 무릉이라고 부르며, 연제리의 박석고개는 박씨고개라고도 부르는데, 우제에서 다인면 삼분리 새목으로 넘어가는 고개이고, 정안리 하안 서쪽에 있는 오정동은 다섯 부자가 집집마다 샘을 파고 살았다는 마을이다.

비안면 도암리의 간드랑바우는 쌍계리에서 장암 서쪽을 거쳐 대흥으로 뻗친 등성이에 있는 바위이다. 덤바우모탱이(넉모랭이)는 모룻골에서 장춘리 두모로 넘어가는 고개로 덤바우가 있다고 하며, 동부리東部里는 본래 비안군 군내면의 지역인데, 1914년 행정구역 통폐합에 따라 포하동과 창하동을 병합하고 비안현의 동쪽에 있어 동부동(리)이라 하여 의성군 비안면에 편입되었다.

독거리는 아랫장터에 있는 길이며, 헌軒터는 아랫장터 북쪽에 있는 비안현의 객관인 요산헌 터였는데, 면사무소로 쓰다가 옮겨간 뒤 지금은 개인 집이 되었다. 이처럼 비안현 소재지가 변화의 물결에 휩싸이기 시작한 것은 1900년대 초였다. 1908년 비안현의 객사 병산관의 서대청과 동대청 내에 비안초등학교가 들어섰고, 비안군청 소재지가 있었던 곳의 장관청이나 동헌 터 그리고 폐문루 터에는 지금 민가가 들어서 그 흔적조차 없다. 이곳 비안에서 비안현을 추억하게 만드는 것은 향청 터와 현사 터, 그리고 형방청이 있었다는 터뿐이다.

그 지역의 토박이에게 들은 바로는 이곳 서부리가 이처럼 한적한 곳이 되어버린 것은 비안에 살고 있던 토호들이 어찌 양반고을에 길을 낼 수 있겠느냐고 반대하는 바람에 의성과 안계를 잇는 28번 국도가 동부리로 뚫리면서부터라고 한다. 그때부터 서부리는 침체의 길로 접어들게 되었다.

산제리의 말구리재는 사발골에서 말구리재로 넘어가는 고개로 말이 굴렀던 곳이라고 하며, 서부리의 비석거리는 동부리와 서부리 사이에 있는 길로 비석이 서 있었던 곳이다. 비안장은 동부리와 서부리에 걸쳐 있는 장이고, 사직단社稷壇은 목골못 동쪽에 있는 터이며, 창상동에는 사창司倉이 있었다는데 흔적도 없이 사라지고 말았다. 쌍계리雙溪里는 본래 비안군 신동면의 지역으로, 봉황천과 위천강의 물이 합수되는 지점에 있으므로 쌍계라 하였다. 도덕골고개는 쌍계에서 현산리로 넘어가는 고개로 지형이 높고 험하여 도둑이 많았다고 한다. 명당골은 쌍계 동쪽에 있는 골짜기로 풍수지리설에 의하면 명당자리가 많다고 하여 이곳에 묘를 많이 썼다.

안평리安坪里의 용내기는 구평에서 봉양면 사부리로 넘어가는 고개로 용이 나와 이곳에 있는 바위가 갈라졌다고 하며, 윷판목은 돌목재 동쪽에 있는 고개로 나무꾼이 모여 윷놀이를 즐겨 했다는 곳이다.

옥연리玉淵里는 귄비리 막골 북쪽에 있는 등성이로 지형이 험해서 도둑이 많이 들끓었던 곳이며, 구진비리는 막골 북쪽에 있는 등성이로 지형이 험해서 도둑이 자주 나타났다는 곳이다.

막골은 옥포 서남쪽에 있는 마을로 옛날에 어떤 사람이 움막을 치고 살았다는 곳이고, 옥포 동남쪽에는 아침젓골이라는 마을과 골짜기가 있다. 외곡리의 자포마을은 일곡 동북쪽에 있는 마을로 산이 마을을 둘러싸고 있어서 지어진 이름이고, 여수골은 자포 남쪽에 있는 골짜기로 예전에 여우가 많이 살았다고 하며, 자포에서 현산리 현산으로 넘어가는 고개를 하동재라고 한다.

서원마을(용호)은 용천리에서 가장 큰 마을로 명호서원이 있었으며, 비안장比安場은 외두 서쪽 언덕에 있던 시장으로 나중에 동부리와 서부리 사이로 옮겼다.

장춘리長春里는 용절골(용적골, 춘강)의 장춘리 남쪽에 있는 마을로 경치가 아름다워 춘강묘연이라 하고, 드뭇들(두모)은 춘강 북쪽에 있는 마을로 옛날에는 인가가 드문드문 있었다고 하며, 배나뭄목지는 조남에서 춘강으로 넘어가는 고개로 그 고갯길에 수백년 된 배나무가 있는데, 세 아름쯤 된다고 한다. 뱃나들은 조남 서쪽에 있는 강가로 예전에 비안고을로 들어가는 나루가 있었던 곳이다. 새남골(조남)은 자운리 서쪽에 있는 마을로 뒷산에 송림이 울창하여 기이한 새들이 많았다는 곳이다. 쉼판만댕이는 조남에서 군위군 소보면 내의리 장현으로 넘어가는 고개로 나무꾼들이 쉬어가던 곳이다.

질 좋은 쌀이 많이 난다고 알려진 안계면安溪面 교촌리校村里는 본래 향교가 있어 교촌리라고 지었고, 그곳에 객사가 있었는데 지금은 그 객사터가 전답이 되고 말았다. 부엉덤은 관어대 동남쪽에 있는 바위로 부엉이가 깃들었다고 하며, 도덕리의 작은바람티는 만사동에서 장하리로 넘어가는 작은 고개로 서풍이 많이 불어오고, 큰바람티는 만사동에서 장하리로 넘어가는 큰 고개로 서풍이 더 세게 불어오는 곳이라고 한다.

봉양리의 용와산龍臥山은 석정동 북쪽에 있는 산으로 용이 누워 있는 형상이라고 하며, 장선동長善洞은 봉양리 중앙에 있는 마을로 계곡이 깊고 맑은 물이 흘러 생긴 이름이라 한다. 안계면 양곡리 오디재(서낭당이 고개, 오현)는 태양동에서 안사면 만리리와 신리로 넘어가는 고개로 이 곳에 서낭당이 있었고 까마귀가 많았다고 하며, 용기리의 장고개는 박 곡에서 새못 안으로 넘어가는 고개로 안계장을 보러 가는 지름길이었 다. 위양리의 당평동唐坪洞(당내, 당천, 닥내, 더천)은 원동 서북쪽에 있는 마을로 앞에 당내가 흐르는데, 바로 옆에 행인들이 쉬어가던 저전원楮田 院이 있었다.

　이제 이곳 비안의 관가는 그 어느 곳에서도 찾을 길이 없으니 한 번 가 면 다시 오지 않는 것이 이 세상의 일이란 말인가?

경북 포항 장기 七장

동해바다 일출이 장관인 범의 꼬리

이중환이 지은 『택리지』에는 우리나라의 형세에 대한 글이 다음과 같이 실려 있다.

옛사람들은 우리나라의 지세를 노인형老人形에 해좌사향亥坐巳向이라 하여 서쪽으로 향한 얼굴이 중국에 절을 하는 형상이므로 예부터 중국과 친하고 가까이 지냈다.

조선시대 대부분 사대부들의 생각을 읽었음인지 일본인 지리학자 고토 분지로小藤文次郎는 조선의 형세를 두고 '토끼꼬리 형국론'을 펴면서 그 이유를 다음과 같이 설명했다.

장기곶 등대 일명 '범의꼬리'로 알려진 이곳은 매년 일출을 보기 위해 찾아오는 관광객들로 장사진을 이룬다.

이탈리아는 외형이 장화와 같고 조선은 토끼가 서 있는 것과 같다. 전라도는 뒷다리에, 충청도는 앞다리에, 황해도에서 평안도는 머리에, 함경도는 어울리지 않게 큰 귀에, 강원도에서 경상도는 어깨와 등에 각각 해당된다. 조선인들은 자기 나라의 외형에 대해 '형태는 노인의 모습이며, 나이가 많아서 허리는 굽고 양손은 팔짱을 끼고 지나支那에 인사하는 모습과 같다. 조선은 당연히 지나에 의존하는 게 마땅한 일이다'라고 여기고 있는데, 이 같은 생각은 지식인 계급인 사대부들의 마음속에 깊이 뿌리박혀 있었다.

고토 분지로가 이렇게 말한 것을 두고 한민족에 대한 열등감을 강변하기 위한 술수라고 파악한 최남선은 우리나라의 모양을 '호랑이'라고 표현하였다. 최남선은 『소년』이란 잡지의 창간호 「봉길이 지리공부」라는 난에 다음과 같은 글을 실었다.

한반도는 마치 맹호가 발을 들고 동아 대륙을 향하여 나는 듯 뛰는 듯 생기있게 할퀴며 달려드는 모양을 보여주고 있는데, 더욱이 그 모양이 내포하고 있는 의미 또한 심장하여 한반도의 진취적이면서도 무한한 팽창 발전과 아울러 생생하고 왕성한 원기의 무량한 것을 남김없이 보여주고 있는 것이니 소년들은 굳고 단단하게 마음을 가지라.

최남선은 위의 글을 통해 우리나라 지세의 긍정적인 면을 부각시켰다. 장기현을 '범의 꼬리', 즉 호미등虎尾嶝이라고 맨 처음 불렀던 사람은 조선 중기의 학자로 풍수지리에 조예가 깊었던 남사고南師古였다.
조선 중엽의 「근역강산맹호기상도槿域江山猛虎氣象圖」(고려대 박물관 소장)를 보면, 우리 국토가 마치 포효하는 호랑이가 대륙을 향해 뛰어나갈 듯이 묘사되어 있음을 알 수 있다. 이 호랑이의 꼬리 부분이 바로 경북 영일군 구룡포읍 대보리인데, 그 지역은 예부터 호미등 또는 호미곶으로 알려진 곳이다.

경북 포항시 남구 대보면 대보리에 있는 장기곶은 한반도에서 가장 먼저 해가 뜨는 곳으로도 알려져 있고, 포항시 남동부에서 북동 방향으로 돌출한 반도이다. 일명 동외곶冬外串 또는 장기갑長鬐甲이라고도 부르는 장기곶은 서쪽은 영일만, 동쪽은 동해와 접하고 있다. 해안은 비교적 급경사를 이루고, 이곳에서 구룡포에 이르는 해안에는 해안단구가 발달하여 농경지로 이용되며, 대보리, 구만리 등에는 포구가 조성되어 있다.

이곳 등대를 장기곶 또는 장기갑 등대라고 부르는데, 이곳에 등대가 처음 만들어진 것은 1902년이었다. 고종 광무 5년인 1901년에 일본 장기 상선학교 실습반 30여 명이 응응환鷹雄丸을 타고 동해 연안의 어족과 수심을 조사하다가 배가 암초에 걸려서 전원이 익사하자 일본이 조선 정부에 등대 설치를 요청했다. 이에 그 이듬해인 1902년 3월에 일본인 기술자를 시켜 등대 공사를 시작하여 1903년 12월에 준공하였다. 당시 이 지역 사람들 중에는 호미등에 불을 켜게 되면 범이 꼬리를 흔들어 등대가 넘어져서 이 부근이 모두 불바다가 될 것이라고 하여 이사하는 사람들도 있었다고 한다. 그 뒤 이곳 호미등에 일본인 등대수가 온 지 두어 달 만인 어느 날 밤에 괴한이 나타나 그 등대수와 가족을 몰살한 일이 일어났는데, 사람들은 이 사건을 호미등에 불을 켠 천벌이라고 여겼다.

호미곶이 있는 대보면 일대는 경상북도 포항시 지행면 지역에 있었던 장기현의 땅이었다. 장기현은 본래 신라의 지답현只畓縣이었다. 경덕왕

호미곶 해맞이 광장 새천년인 2000년을 맞이하여 희망찬 미래를 다짐하는 의미에서 바다와 육지에 하나씩 〈상생의 손〉을 만들었다.

때 기립으로 고쳐서 의창군의 영현으로 삼았다가 고려 초에 장기로 고쳐 경주에 붙였다. 공양왕 때 감무를 두었고, 조선 태종 때 이 고을이 큰 바닷가에 있는 중요한 곳이라 하여 지현사知縣事로 승격시켰다가 뒤에 감무를 두었다. 1895년(고종 32)에 동래부에 딸린 군이 되었다가 다음 해 경상북도로 이관되었으며 1914년에 영일에 편입되었다. 그 뒤 1934년에 봉산면과 합하여 새로운 면을 만들 때 행정착오로 장기현의 옛 이름인 지답의 답畓자를 행杏으로 잘못 써서 지행면이 되었다. 현재 지명은 포항시 남구 장기면이다.

장기현이라는 지명은 이곳의 지형이 긴 반도로 말갈기처럼 생긴 데서 유래한 것으로 추정하는데, 이 지역은 경주의 동쪽 외곽지대이므로 신라 때부터 군사적으로 중요한 요충지였던 것으로 보인다. 신라 때는 중요한 읍성이 있었고, 고려 현종 때 옛 읍성 북쪽에 새로이 읍성을 쌓았다. 해변가의 포이포진包伊浦鎭은 선조 때 동래로 옮기기 전까지 수군만호가 주둔했던 곳이다.

이 지역의 해안에 있던 복길福吉과 뇌성산의 봉수는 내륙지방의 영일과 영천지방의 봉수와 이어졌다. 조선시대에는 봉산역을 통하여 남쪽의 울산과 이어지는 해안도로가 발달하였고, 장기에서 서쪽으로 사현沙峴을 넘어 영일로 이어졌다. 현재 장기곶 등대가 있는 동일배곶은 당시 목장이 있었던 곳으로 울산에 속했던 울경지였다. 지금의 구룡포읍과 지행면 및 동해면의 일부 그리고 경주시 양남면과 양북면의 일부가 이 현의 소속이었다.

장기곶은 경상북도 포항시 남동부에서 북동 방향으로 돌출한 반도로 일명 동외곶冬外串이라고 부른다. 서쪽은 영일만, 동쪽은 동해에 속하는 장기곶은 행정구역상 포항시 남구 동해면과 구룡포읍에 속하는데, 공개산은 주봉을 이루는 산줄기로 동북 방향으로 이어져 동북부의 장기곶에 이른다. 해안은 비교적 급경사를 이루고 이곳에서 구룡포에 이르는 해안에는 해안단구가 발달하여 수많은 어촌이 형성되어 있다. 대보리의 등대는 동해안 및 포스코에 출입하는 수송선에 중요한 역할을 담당하고 있고, 구룡포는 이 일대의 중심 어항이다.

경상북도 포항시 남구 장기면 읍내리에 있는 장기향교는 1396년(태조 5)에 창건되었는데, 임진왜란 때 소실되었다가 1600년(선조 33)에 중건되었다. 현존하는 건물로는 대성전, 명륜당, 내삼문, 외삼문, 동재, 장경각 등이 있다.

이곳 장기에는 다산 정약용의 자취가 여러 곳에 남아 있다. 정조의 총애를 한몸에 받았던 다산은 정조의 급작스런 죽음과 함께 나락의 길로 접어들었다. 순조 원년인 1801년 대비 김씨는 천주교 탄압을 위한 사학금령邪學禁令을 선포하였다. 이른바 300여 명이 죽어간 신유사옥辛酉史獄이 일어난 것이다.

정약용의 셋째형 정약종이 신유년(1801) 1월 19일 교시서, 성구, 신부와 교환했던 서찰 등을 담은 책롱冊籠을 안전한 곳으로 운반하려다 한성부의 포교에 의해 압수당하는 사건이 일어났다. 2월 9일에는 이가환(전 공조판서), 이승훈(전 천안현감), 정약용(전 승지)을 국문하라는 사헌부의 대계(지금의 공소장)가 올라갔다.

결국 2월 16일, 이승훈, 정약종, 최필공, 홍교만, 홍낙민, 최창현 등 천주교의 주축들은 서소문 밖에서 목이 잘려 죽었고, 이가환, 권철신은 고문을 못 이겨 옥사하고 말았다. 죽음을 모면하고 귀양을 가야 했던 정약용, 정약전 형제의 상황이 『순조실록』에 실려 있다.

죄인 정약전과 정약용은 바로 정약종의 형과 아우이다. 당초에 사서邪書가 우리나라에 들어오자 읽어보고는 좋은 것으로 여기지 않은 것은 아니지만, 중년에 스스로 깨닫고 다시는 더러움에 물들지 않으려는 뜻이 예전에 올린 상소문과 이번 국문받을 때에 상세히 드러나 있다. 차마 형을 증거할 수 없다고는 했지만 정약종의 문서 중 그들 서로간에 주고받았던 글 속에서 정약용이 알게 되는 것을 경계하고 있으니 평소에 집안에서도 금지하고 경계했던 것을 증험할 수 있다. 다만 최초에 더러움에 물들었던 것으로 세상에서 지목을 받게 되었으니 약전, 약용은 사형의 다음 형벌을 적용하여 죽음은 면해주어 약전은 강진현康津縣 신지도薪智島로, 약용은 장기현長鬐縣으로 정배定配한다.

정약용의 형인 정약종은 그의 장남 철상과 함께 서소문 밖에서 처형되었으며, 청나라 신부 주문모周文謨도 3월 11일 의금부에 자수하여 사형을 당했다.
이곳 장기현에서 귀양살이를 하던 정약용은 조정의 고관대작들이 '이理다, 기氣다' 라고 떠드는 공리공론의 성리학을 풍자하는 시를 여러 편 지었다.

요즈음 선비들 성리학설만 즐겨 말하나
통치술과는 얼음과 숯이라네.

산림山林에 숨어서 나오지도 못하고

나와본들 남들의 웃음거리 된다네.

마침내 경박한 사람들로 하여금

공무公務의 중심 일을 멋대로 맡긴다네.

다산은 이곳에서 여덟 달에 걸쳐 고난의 유배생활을 지내며 여러 편의 저술을 남겼는데, 신유사옥은 그것으로 끝날 일이 아니었다. 그해 가을에 황사영 백서사건이 일어났다. 백서사건이란 제천堤川의 배론이라는 토기土器 굽는 마을로 피신한 뒤 황사영이 중국에 있는 프랑스 선교사에게 비단에 써서 보내려던 편지가 발각되어 빚어진 옥사였다. 편지의 내용은 청국 황제가 조선 국왕에게 천주교도 박해 중지의 압력을 가하도록 선교사들이 개입해 달라는 청원이었다. 황사영은 즉각 체포되어 능지처참을 당했다. 16세 때 진사시에 장원급제한 황사영은 정약용의 조카사위로, 정약용의 큰형인 정약현의 딸이 황사영의 부인이었다. 이때 황사영의 어머니와 부인은 각각 거제도와 제주도로 쫓겨가 여종살이를 해야 했고, 세 살짜리 아들까지 추자도에 버려졌다.

정약용과 정약전은 그해 10월 20일 저녁에 또다시 체포되어 서울로 올라와 감옥에 갇히게 되었고, 결국 강진으로 긴 유배생활을 떠나게 되었다.

한편 장기곶에는 「대동여지도」를 그린 김정호와 한말의 개혁사상가였던 김옥균의 흔적이 남아 있다. 김정호는 동해로 뻗친 장기곶과 울진군에 있던 죽변곶 중 어느 쪽이 더 튀어나왔는지를 조사하기 위해 죽변과 장기 사이를 일곱 차례나 오갔다고 한다. 결국 그가 그린 「대동여지도」에는 장기곶이 더 튀어나와 있다.

또한 갑신정변의 주인공인 김옥균이 상하이에서 자객 홍종우에게 피살된 뒤 그 시신이 청나라 정부에 의해 국내로 이송되었는데, 양화진에서 육시처참형戮屍處斬刑을 당하고 나서 그의 왼쪽 팔이 장기곶 앞바다에 내던져졌다. 그때가 동학농민혁명이 한창 진행중이던 1894년(고종 31) 갑오년 5월이었다. 그의 시체를 이곳에 버린 이유는 동해로 튀어나온 이곳의 지형에 역모의 기운이 서려 있기 때문이었다고 한다.

경북 포항시 남구 구룡포읍 구룡포리는 지형이 아홉 마리의 용을 닮았다고 해서 지어진 이름이다. 구룡포읍 송동리와 장기면 모포리 경계에 있는 뇌성산磊城山은 높이가 213미터로 그 산에는 고려 현종 때 쌓은 둘레 745.4미터, 높이 10미터에 이르는 석성이 있다. 이 성 안에는 못과 우물이 있는데 고려 때부터 조선시대에 이르기까지 뇌성 봉수를 두어 별장別將 1명과 군사 100명이 주둔하면서 남쪽으로 복길 봉수, 북쪽으로 발산 봉수, 서쪽으로 영일의 사화랑 봉수에 응하였다. 돌이 많이 있는 이 산에는 뇌록磊綠, 인삼, 자지紫芝, 오공蜈蚣, 봉밀蜂蜜, 치달雉獺, 동철銅鐵의 칠보七寶가 나서 이것을 나라에 진상하였으므로 장기현감을 칠보현감七寶縣監이라고도 불렀다.

구룡포읍 구만리와 동해면 대동배리 경계에 있는 높이 130미터의 봉화봉은 산 정상에 둘레 151.5미터에 높이 4.5미터의 성이 있는데, 조선시대에 봉수가 있어서 남쪽으로 사지 봉수, 서쪽으로 동을배 봉수에 전달하였다. 이 산 정상은 바람이 세기로 유명하여 "내 집 밥 먹고 구만九萬 바람 쐬지 말라"는 말이 전해진다.

높이 252미터의 동학산東岳山은 장기면 읍내리와 방산리 경계에 있는 산으로 옛 장기현의 진산鎭山이다. 장기면에 있는 망해산望海山은 높이가 205미터인데 이 산에 오르면 동해바다가 한눈에 내려다보인다.

구룡포리 구평리와 동해면 증산리 경계에는 달그벼슬재 또는 계관산이라고 불리는 높이 147미터의 산이 있는데, 그 산세가 닭의 벼슬처럼 생겼다고 한다.

장기면 대곡리와 정천리 사이에 있는 높이 220미터의 성적산聖蹟山은 산이 높고 험하지만 이 산에 들어온 사람들은 몸이 상하는 일이 없다고 하며, 이 산에 기우제를 지내면 매우 영험靈驗하다고 한다.

포항시 장기면 읍내리는 장기현의 읍내가 있던 곳이고 장기면사무소 구내 왼쪽에는 장기현의 객사가 있던 곳이다. 동문거리는 동문터에 있는 길이고, 향교 서쪽에 장기현의 동헌이 있었다. 동문거리에는 배일대拜日臺라고도 불리는 조일헌이란 누각이 있었는데, 장기현감이 매년 설날 해가 뜨기 전에 이곳에 올라 북향 사배하여 국왕의 만수무강을 빌었던 곳이다. 하지만 1906년(광무 10)에 의병대장 장헌문蔣憲文이 왜병을 칠 때 소실되어 돌에 새긴 배일대라는 석 자만 남아 있다. 이곳에 있는 죽림서원은 1707년(숙종 33)에 오도전, 서유원, 황보헌, 이석중 등이 창건하여 이곳으로 유배를 왔던 우암 송시열을 배향하였는데, 1868년(고종 5)에 헐리고 말았다. 양포리의 백인령百人嶺은 양월리에서 계원리로 넘어가는 고개로 옛날에 이 고개를 넘으려면 사람이 많이 모여야 넘을 수 있다고 해서 지어진 이름이다.

구룡포리 미역바위 아래에 있는 큰 바위인 장군석은 옛날에 어느 장군이 이 바위를 옮겨놓았다고 한다. 미역바위 아래에는 만인이 살 만한 곳이라고 하여 세상이 어지러울 때는 남부여대男負女戴하고 이곳을 찾는 사람이 많다고 한다.

구룡포리에서 가장 큰 마을인 창주리는 조선시대에 소금을 쌓아두는 창고가 있으므로 염창동이라고 불렀는데, 그 뒤에 창주면의 소재지가 되었다.

9만리 솔밭이 북쪽에 있는 바위인 다리돌은 바닷가에 큰 바위가 징검다리처럼 여러 개 놓여 있는데, 400여 년 전에 망시라는 이름의 부인이 솔밭에 살면서 강원도에 살고 있는 남편을 만나기 위하여 큰 바위를 바다 가운데에 놓고 다녔다는 이야기가 전해진다.

솔밭이 남동쪽에 있는 벌내는 보천영일벌내 또는 영일보천이라고 부르는데, 예전에 영일군과 장기군의 경계가 되므로 내 북쪽 마을을 영일벌내, 내 남쪽 마을을 장기벌내 또는 장기보천이라고 하였다.

구룡포읍 눌태리에서 가장 큰 마을인 약전藥田은 조선시대에 이곳에 약을 심어서 나라에 진상하였던 곳이고, 눌방 북서쪽에 있는 유판재라는 고개는 눌태리에서 동해면 홍환리로 넘어가는 고개이다. 이 고개 길가 반석에 윷판을 새겼는데, 옛날 신선들이 윷놀이를 하던 곳이라 한다. 구룡포읍 삼정리三政里는 옛날 세 명의 정승이 살았다고 해서 그렇게 부르는데, 삼정 앞바다에 있는 관풍대觀風臺는 길이 90.9미터, 높이 15.15미터로 소나무가 울창하고 경치가 매우 아름다우므로 바람이 맑고 달 밝은 밤에는 선인仙人들이 와서 놀았다고 한다. 삼정 북쪽에 있는 노적바우는 모지고 긴 돌이 노적가리를 쌓은 것처럼 보인다고 하여 붙여진 이름인데 옛날에 마고할미가 쌓았다고 하고, 해나매 동쪽에 있는 망재는 이 산에서 동해의 고기 떼를 망보던 산이라고 한다.

구룡포읍 후동리 후동 남쪽에 불선암이라는 바위가 있다. 높이 30.3미터, 너비 3미터의 이 바위 밑에 불선암佛仙庵이 있어서 해마다 섣달 그

믐날이 되면 마을 사람들이 황홀한 등불을 켜고 밤을 새우는 곳이다. 예전에 신선이 이 바위에 하강하여 동해 용왕과 놀았다는 전설이 있고, 신라 때의 고승 원효대사가 이곳에서 수도하여 깨달음을 얻었다고 하며, 조선 고종 때 동학을 창시한 수운 최제우가 이곳에서 백일 기도를 하여 깨달음을 얻었다고 한다. 이곳에 있는 도둑골은 전에 도둑이 많이 살았다는 곳이고, 벼락을 맞아 갈라졌다는 벼락바위가 있다.

광정산 정상에는 선유석仙遊石이라는 바위가 있다. 바위가 평평하여 두어 평쯤 되며, 그 복판에는 쇠로 만든 담뱃대 같은 조각이 남아 있는데 옛날에 이곳에서 신선이 놀았다고 한다.

대밭들에 있는 수시쑤라는 숲은 넓이가 4만 9,587평방미터쯤 되는데, 우리나라에서 가장 품질이 좋은 시누대가 자라는 곳이다. 조선시대에 울산 좌병영에 있는 병사가 관리하여 해마다 베어다 활을 만들었는데, 만약에 이 숲에서 일반 백성이 시누대를 한 가지라도 꺾으면 볼기 열 대를 맞았다고 한다. 또한 성적산 동쪽에 있는 죽전산竹田山도 대가 많이 있는 산으로 해마다 울산 병영에서 베어다 활을 만들었다.

구룡포읍 강사리 명월암은 명월에 있는 절로 신라 선덕여왕이 해봉사海逢寺와 함께 이 암자를 짓고 군마軍馬의 사육飼育을 빌었다고 하며, 조선 전기에는 매월당 김시습이 머물렀다고 한다.

홍일동洪逸童이 그의 시에서 "높은 동헌이 바다를 누르고 산성山城에 의지해 있는데, 피곤한 나그네 난간에 기대서니 눈앞이 문득 밝아지누나. 비 개자 맑은 아지랑이 북악北嶽에 비껴 있고, 구름 걷히자 아침 해가 동해에 섰네"라고 읊었던 이곳 장기는 지금도 매일 해가 뜨고 지면서 나그네들을 손짓하고 있다.

대구 달성 현풍

아름다운 비슬산과 그 속에 숨은 사찰들

고려 말기의 학자인 이숭인李崇仁이 승사僧舍에서 쓴 시에, "속객俗客이 긴 길을 달려가는데, 고승은 조그만 정자에 누워 있네. 구름 모양 아침저녁으로 희고 산 빛은 예나 지금이나 푸르러라. 지나간 일 적송자를 쫓고, 나그네 노는 것 땅 신령이 부끄럽다. 은근히 시냇물 길어다가 한 모금 인삼과 복령을 다리네"라고 노래하였던 현풍은 조선시대에 현이었다.

경상북도 달성군 현풍면은 본래 신라 추량화현推良火縣이던 것을 경덕왕이 현효玄驍로 고쳐서 화왕군火王郡의 영현을 삼았으며, 940년(고려 태조 23)에 지금의 이름으로 고쳤다. 현종은 밀성군密城郡에 부쳤고 공양왕은 감무를 두어 밀성 구지산부곡仇知山部曲에 내속시켰다. 또한 1413년(태종 13)에 감무를 현감으로 개칭하였으며, 포산苞山이라고도 하였다. 그 뒤 1895년(고종 32)에 대구부 소관인 현풍군이 되었다가 그 다음 해인

현풍 석빙고 경주나 안동의 석빙고보다 앞선 1730년에 만들어진 것으로, 조선 후기 석빙고의 전형을 보여주고 있다.

1896년(고종 33)에 경상북도에 딸린 군이 되었으며, 1914년 달성군에 편입되었다. 그리고 1995년에 달성군 전체가 대구광역시로 편입되어 현재 현풍은 대구광역시 달성군 현풍면으로 되었다. 조선시대에 이 지역은 군사와 교통상의 요지로 1592년(선조 25)에는 의병장 곽재우가 이곳의 왜군을 격파시켜 대구로 철수하게 하였다.

소이산의 봉수는 남쪽의 태백산과 북쪽의 말웅덕 봉수에 응하였다. 현의 서쪽에 있던 강창江倉은 현풍군의 세곡을 모아 낙동강을 따라 운반하였으며, 육상교통은 창녕·대구·고령 등지로 연결되었다. 현풍군은 지금의 현풍, 유가, 구지, 논공 등 4개 면을 관할하였다.

현풍면 상동, 부동, 성하동에 걸쳐 있는 비봉산飛鳳山(288미터)은 현풍현 객사의 주산이 되는데, 산의 모양이 봉황이 나는 형국이라서 비봉이라 이름 지어졌다고 한다.

현풍면 부동리는 옛날에 그릇 굽는 가마가 있었으므로 가말 또는 부동이라고 하였는데, 현풍군의 객사터는 현재 현풍면사무소가 들어서 있다. 객사터 동쪽에는 동관장이라는 현풍 장터가 있었는데, 1918년에 원교장으로 옮겼다. 현풍현의 동헌은 처음에는 유가면 가태동에 있다가 세종 때 현감 채석견蔡石堅이 지금의 현풍초등학교 자리로 옮겼으며, 현풍현을 감싸 안고 있는 비슬산琵瑟山은 일명 포산苞山으로 현풍현의 동쪽 5리쯤에 있었다.

앙풍루仰風樓는 객관 남쪽에 있는 누각인데, 이첨은 「앙풍루기」에서 "대지의 부는 기운 만물에 부딪히는 것을 바람이라 하는데, 교화가 흘러 행해서 이것을 백성들이 좇는 것이 마치 바람이 물건에 부딪히면 물건이 움직이게 되는 것과 같다"고 하였다.

현풍면 상리에 있는 현풍 석빙고는 석축으로 만든 얼음 창고로 1982년 보수작업 때 발견된 건성비建城碑에 따르면 1730년(영조 6)에 만들어진 것으로 보이며, 보물 제673호로 지정되어 있다. 이 석빙고는 규모는 크지 않지만 1738년(영조 14)에 만들어진 경주 석빙고나 안동 석빙고 그리고 1742년(영조 18)에 만들어진 석빙고보다 앞서 만들어진 것으로 전형적인 조선 후기 석빙고의 모습을 보여주고 있다.

달성군 현풍면 상리에 자리 잡은 현풍향교는 창건연대가 확실하지 않지만 임진왜란 이후 현감 이영도李詠道가 옛날의 교동에 중건하였고 1759년(영조 35) 현감 김광태가 현재의 위치로 이전하였는데, 현풍향교 대성전은 대구광역시 문화재자료 제27호로 지정되어 있다.

현풍현의 경계는 『신증동국여지승람』에 의하면 동쪽으로 밀양부密陽府 풍각현豊角縣 경계까지 33리, 남쪽으로는 창녕현昌寧縣 경계까지 16리, 서쪽으로는 고령현高靈縣 경계까지 6리, 북쪽으로는 성주星州 가리현加里縣 경계까지 23리이고 서울과의 거리는 704리이다.

원교동 오목동산은 원다리 서쪽에 있는 산으로 높이 24미터쯤의 작은 산이 위아래에 둘이 있는데, 장마 때 큰물이 지면 아랫오목동산이 묻히고 다음에 웃오목동산이 물에 잠긴다고 한다. 새미바다는 오목동산 위에 있는 큰 들로 장마가 지면 물이 차서 바다처럼 변한다고 한다.

상동리 나르미 아래에 영남루라는 누각을 처음 세운 것은 고려 현종 때였는데 공양왕 때 밀양으로 옮겼다. 성하동 물문 동쪽에 있는 공둘곡 고개는 현풍에서 대구로 통하는 큰 길이 있었고, 물문 서쪽에는 상하동에서 고령군 개진면 부동으로 건너가는 물문나루가 있었으며, 박석비리 서쪽에는 현풍에서 고령군 개진면으로 넘어가는 박석진나루가 있었다.

현풍의 어느 곳에서나 보이는 산이 비슬산이다. 「유가사창건내력」에는 유가사를 둘러싼 산의 모습이 거문고와 같아 비슬산이라 부른다고 기록되어 있다. 비슬산이라는 이름의 유래에 대해 몇 가지 설이 있는데, 하나는 산꼭대기 바위의 모습이 마치 신선이 앉아 비파를 타는 모습과 같다 하여 비파 비琵, 거문고 슬瑟자로 표기하여 비슬산이라고 한다는 설이다. 다른 하나는 천지가 개벽할 때 세상은 온통 물바다가 되었으나 비슬산 정상의 일부는 물이 차지 않고 남아 있는 부분이 있었는데 그곳의 형상이 마치 비둘기처럼 보여 '비둘산'이라고 부르다가 '비슬산'으로 변했다는 설이다.

한편 『신증동국여지승람』에는 포산苞山이라고 기록되어 있는데, 신라시대에 인도의 스님들이 놀러왔다가 산을 구경하던 도중 이 산을 보고 비슬이라 이름 지었다고 한다. 비슬이란 인도의 범어梵語 발음을 그대로 음音으로 표기한 것이다. '싸다, 덮다'는 뜻의 한자가 포苞이므로 포산은 수목에 덮여 있다는 뜻으로 기록되어 있지만, 높고 귀하다는 의미가 담긴 우리말 이름 '벼슬' 또는 '솟을'에서 유래했다는 설도 있다.

대구광역시 달성군 유가면 비슬산 정상 부근에 있는 대견사大見寺는 신라 흥덕왕 때 세운 절이다. 어느 때 누가 창건했는지는 알 수 없지만 이 절의 창건설화는 다음과 같다. 당나라 문종文宗이 절을 지을 곳을 찾고 있었다. 그러던 어느 날 얼굴을 씻으려고 떠놓은 대야의 물에 경치가 아주 아름다운 곳이 비쳤다. 이곳이 절을 지을 곳이라 생각한 문종은 신하들을 파견하여 찾게 하였지만 중국 어디에서도 찾을 수가 없었다. 문종은 그 절터를 찾기 위해 신하들을 신라로 보냈고 신하들이 찾아낸 곳이 이 대견사 터였다. 이 절터가 중국에서 보였던 터라 하여 절을 창건한 뒤 이름을 대견사라고 지었다. 그 뒤 이 절의 역사는 전해지지 않고 있다. 다만 1416년(태종 16) 2월 29일과 1423년(세종 5) 11월 29일에 이 절에 있던 장륙관음상이 땀을 흘려 조정에까지 보고되었다는 이야기가 전해진다. 그 후 이 절은 빈대가 많아 불태워졌다고 전해지며, 이 절이 폐사된 것은 임진왜란 전후라고 한다. 이재인이라는 사람이 1900년경 영왕의 즉위를 축하하기 위해 중창하였으나 1909년 폐사되고 말았다.

현재 이곳에는 신라시대에 축조된 것으로 추정되는 축대가 남아 있으며 대구광역시 유형문화재 제42호로 지정되어 있는 삼층석탑(원래는 9층이었다고 하는데 도굴꾼들에 의해 무너졌음)과 열 명쯤이 앉을 수 있는 동굴이 남아 있는데 그 동굴은 참선이나 염불도량으로 사용되었을 것으로 추정한다. 『조선왕조실록』에 기록되어 있는 땀 흘린 관음상은 경상북도 유형문화재 제35호로 지정되어 있는 달성 용봉동 석불입상으로 추정한다. 대견사 터의 축대 밑에는 맑은 물이 솟아나는 샘이 있는데, 가뭄이 심할 때면 달성군 사람들이 이곳에 와서 기우제를 지낸다.

불교가 융성했던 시절 비슬산에는 99개의 절이 있었다고 전해지는데, 현재는 유가사瑜伽寺, 소재사消災寺, 용연사龍淵寺, 용문사龍門寺, 임휴사臨休寺, 용천사涌泉寺 등의 사찰이 남아 있다. 그 가운데에서 용연사는 경내에 보물 제539호인 석조계단石造戒壇이 있고 가까이에 유명한 약수터도 있어 관광지로 각광을 받고 있다. 앞산의 북쪽 중턱에는 장군수將軍水라는 약수터와 안일암安逸庵이 있다.

한편 석일연釋一然 스님은 『삼국유사』에서 「포산의 두 성인苞山二聖」이란 제목으로 관기觀機와 도성道成 두 성사에 관한 기록을 남겼다.

관기선사가 도성선사에게 전할 말이 있을 때는 관기봉 아래 관기암의

비슬산 봄에는 철쭉과 진달래, 가을에는 억새군락이 유명한 비슬산은 정상에서 바라보는 낙동강의 경치가 아름답기로도 이름이 나 있다(가운데 보이는 곳이 대견사 터).

수도장에서 도통바위를 향하면 포산의 수목이 일제히 그쪽 방향으로 허리를 굽히므로 도성선사가 이를 알아차려 달빛 아래 조화봉에서 이야기를 나누었다. 또한 도성선사가 관기선사에게 할 이야기가 있을 때도 마찬가지로 관기봉 방향을 향하면 수목이 일제히 허리를 굽혀 서로가 축지법으로 만났다고 한다. 그래서 옛사람은 "서로 찾아 달을 밟고 운천雲泉을 희롱하니, 두 늙은이의 풍류 몇백 년이 되었는가. 구렁에 가득한 연기와 안개 옛 나무에 남아 있어 구부렸다 일어섰다 찬 그림자 지금도 서로 맞는 듯하네"라고 썼을 것이다.

관기봉은 정상 부위 전체가 거대한 암석으로 이루어져 있으며, 그 크기는 높이가 30미터쯤이고 둘레가 100여 미터가 넘어 정상부에는 네댓 평 정도의 평활석면平闊石面이 있고, 관기암 북쪽의 바위골을 두 손으로 잡으면 오르기가 그렇게 어렵지 않다. 봉우리가 청도군과 경계를 이루고 있는데 동쪽으로 20미터 아래에는 관기스님이 수도하던 관기암이 있었으나, 지금은 억새만이 무성하고 연꽃무늬 석조하대석石造下臺石이 억새 속에 숨어 절터를 지키고 있다. 비슬산의 800미터 이상 부근에서 평탄면이 나타난다.

평탄면이 이루어진 원리를 살펴보면, 과거에는 이 지방이 현재보다 낮고 완만한 구릉지로 노년기 산지였는데 일대가 융기함에 따라 신천新川과 남천南川 등 하천의 침식이 부활하고 산지를 개석하여 급사면이 만들어진 데 있다고 한다. 하천도 비슬산을 중심으로 방사상으로 흐르고 있다.

매년 4월에는 참꽃나무가 온 산을 물들이고 가을에는 억새밭으로 이름이 높은 이 비슬산에서 발길은 자연스레 조화봉에 이른다. 흐릿하게 흘러가는 낙동강 물이 훤히 내려다보이는 이곳에 절을 지을 당시, 당나라 사람들이 인근에 자리 잡고 있는 정상 봉우리에서 고국을 그리워하며 바라보니 중국이 비쳤다 하여 그 봉우리를 비칠 조照와 아름다울 화華를 써서 조화봉이라 하였다고 전해진다. 한편 『달성군지』의 기록에는 당나라 승려가 이곳에 왔을 때에 중국이 보여서 붙여진 이름이 조화봉照華峯이라고 되어 있다.

성말댕이라고 부르는 과녀성은 내산 서쪽에 있는 성으로 삼국시대에 한 과부가 성을 쌓고 적을 막았다고 하고, 양지마 동북쪽에는 옛날에 여덟 장수를 묻었다는 여덟장수능이라는 묘가 있다. 1962년에 이병각이라는 사람이 이 묘를 도굴했을 때 금 투구와 철갑, 칼, 말 안장 등 여러 보물들이 나왔는데 모두 다른 나라로 팔려갔다고 한다.

내산 동남쪽에 있는 유가사는 천왕문天王門에 있는 「중창사적기重創事蹟記」에 따르면, 827년(신라 흥덕왕 2)에 도성道成국사가 개창하고 제51대 진성여왕 때 중창한 고찰로 고려 때는 1451년(문종 원년)에 학하선사가 중창했고, 조선시대에 들어와서는 1452년(문종 2)에 일행선사가 각각 중건·중수를 거듭하여 내려왔다고 한다. 그후 만하선사의 문인인 김야운과 여러 사람이 주석하면서 중수하였다.

현재 대웅전을 비롯하여 용화전, 백화당, 동서요사채, 취적루, 천왕문, 산령각 등이 있고, 1970년에 김달운 주지가 화주가 되어 절을 중수하였다.

법당 앞의 삼층석탑은 탑의 높이가 약 2.5미터, 지대와 기단 높이가 1미터 정도로 비례가 잘 맞고 돌을 다듬은 솜씨에 정성이 엿보인다. 이 탑은 본래 인근 원각사지圓覺寺址에 있던 것을 이곳으로 옮겨 세운 것이라는데 탑의 모습으로 보아 고려시대 것으로 추정한다. 이채로운 것은 보주寶珠 위에 창끝처럼 보이는 세 갈퀴의 쇠붙이를 꽂아놓은 것이다. 이밖에 절의 보물로 괘불掛佛이 있다. 특히 절 동북쪽 300미터 아래 언덕에 나란히 한 줄로 서 있는 부도군은 15기나 되며 부속 암자는 비구니들의 수도처인 수도암修道庵과 경상북도 3대 수도처 중의 한 곳인 도성암道成庵이 있다.

김지대金之岱는 비슬산 아래에 있는 유가사를 두고 다음과 같은 시를 지었다. "절 하나 연기와 안개 아무 일도 없는 속에 서 있으니, 어지러운 산 푸른 물방울 가을 빛이 짙었네. 구름 사이 끊어진 돌 층계 6~7리요, 하늘 끝 먼 멧부리 천만경일세. 차 마시고 나니 솔 처마에는 달 걸려 있고, 경 읽는 것 한참인데 바람 부는 탑에 쇠잔한 종소리 들리네. 흐르는 시냇물 응당 옥띠 띤 손을 웃으리. 씻으려도 씻을 수 없는 이 티끌 속 발자취로다" 하였다.

구지면 고봉동은 지대가 높으므로 고봉이라 불렀는데, 고봉동에 있는 큰 골짜기인 동꾸리는 옛날에 큰 부자가 돈을 파묻었다는 곳이다. 고봉 뒤에 있는 애바다라는 들판은 지대가 높아 물이 귀해서 모내기를 할 적마다 애를 먹는다고 해서 지어진 이름이다.

내동에는 서답바우가 있는데, 이 바위에서 옷가지를 팔았다고 하며, 안모정 앞에 있는 장동은 소나무 숲이 울창하므로 숲실이라고 불렀는데, 낙락장송의 이름을 따서 장동이라고 바꿔 불렀다.

제일강정第一江亭은 구지면 내리에 있는 정자로 연산군 때 김굉필, 정여창이 무오사화로 화를 당하여 이곳에 내려와 시를 읊고 풍류를 즐기면서 제일강산이라 하였으므로, 후대 사람들이 그들을 기려 지은 정자라고 한다.

낙동강 가에 큰 바위가 있어 대방우 또는 대암이라 부른 대바우는 낙동강 가운데 우뚝 솟아 있다. 대臺처럼 평평하여 그 위에 100여 명이 앉을 만한데 중종中宗 때 이상二相 이장곤李長坤이 이곳에서 놀았다고 하고, 대바우에서 고령군 우곡면牛谷面 포동蒲洞으로 건너가는 낙동강의 나루터가 대바우나루였다. 대암리 신당마을 입구에서 낮은 고개를 돌아가면 '상승불패'라고 씌어진 비석

뒤편에 임진왜란 때의 의병장 곽재우의 묘소가 있다. 상승불패라는 비석은 적과 싸울 때마다 이겼던 곽재우 장군의 전공을 기리기 위해 이 지역의 군부대에서 세운 것이라고 한다. 신댕이 북쪽에 위치한 곽재우의 묘에는 망우당 곽재우와 그의 부친, 조부, 증조부, 사위, 아들들의 묘가 있는데 묘마다 비석이 서 있다.

곽재우의 묘 붉은 옷을 입고 선두에서 많은 왜군을 무찔러 홍의장군이라고 불린 곽재우는 1592년 5월에 왜병을 맞아 대승을 거두었다.

　달성군 구지면 낙동강 변에 위치한 도동리에는 김굉필을 모신 도동서원道東書院이 있다.

　조선 전기의 문신 김굉필은 1454년(단종 2) 조부 때부터 살아오던 정흥동에서 태어났다. 어린 시절 호방하고 거리낌이 없었던 그는 저잣거리를 돌아다니면서 사람들을 매로 치는 일이 많아 그를 보면 모두 피하였다고 한다. 그러나 점차 나이 들면서 학문에 힘썼다. 김종직金宗直의 문하에 들어가 『소학』을 배우기 시작한 그는 이때부터 『소학』에 심취하여 스스로 자신을 '소학동자'라 일컬었다. "글을 읽어도 아직 천기를 알지 못하였더니, 소학 속에서 지난날의 잘못을 깨달았네. 이제부터는 마음을 다하여 자식 구실을 하려 하노니, 어찌 구구히 가볍고 따스한 가죽

옷과 살찐 말을 부러워하리오"라고 술회하였다. 평생토록 『소학』을 공부하고 모든 처신을 그것에 따라 행하여 『소학』의 화신이라는 평을 들었던 그는 나이 서른이 넘은 뒤에야 다른 책을 접하였고 육경六經을 섭렵하였다.

1480년(성종 11)에 생원시에 합격한 그는 성균관에 입학하였고 1494년 경상도 관찰사 이극균李克均에 의해 이학理學에 밝고 지조가 굳다는 이유로 유일지사遺逸之士로 천거되어 나부참봉에 제수되면서 전생서참봉, 북부주부 등을 거쳐 1496년(연산군 2)에 군자감주부에 제수되었으며, 곧 사헌부감찰을 거쳐 이듬해에는 형조좌랑이 되었다.

1498년(연산군 4) 무오사화가 일어나자 김종직의 문도로서 붕당을 만

도동서원 1605년에 창건된 도동서원은 김굉필과 정구 등을 배향하고 있다.

들었다는 죄목으로 장杖 80대와 원방부처遠方付處의 형을 받고 평안도 희천에 유배되었고 2년 뒤 순천으로 이배되었다. 그는 유배지에서도 학문 연구와 후진 교육에 힘썼는데, 희천에서는 조광조趙光祖를 제자로 받아들여 학문을 전수하여 우리나라 유학사의 맥을 잇는 계기를 마련하였다. 1504년(연산군 10) 갑자사화가 일어나자, 무오당인이라는 죄목으로 김굉필은 극형에 처해졌다. 중종반정 뒤 연산군 때 피화된 인물들의 신원이 이루어짐에 따라 도승지에 추증되었고 자손은 관직에 등용되는 혜택을 받았다.

그 뒤 사림파의 개혁정치가 추진되면서 성리학의 기반 구축과 인재 양성에 끼친 업적이 재평가됨에 따라 그의 존재는 크게 부각되었다. 그것은 조광조를 비롯한 제자들의 정치적 성장에 힘입은 바 컸다.

당시의 이 같은 정치적 분위기의 변화에도 불구하고 그 뒤 그를 받드는 성균관 유생들의 문묘종사文廟從祀의 건의가 계속되어 1577년(선조 10)에는 문경이라는 시호가 내려졌고, 1610년(광해군 2)에는 대간과 성균관 및 각 도 유생들의 지속적인 상소에 따라 정여창鄭汝昌, 이언적李彦迪, 이황李滉과 함께 오현五賢으로 문묘에 종사되었다.

그는 학문적으로 정몽주鄭夢周, 길재吉再, 김숙자金叔滋, 김종직으로 이어지는 우리나라 유학사의 전통을 계승하였다. 그러나 김종직을 사사師事한 기간이 짧아 스승의 후광보다는 자신의 학문적 성과와 교육적 공적이 더 크게 평가되는 경향이 있다. 김굉필은 서홍의 화곡서원花谷書院, 희천의 상현서원象賢書院, 순천의 옥천서원玉川書院, 현풍의 도동서원道東書院 등에 제향되었고 저서로는 『경현록』『한훤당집』『가범家範』 등이 있다.

1605년(선조 38)에 창건한 도동서원은 두 해 뒤에 도동으로 사액賜額되었고, 1677년(숙종 3)에 한강 정구를 배향하였으며, 1894년(고종 31)에 별사別祠를 세우고 곽승화, 원개, 배신, 곽율을 추배하였다.

도동서원 앞에는 가진면 구곡리로 건너는 도동나루가 있고, 마을 뒤 절골에 있는 정수암淨水庵은 김굉필이 시묘한 것을 기려 후학들이 세운 절이라고 한다. 절골 뒤에는 동꿍샘이라는 우물이 있는데 가물 때나 장마 때나 한결같이 샘이 고여, 이 물을 마시면 속병이 낫는다고 한다.

예현동은 산속에 있기 때문에 어디로 가든 고개를 넘어야 하므로 이제 또는 예현이라 불렀고, 평촌동 신촌동 동쪽에 있는 삼거리마을은 현풍·구지·창녕군으로 통하는 세 갈래 길이 있었다.

논공면 남동의 쌍산역은 조선시대 성현도찰방에 딸린 역으로 현풍, 대구, 성주로 가는 길목이었다. 고래 아래쪽에 있는 무더미들은 예전에 낙동강 물이 넘어 들어왔다고 하며, 본리동 소부들 동북쪽에 있는 설터는 삼동에 눈을 헤치고 길을 닦았다는 고개이다. 삼리동의 씩눕이라고 부르는 승호承湖는 절벽으로 물이 매우 깊은데, 한국전쟁 때 북한군이 어두운 밤을 틈타 낙동강을 건너 이 늪을 지나가다가 1개 대대가 빠져 죽은 곳으로 제2의 낙동강이라 불린다.

달성군 유가면은 옛날 현풍군의 우만면 지역이다. 가태동의 큰 버텅은 잔돌배미 동쪽에 있는 산으로 나무꾼이 짐을 지고 오다가 쉬어가는 터라고 하며, 봉동 뒤쪽에 있는 필봉산은 고려 말에 신돈辛旽의 어머니 묘가 이 산에 있었는데, 신돈이 화를 당한 후 파내어 못을 만들었다고 한다.

현풍읍 대동리는 현풍 곽씨의 집성촌으로 윗말, 아랫말을 합쳐서 120여 호쯤이 살고 있다. 이 마을에서는 조선시대의 미덕인 충성, 효도, 절개로 이름을 날린 사람이 한 가문에서 열두 명이 나왔다 하여 그들을 기리는 '십이정려각'이 남아 있다. 정면 열두 칸, 옆면 두 칸에 팔작지붕인 이 집에 임진왜란과 정유재란 때 소래마을에 살았던 곽씨 문중에 얽힌 일화가 서려 있다.

임진왜란 때의 의병장 곽재우의 종형인 곽재훈은 네 아들과 함께 유가산 굴 속으로 피난을 갔다. 굴 속에서 병든 곽재훈이 기침을 하는 바람에 그들이 숨어 있는 것을 알아챈 왜병들이 잡으러 들어오려고 하자 네 아들이 차례로 왜병들을 막다가 목숨을 잃었다. 그 사실을 안 왜병들은 감동하여 곽재훈의 등에다 '네 효자의 아버지'라는 패찰을 달아주어 다른 왜병들이 그를 해치지 않았다고 한다.

또한 정유재란 때 안음현감으로 있던 이 마을 출신 곽준이 함양의 황석산성에서 전사하면서 두 아들에게 난을 피하라고 말하였다. 그러나 두 아들은 "아버지는 나라를 위해 죽는데 자식이 어찌 아버지를 위해 죽지 않겠습니까?" 하며 끝까지 아버지를 호위하다가 함께 목숨을 잃었다.

시아버지와 남편이 전사했다는 소식을 전해들은 큰며느리는 스스로 목숨을 끊어 남편의 뒤를 따랐고, 곽준의 딸도 아버지가 전사한 뒤 남편 유문호柳文虎도 따라 죽었다는 소식을 듣고 "아버지가 전사해도 죽지 못했던 것은 남편이 있었기 때문인데 이제 남편마저 전사했으니 어찌 내가 살겠는가?" 하고서 목을 매달아 죽고 말았다. 그 당시는 열녀 한 명만 나와도 상여 앞에서 덩실덩실 춤을 출 정도로 명예로 알았으니 그들을 기릴 만도 하였으리라. 이곳에는 열두 명의 정려(충신, 효자, 열녀 등에 대하여 그들이 살던 고을에 정문을 세워 기리는 일)에 세 명이 더 늘어 충신 한 명과 효자 여덟 명, 열녀 여섯 명이 모셔져 있다.

울산 울주 언양 — 항상 양지바른 고을
경남 함안 칠원 — 물이 거꾸로 흐르는 땅

6부

경상남도·울산광역시

울산 울주 언양 一장

항상 양지바른 고을

언양을 두고 권맹손權孟孫은 그의 시에서, "바람 머금은 붉은 작약은 뜰에 번득여 연약하고, 비에 젖은 새 연잎 물 위에 포개 있어 서늘하다" 하였고, 서거정은 "산 형세는 북녘으로 신라의 서라벌을 끼고 뻗어 있고, 물 형세는 동으로 울산 바다에 기울어져 흘러갔다"고 묘사하였다.

울산광역시 울주군 언양읍은 조선시대 이 지역에 있었던 현이다. 본래 신라의 거지화현居知火縣이었는데, 757년에 헌양현巘陽縣으로 고쳐서 양주군의 영현으로 하였다.

1018년(현종 9)에 울주의 속현이 되었다가 1143년에 감무를 두었으며 그 뒤 지금의 이름인 언양으로 고쳤다. 1413년(태종 13)에 감무를 현감으로 하였지만 1599년 울산에 병합되었다가 1612년(광해군 4)에 다시 현감을 두었다. 1895년에 동래부 소속의 언양군이 되었고 다음해에 경상남도에 속하였다가 1914년에 울산군에 편입되었다. 1962년 울산이 시로 승격될 때 울주군으로 바뀌어 언양면이 되었고 현재는 울산광역시 울주군 언양읍이다.

언양의 지명은 이곳이 항상 양지바른 곳이라는 데서 유래했다고 한다. 신라 때는 이곳이 경주를 방어하는 남부의 외곽지대로 취서산鷲樓山에는 옛 성이 있었고 북쪽의 은현隱峴이나 진현進峴(진고개)은 경주의 방어선 구실을 하였다. 조선시대에는 부로산夫老山 봉수가 양산의 원적산과 경주의 소산봉수에 연결되었다.

언양은 조선시대에 경주, 밀양, 울산, 자인, 양산 등지를 연결하는 도로가 발달했었다. 사적 제153호로 지정된 언양 읍성은 언양읍 서부리에 있는 토석혼축 읍성으로 현재 성곽의 일부가 남아 있다. 토성은 삼국시대에 축성된 것으로 보이며 둘레는 약 454미터, 높이는 약 2.4미터인데, 연산군 때 현감 이담룡李聃龍이 돌로 개축하여 확장하였다. 이때의 둘레는 약 928.5미터이고 높이는 약 3.9미터이며 성 안에 우물 네 개가 있었다.

이 성은 나라 안에서 드문 이른바 대륙식 사각형 축성법으로 쌓은 성으로 옛 축성법을 연구하는 데 귀한 자료가 되고 있다.

삼남면 교동리에 있는 언양향교는 언제 창건했는지는 분명하지 않으나 처음에는 반월산 아래에 있다가 현재의 자리로 옮겨졌고 다시 화장산 아래로 옮겼다가 이곳으로 이전하였는데 울산광역시 유형문화재 제8호로 지정되어 있다.

언양의 경계는 동으로 울산군蔚山郡의 경계까지 19리, 남으로 양산군 경계까지 21리이고, 서로 밀양부密陽府 경계까지 28리, 청도군淸道郡 경계까지 31리이며, 북으로 경주부慶州府 경계까지 13리이고, 서울까지의 거리는 847리이다.

『신증동국여지승람』「산천조」에 실린 글에는 "고헌산高幰山은 현의 북쪽 10리에 있으며, 진산이다. 취서산鷲栖山은 현의 남쪽으로 12리에 있으며, 대석산大石山이라고도 한다. 석남산石南山은 현의 서쪽으로 27리에 있다"고 기록되어 있고, 『신증동국여지승람』「인물」편에는 이 지역의 인물로 고려 때 사람인 김취려金就礪가 실려 있다. 그는 고려 고종 때의 인물로 뒷날 언양 김씨의 시조가 된 사람이다. 그는 거란족의 침입이 잦았던 당시 용맹이 뛰어난 장군으로 활약하였는데 벼슬이 문하시중에 이르렀다. 김취려는 사람됨이 절조가 있었고, 검소하고 정직하였으므로 사졸들이 조금도 범하지 못하였고 술이 있으면 곧 잔 하나를 가지고 맨 아랫사람에 이르기까지 함께 골고루 나누어 마셨다고 한다. 이곳 언양은 그가 어릴 때 놀던 곳으로, 손수 심은 소나무가 아직도 있으며, 그의 무덤은 언양면 송대리에 있다.

삼남면 가천리의 죽음술은 장재 서쪽에 있는 들로 옛날 이곳에 있는 바위 틈에서 술이 솟아났는데, 어느 중이 지나가다 마신 뒤 죽었다 해서 생겨난 이름이고, 교동리校洞里는 본래 언양군 중남면으로 언양향교가 있으므로 향교골 또는 교동이라 하였는데, 본래는 언양면 송대리 귀기동에 있던 것을 이곳으로 옮겼다.

갓사래는 언양향교 서쪽에 있는 논으로 이 논에서 나는 수확으로 향교에 딸린 갓을 보살피는 사람의 비용에 썼다고 하며, 단가매배미는 진밭사래 북쪽에 있는 논으로 불에 달군 가마처럼 물을 대면 곧 땅 속으로 스며든다고 한다.

정거장 남쪽에 있는 들인 마우들(마이들, 마위평)은 조선시대에 덕천역의 역마를 먹였던 곳이고, 수남 뒤쪽에 있는 산인 목천갓은 옛날에 역마를 관할하는 관청에 딸렸었다고 한다.

욕방우마우들은 서북쪽에 있는 바위로 보를 수축할 때 감독관이 이 바위에 올라 인부들을 감독하면서 사람들이 말을 잘 듣지 않자 욕을 했다고 해서 붙여진 이름인데 이 바위는 화순 운주사의 천불천탑을 세울 때 공사감독이 서 있었다는 바위와 비슷하다.

인내천방우는 작천정 동쪽에 있는 바위로 동학에서 추구했던 인내천 人乃天이라는 글씨가 새겨져 있고, 작괘천은 수남 서쪽에 있는 내로 큰 술잔과 흡사하여 마치 냇물에 술잔을 띄워놓은 것 같다고 하여 지어진 이름이다. 작천정酌川亭은 작괘천 가 너래반석 위에 있는 정자로 울주 고을 선비들이 계를 모아 이 정자를 짓고 놀았다고 하며 경치가 아름다워 관광지로 알려져 있다.

회사래는 언양향교 앞에 있는 논인데, 이 논에서 수확한 곡식을 팔아 향교의 건물 벽에 회칠하는 비용으로 썼다고 한다. 또한 둔기리屯基里는 원래 언양군 삼동면의 지역으로 예전에 진을 쳤던 곳이라 둔터 또는 둔기라 하였다. 중방 남쪽에 있는 골짜기인 운곡雲谷은 수원이 아주 좋아 하늘에 구름만 끼어도 개울 물이 불어난다는 곳이고, 삼남면 상천리의 불쌍골은 세발굼팅이 남쪽에 있는 골짜기로 불을 밝혀놓고 소원이 성취되기를 빌었다는 곳이다.

피골 북쪽에 있는 고개인 중의골재는 하출강에서 하잠리 왕방으로 넘어가는 고개로 스님들이 자주 넘어다녔다는 고개이고, 상북면 거리의 간창澗倉(澗蒼)은 하동 서북쪽에 있는 마을로 옛날에 큰 부자가 살면서 냇가에 창고를 세웠던 곳이라고 한다. 대문각단은 간창 남쪽에 있는 마을로 옛날에 오씨라는 부자가 이곳에 큰 대문을 지었다는 곳이고, 오도막고개는 대문각단 서쪽에서 이찬리로 넘어가는 고개이다.

안마을 북쪽에 있는 마을인 갠달(제월)은 동쪽 산이 낮아서 마을이 비 온 뒤 갠 날처럼 달이 잘 보인다는 곳이고, 길천리에서 가장 큰 마을인 이불(지화)은 신라 때 언양 고을인 거지화현이 있었다는 곳이다.

조거내샘은 오산 남쪽 들 가운데 있는 샘으로 땅 속에서 물이 솟아나는데 아무리 가물어도 줄지 않는다 하고, 석남고개는 석남사 앞에 있는 고개이다.

호거산의 운문사, 계룡산의 동학사와 함께 비구니 수행도량으로 이름이 높은 석남사石南寺는 울산광역시 울주군 상북면 덕현리 가지산 기슭에 자리 잡고 있으며 일주문에서 경내까지 걸어가는 길이 환상적일 만큼 아름답다. 이 절은 헌덕왕 16년인 824년에 우리나라에서 최초로 선禪을 도입한 도의선사道義禪師가 호국기도 도량으로 창건한 선찰이다. 창건 당시 화관보탑華觀寶塔의 빼어남과 각로자탑覺路慈塔의 아름다움이 영남 제일이라고 하여 석남사碩南寺라고 했다는 설과 가지산의 별명이 석안산碩眼山이라서 석안사라고 했다는 설도 있다. 임진왜란 때 전소된 것을 1674년 언양현감 강옹姜瓮의 시주로 중창하였고, 1803년에 중수하였으며 1912년에 다시 중수하였다. 한국전쟁 당시 크게 폐허화되었던 것을 1957년 비구니 인홍仁弘이 주지로 부임하면서 크게 중축하였고, 이때부터 비구니들의 수도처로 전국적으로 알려지기 시작했다. 이 절에는 항상 100여 명의 비구니들이 엄격한 계율을 준수하면서 수도에 정진하고 있다.

이 절에는 도의선사의 사리탑이라고 알려진 팔각원당형 부도가 보물

석남사 대웅전과 삼층석
탑 아늑하고 고적한 석남사
는 도의선사가 창건한 절로
비구니 수행도량으로 이름
이 높다.

제369호로 지정되어 있고, 울산광역시 유형문화재 제5호로 지정되어 있는 삼층석탑이 있다.

산전리 송락골(송락곡)은 산전 동북쪽에 있는 마을로 신라 때 부근에 영구사라는 절이 있었는데, 승려들이 송락을 쓰고 이곳에 왕래하였다는 곳이며, 주개는 주개듬이라고 불리는데, 이천대리 동북쪽에 있는 마을로 홍수 때 배를 정착시킨 곳이라 한다. 땅고개는 신리 동북쪽에서 언양면 다개리 굼딱으로 넘어가는 고개로 서낭당이 있었다.

상천배미(향천논)는 신시리비알 서쪽에 있는 논으로 언양 고을의 향청에 딸렸던 논이고, 천전리川前里는 본래 언양군 상남면의 지역으로 내(남천)가 앞에 흐르므로 내앞 또는 천전이라 하였다.

울주군 두동면 천전리의 대곡천에는 1억 5천만 년 전쯤에 지구에 번성했던 공룡들의 발자국 200여 개가 남아 있다. 대형 초식공룡인 울트라사우르스와 중형 초식공룡인 고성고사우르스, 육식공룡인 메갈로사우르스 등이 이리저리 배회한 흔적들이 그것이다.

한편 대곡천 건너편에는 선사시대 사람들의 자취가 남아 있는 바위로 천전리川前里 각석刻石이 있다. 천전리 각석은 일명 서석書石이라고도 불리는데, 비스듬히 기울어져 있는 바위 표면에 마름모나 동심원 같은 기하학적인 무늬와 사슴과 용 같은 동물과 물고기 등을 그렸는데 어느 때 누가 그렸는지 추정하기는 쉽지 않다.

현재 국보 제147호로 지정되어 있는 천전리암각화에는 525년(신라 법흥왕 12)에 사탁부沙喙劓의 갈문왕이 이곳에 행차하여 새겼다는 글이 남아 있고, 화랑도들이 다녀간 흔적도 남아 있다. 그곳에서 대곡천을 따라 2킬로미터쯤 내려가면 만나게 되는 절벽에 국보 제285호로 지정된 반구대암각화가 보인다. 신석기 시대 말기를 살았던 우리 선조들이 그린 사슴, 멧돼지 같은 육상동물과 고래, 사람 등 200여 점의 그림들이 남아 있다.

천전 북쪽에 있는 용화사龍華寺는 신라 미추왕 때 청안대사가 창건한 절로 이곳에 있는 미륵彌勒(천전석불)은 영험하다고 소문이 나 온 마을에서 정성으로 모시고 있다. 이 미륵에는 다음과 같은 얘기가 서려 있다. 옛날 장정의 출병 대신 군포軍布를 바치던 때 이 마을에서는 해당되는 장정이 없어 군포를 바쳐야만 했다. 그러나 가난한 마을인지라 많은 양의 군포를 조달할 방법이 없었다. 근심에 싸인 마을 사람들은 생각다못해 이 절의 미륵 앞에 절하고 "저 바위들이 모두 장정이라면 군포를 안

천전리 대곡천 공룡 발자국 1억 5천만 년 전쯤의 것으로 추정되는 공룡의 발자국 200여 개가 발견되었다.

바쳐도 되련만…… 부처님 도와주소서" 하며 기도를 드렸다. 이튿날 사람들이 다시 이곳에 와보니 놀랍게도 이 미륵의 어깨 위에 무명 옷감 수십 필이 걸려 있었다. 사람들은 이 무명으로 군포를 바치고 부역을 면하게 되었다. 그후 마을 사람들은 이 미륵석불에 지극한 정성을 드리게 되었다고 한다.

언양면彦陽面의 다개등 못 위쪽에 있는 죽도가리논은 어느 흉년에 죽한 그릇과 바꾸었다고 하며, 큰 골짜기에 자리 잡은 대곡리 서원마실에 반고서원盤皐書院이 있다. 고려 말의 충신으로 이곳에 귀양을 왔던 정몽주는 이곳의 경치에 반하여 정자를 짓고서 제자들과 학문을 닦았는데, 이 서원은 1712년(숙종 38)에 고을 선비들이 문충공文忠公 정몽주鄭夢周와 문원공文元公 이언적李彦迪, 그리고 문목공文穆公 정구鄭逑가 이곳에 머문 것을 추모하여 창건한 것이다.

반구산盤龜山은 서원마실 서쪽에 있는 산으로 거북이 엎드린 것처럼 생겼다고 하며 그 산 자락에 있는 반구대盤龜臺는 정몽주가 자주 들러 경관을 즐겼다 하여 포은대라고도 불린다. 대곡 동북쪽에 있는 골짜기인 백달골(백계동)에 명당자리가 있는데, 깊이 파지 말고 묻으라는 지관의 말을 듣지 않고 깊이 파보니 물과 함께 흰 닭이 나와 날아갔다고 한다.

언양 읍내 동쪽이어서 동부리라 이름 지은 이곳에 객사 터가 남아 있고, 객사 터 서쪽에는 옛 언양 고을의 군기고인 군기고軍器庫 터가 있다.

남문거리南門巨里는 남문 터 근처에 있는 들이고, 동부 남쪽에 있는 마을은 남밖(남문밖, 남문외)이라고 하는데, 언양 읍성의 남문 밖이며, 돈밖고개는 돈돌매기 북쪽 언양 읍성의 동문 밖에 있는 고개로 언양에서 경주시로 가는 고개이고, 동부 동쪽에서 돈밖고개로 넘어가는 고개인 돈돌매기는 지형이 돌아앉아 있는 것 같다고 한다.

동문거리同門巨里는 동문 터 근처에 있는 들이고, 언양초등학교 자리에는 언양 고을의 동헌 터가 남아 있다.

동부 북쪽에 있는 언양읍성은 처음에 흙으로 쌓았다가, 1500년(연산군 6)에 현감 이담룡李聃龍이 돌로 높이 약 3.9미터, 둘레 약 928.5미터의 성을 쌓았는데, 그 뒤 오래되어 헐리고 지금은 높이 3미터, 길이 10미터 가량만이 남아 있다.

동부리 320번지에 있는 옥 터는 옛날 언양 고을의 감옥 터이며 옥 터 앞에 있는 샘인 옥새미는 바위틈에서 새어나오는 물로 가뭄에도 줄지 않으며 물맛이 좋다고 한다. 정다리(정등래)는 황다리 동쪽에 있는 다리로 옛 언양 고을에 새로 부임해온 현감 정씨가 아전들의 세력을 꺾기 위해 아전들이 놓은 황다리를 헐고 그 밑에 새로 놓았다고 하며, 고하 서북쪽에 있는 마을은 옥이 났었다는 옥동玉洞(지경)으로 옛날에 경주군과 언양면의 경계가 되었던 곳이다.

고하 동남쪽 산모퉁이에 있는 원집 터인 평천원平川院 터는 조선시대에 평천원이 있었던 곳이고, 박천리 배락쏘는 살쑤 동쪽에 있는 소로 물살이 세서 산 밑을 들이받는 물소리가 벼락치는 소리처럼 들린다고 한다.

서부리 선바께(선박들)는 방천미가 북쪽에 있는 마을로 언양 읍성의 서문 밖이고, 송대리의 번깃거랑은 등골 앞으로 흐르는 작은 내로 비가 조금만 내려도 번개처럼 물이 내려간다고 한다. 한편 능골 앞에 있는 다섯 마지기 논인 낙답은 비가 조금만 와도 물에 떠내려가는 논이다.

염천廉泉은 화장굴 앞에 있는 샘으로 바위 틈에서 맑고 깨끗한 물이 솟아나오는데, 매우 영험하다고 알려져 많은 사람들이 이곳으로 기도하러 온다. 그런데 재미난 것은 불결한 사람이 오면 물이 갑자기 탁해지고 구더기가 나오며, 물을 더럽히면 물이 나오지 않는다고 한다.

화장암化藏庵 터는 화장굴 서쪽에 있는 암자 터로 화장암은 신라 때 도화桃花라는 여승이 세웠다는 절이다. 그 무렵 임금이 눈병으로 고생하던 중, 여러 약을 썼으나 효력이 없어 점쟁이에게 물으니 복숭아꽃이 좋다는 말을 듣고 추운 겨울철에 명을 내려 구하도록 하였다. 신하들이 이곳 언양 고을에 이르자 맞은편 산에 복숭아꽃이 활짝 피어 있기에 쫓아가 보니 여승 도화의 모습이었다. 그래서 데리고 궁전에 돌아오니 임금이 기뻐하고 눈병도 나았다는 이야기가 전한다.

어음리於音里는 본래 언양군 삽북면의 지역으로서 지형이 널처럼 생겼으므로 너리미, 나리미 또는 어음이라 하였고, 어음상리에 있는 보통원普通院 터는 조선시대에 보통원이 있었던 곳이다.

중두리 서쪽에 있는 불썬방우는 불을 밝히고 소원이 성취되기를 빌었다는 바위이고, 어음리 아래쪽에 있는 마을인 어음하리於音下里는 옛날에 재상의 관사가 연이어 있었다는 곳이다.

요도蓼島는 조산배기 서쪽에 있는 들로 양쪽으로 냇물이 흘러 섬처럼 되었고, 추성못(추성지)은 고등골 서쪽에 있는 못으로 옛날에 역적으로 몰려 죽은 추씨秋氏의 집 자리를 파서 만들었다고 한다.

언양의 풍광에 대해 홍여방洪汝方은 그의 시에서, "소나무, 대나무가 가리고 비쳐서 천집을 숨겼고, 산과 물이 서리고 돌아서 한 시골을 만들었다"라고 읊었고, 이지명李知命은, "성에 가깝게 산과 산이 높으니 저녁

노을이 많고, 처마에 이웃하여 나무가 빽빽하니 가을 맞이 나도다"라고
묘사하였다.

　현재 경부고속도로가 지나는 길목에 자리 잡은 언양은 새롭게 발전을
모색하고 있다.

漆原

경남 함안 칠원 二장

물이 거꾸로 흐르는 땅

『신증동국여지승람』에는 함안의 경양대에 대해 다음과 같은 글이 실려 있다.

우질포 칠원에서 30리쯤 떨어진 곳에 있는 우질포는 아름다운 경양대가 있어 유명하다.

경양대景釀臺는 우질포 서쪽 벼랑에 우뚝한 바위로 그 위는 평탄하여 손바닥 같은데, 10여 명이 앉을 만하다. 고려 이인로李仁老가 일찍이 여기에서 놀이하였다. 이첨이 이곳 경양대를 두고, "강 위에 가을 경이 맑고 그윽한데, 원융이 한가한 날에 배를 띄웠다. 물은 쪽빛이고, 모래는 눈 같으며, 산은 병풍이며, 물은 기름 같다. 석벽은 아침 저녁 물결에 깎이고, 피리소리는 고름의 시름을 깨뜨린다. 이 중에 네 가지 일이 모두 다 흠 없으니, 흠뻑 취하여 촛불 잡고 논들 어떠리" 하였다.

경남 함안 칠원 **287**

함안 땅을 일컬어 예로부터 '물이 거꾸로 흐르는 땅' 이라고 하였다. 우리나라 지형이 대체로 북쪽이 높고 남쪽이 낮은 데 비해 함안 땅은 남쪽이 높고 북쪽이 낮아 물줄기가 모두 남강이 있는 서북쪽으로 흐르기 때문에 나온 말이다. 그래서 고려 때에 함안은 임금이 거주하는 북쪽으로 거슬러 올라가는 배역의 땅이라 하여 홀대를 받기도 했다.

이 함안에 있는 칠원은 경상남도 함안 지역에 있던 조선시대의 현으로 본래 신라 칠토현漆吐縣이었다. 경덕왕이 칠제라 고쳐서 의안군(현재의 창원)의 속현으로 만들었고, 고려 초기에 지금 명칭으로 고쳤으며, 1018년(고려 현종 9)에 김해부金海府에 예속시켰다. 공양왕이 감무를 두었는데, 조선 초기에 현감으로 고쳤다. 그 뒤 1592년(선조 25)에 잠시 창원부에 예속시켰다가 1617년(광해군 9)에 현으로 복구시켰다. 1895년에 진주부 관할의 칠원군이 되었고, 그 다음해 13도제 실시 때 경상남도에 속하게 되었다. 1914년 행정구역을 개편하면서 칠원, 칠서, 칠북으로 나뉘게 되었다.

『신증동국여지승람』에 실린 칠원군의 경계는 동쪽으로 창원부 경계까지 11리, 서쪽으로 함양군 경계까지 8리, 남쪽으로 창원부 경계까지 8리, 북쪽으로 영산현靈山縣 경계까지 23리이고, 서울과의 거리는 828리이다.

『신증동국여지승람』에는 이 지역의 풍속은 "습속이 검소하고 솔직하다"고 기록되어 있다. 칠원의 진산은 현 동쪽 2리에 있던 청룡산靑龍山이다. 무릉산武陵山은 현 북쪽 10리 지점에 있고 청량산淸凉山은 귀산현 동쪽 2리 지점에 있는데, 예전 귀산현의 진산이다. 적현赤縣은 귀산현 북쪽 9리 지점에 있으며 창원부의 경계이다.

여음포餘音浦는 귀산현에 있다. 멸포蔑浦는 일명 매포買浦로, 현 북쪽 30리 지점에 있는데, 곧 우질포 하류이다. 이곳 언덕 위 누각에는 이첨의 시가 새겨져 있다.

긴 강줄기 동쪽을 향해 흐르는데, 들은 넓고 산은 열려 하늘 끝까지로다. 배와 상앗대는 몇 해나 사람을 건너주었는가. 풍진 만리길에 객은 누에 올랐도다. 연기는 두자의 진회 밤달이 서리듯 하였고, 달은 동파의 적벽 가을과 같이 작다. 갈림길이 남쪽으로 큰 진에 통했는데, 나그네의 말이 매양 여기에 와서 머문다.

창인역昌仁驛은 현 서쪽 7리 지점에 있다. 영포역靈浦驛은 현 북쪽 21리 지점에 있다. 혜민원惠民院은 현 서쪽 2리 지점에 있다. 멸포원蔑浦院은 멸포 언덕에 있다.

칠원에서 칠원민란이 일어난 것은 1868년이다. 칠원현감 조현택趙顯宅의 탐학에 항거하여 일어난 이 난의 주동자는 황상기黃上基, 이도여李道汝, 전홍이全弘伊였다. 이들은 통문을 돌려 민중을 규합하였고, 객사에서 회곡會哭하고 현감을 축출하였으며, 감옥을 파괴하였다. 그런데 황상기 등 민란의 주모자는 난을 일으키기 전 여러 차례에 걸쳐 감영에 호소하였으며, 여기에는 일반 민중뿐만 아니라 하리 3명도 가담하였다. 주모자의 한 사람인 이도여는 몇 년 전 민란의 누망淚網 죄인이었다고 하는데, 그 민란이 어떤 민란을 가리키는지는 확실하지 않다.

한편, 정부에서는 행부호군 조창영趙昌永을 칠원현감 겸 안핵사로 파견하여 사태를 수습하게 하였다. 결국 황상기, 이도여, 전홍이 등은 효수되고, 그밖에 다수의 민란 참여자가 유배 등의 형을 받았다. 그리고 민란의 원인을 제공한 현감 조현택은 경상감사로부터 파면되었다가 의금부에서 조사를 받고 강진현으로 유배되었다. 이 민란에 무근동과 구산면에서는 한 사람도 가담하지 않았는데, 무근동은 주세붕의 후예가 많이 사는 곳이었다. 이로 인하여 무근동의 주희상周熙商은 관리에 임용되었다.

칠서면 회산리 신산 서북쪽에 있는 당리밧골은 옛날에 어떤 도사가 집을 짓고 살았다는 곳이고, 신산 저수지 서쪽에 있는 산인 단봉재 먼당은 가팔라서 오르기가 매우 힘들며, 진동나루터는 칠서면과 창녕군 남지읍을 잇는 나루터이다. 천계리의 서북쪽에 있는 창동마을은 옛날에 창고가 있었던 곳이고 천계 서쪽에서 대티리로 넘어가는 고개가 함안고개이다. 이룡리의 송진나루는 창녕군 도천면으로 건너가는 나루이고, 역시 용동 서북쪽에서 창녕군 도천면으로 건너가는 나루는 요강나루이다.

용성리의 갈마정은 새애땜 북쪽에 있는 마을로 이 고을 원님이 말을 타고 지나가다가 물을 먹인 곳이라 하고, 용성리 동쪽에는 갈만잇등대가 있었다. 대티리는 한티고개 밑이라 대티리 또는 한티라고 불렀다. 질넘기 마을은 대티 동북쪽에 있는 마을로 고개의 길목이 되고, 질넘기 서쪽에 있던 학구새미는 학구(상자) 모양의 샘으로 옛날에 화적들이 먹었다는 샘이다. 무릉리에는 주자의 영정을 모신 무산서당이 있고, 고등산 정상에 있는 고등산 못은 임진왜란 때 군사들의 식수로 사용한 연못으로, 아무리 가물어도 마르지 않는다고 한다. 무릉 서쪽에 있는 들은 광대가 놀았다고 해서 광대廣大라고 부른다.

칠서면의 계내리 작은 목곡 남쪽에 있는 등성이인 석장등에 명종 때 유학자인 신재 주세붕의 아버지 묘와 주세붕의 묘소가 있으며, 칠서면 무릉리 주세붕의 생가 터에는 주세붕을 모신 무산사武山祠(경남 유형문화재 제143호)가 있다. 이곳에 사당이 세워진 것은 선조 24년인 1591년으로 사림에서 칠원면에 동림서원을 세워 봉향하다가 임진왜란으로 소실되자 1676년 그의 후손들이 이를 재건하여 덕연서원이 되었고, 고종 때 이 서원이 철폐되자 그의 영정을 종가 사당에 옮겨 모셨다. 그후 1919년에 지방 사림의 중지를 모아 사당 옆에 영각을 세워 영정을 봉안하고, 그 옆에 후학들이 글공부와 예절을 익히는 서당을 세워 무산서당이라고 하였는데 한국전쟁 때 소실되었다. 그 뒤에 복구한 것이 지금의 건물로 무산사라는 이름을 짓고, 사당인 무릉사, 영정을 봉안한 광풍각 그리고 장판각도 경내에 함께 봉안하였다.

칠북면 봉촌리의 거정나루는 거정에서 창녕군으로 건너가는 나루이고, 광심정廣心亭은 봉천리 북쪽 낙동강변에 자리 잡은 정자이다.

칠북면 영동리에는 천연기념물 제319호로 지정되어 있는 회화나무가 있는데, 이 나무는 사람들이 이 마을을 지켜준다고 믿는 당산목으로 광주光州 안씨安氏의 17대조가 이 마을에 정착하면서 심은 나무라고 한다. 높이 26미터, 둘레 5.8미터로 지상 4미터에서부터 가지가 갈라져서 동서로 22.36미터, 남북으로 23미터쯤 퍼졌다. 이 나무의 지면부 뿌리에서 흘러나오는 수액을 먹으면 속병이 치료된다는 이야기가 있을 만큼 영험한 나무로 여겨져 예전에는 음력 10월 초하루에 돼지를 잡아놓고 제사를 지냈다.

밀깨에서 창녕군으로 건너가는 나루가 밀포나루이고, 봉촌 동쪽에 있는 칠원말은 옛날 칠원에 속했던 마을이다. 운곡리에서 창원 북면 감계

무기연당 이인좌의 난을 평정하는 데 공을 세운 주재성의 공을 기리기 위해 관군들이 원대 복귀하는 길에
연못을 만들고 돌을 쌓아 만든 것으로 조선 후기 정원문화 연구에 좋은 자료가 되고 있다.

리 내감으로 넘어가는 고개가 내감재이고, 칠곡 남서쪽에 있는 골짜기인 장수방골은 옛날에 장수가 났다는 곳이다.

칠원 현청이 있어서 현상리면이라 부른 칠원면 구성리 남쪽에 있는 골짜기인 마구실은 지형이 범이 쪼그리고 앉아 있는 모양이라고 하며, 구성이동산 위에는 서낭당 터가 있다. 옛날 이 앞을 지날 때는 반드시 타고 가던 말에서 내려 경의를 표했다. 그러지 않으면 말굽이 땅에 붙어 떨어지지 않았다고 한다.

용산리의 돌촌은 돌아돌 또는 석동으로 불리는데, 석씨들이 많이 살았다고 한다. 또한 '코스모스 다방' 이라는 별칭이 붙은 용산 서쪽에 있는 외딴 산은 청춘남녀들이 산책하는 놀이터로 코스모스가 아름답게 피어 있는 곳이다. 용산리에는 '함안새발자국' 이라는 이름의 새발자국 화석이 있는데 천연기념물 제222호로 지정되어 있다. 장암리에서 신안면 신산리로 넘어가는 고개가 뽕나무재이고, 장암리 서쪽에 있는 마을인 질매재에서 산인면 운곡리로 넘어가는 고개가 질매재이다. 칠서면 용성리 진동마을에 있는 경승지인 경양대는 낙동강변의 벼랑 위에 있는 경승지이다. 바위 위가 넓고 평탄하여 강변의 풍치를 한눈에 즐길 수 있는 이곳은 현재 마산 국도에서 떨어져 있지만 옛날에는 영남의 주요 교통로에 근접한 곳이었다.

칠원면 무기리에 조선 후기의 연못인 함안咸安 무기연당舞沂蓮塘이 있다. 중요민속자료 제208호로 지정되어 있는 이 연당은 주재성周宰成의 생가에 자리 잡고 있다. 그는 1728년(영조 4) 이인좌李麟左가 반란을 일으켜 호남으로 진출을 기도하고 있을 때 이에 분연히 맞서 함안 일대의 의병을 모집하여 창의倡義의 깃발을 들었던 사람이다. 그가 의병을 이끌고 분치령分峙嶺을 넘어가니 김해진金海鎭의 관병이 합세하였고, 이인좌의 군은 감히 진출하지 못하고 물러섰다가 자멸하여 난이 평정되었다. 그는 의병을 처음부터 도모한 사람은 물론이고 관군에게도 사재를 털어 나누어주었으므로 사람들의 칭송이 자자하였다. 나라에서는 그의 공로를 치하하여 양무원종훈일등공신揚武原從勳一等功臣에 서敍하였고 출사를 종용하였으나 끝내 관료에는 나서지 않았다. 그 뒤 영조 때에도 높은 벼슬을 추서받았다.

이 연당은 이인좌의 난이 평정된 뒤에 원대 복귀하던 관군들에 의해 만들어졌는데, 그들은 복귀하는 길에 주씨周氏의 향리에 모여 마을 입구에 사적비를 세우고 서당 앞 넓은 마당에 연못을 파고 연못 가운데 섬을 만들어 봉래산의 모양을 본떠 석가산石假山을 쌓아놓았다. 이후 주재성이 이 연못의 이름을 국담菊潭이라 부르고 석가산을 쌓은 당주塘洲를 양심대養心臺라고 지었다. 또 담장을 쌓고 일각문을 내어 그 문을 영귀문詠歸門이라 하였는데 그것은 주재성의 은혜에 보답하려는 병사들의 마음이었다. 그후로 주재성은 자호를 국담이라고 짓고 서당에서 학문을 연마하면서 유유자적한 생활을 영위하였다.

또한 연당의 지반池畔에 정자와 누樓를 지었고 충효사도 지었다. 동쪽에 있는 하환정何換亭은 정면 2칸, 측면 2칸이며, 연당 쪽으로 난간을 설치하였다. 풍욕루風浴樓는 댓돌을 높이 쌓고 앞·뒤퇴가 없는 3칸으로 만들어졌으며, 홑처마에 팔작지붕이다. 이들은 모두 후대에 지어진 것들이다. 이 연당은 비교적 원형을 잘 간직하고 있는 조선 후기 연못의 실례로 정원문화 연구에 좋은 자료가 되고 있다.

솟을삼문이 붉디붉은 정려로 장식되어 있는 '주씨고가周氏古家'는 경상남도 민속자료 제10호로 지정되어 있으며 주재성의 생가이자 주씨의 종가이다. 정면이 5칸인 이 집은 이곳에 사는 사람들이 편리하게 집을 개수하는 바람에 그 원형을 상실하고 말았다.

이 고장이 낳은 인물로 고려의 정치가 윤환尹桓을 들 수 있다. 군부판서軍簿判書를 지낸 윤수尹秀의 손자로 1328년(고려 충숙왕 15)에 호군으로 원나라에 가서 모시와 종이를 바쳤다. 여러 임금을 섬기며 부침이 심했던 윤환은 1371년(고려 공민왕 20)에 신돈이 제거된 뒤 문하시중에 임명되었고 칠원백漆原伯으로 봉함을 받았다. 그는 본래 무인으로 다섯 조정을 내리 섬기며 세 번이나 수상을 지냈으며 가세가 큰 부자였다. 일찍이 칠원으로 돌아가기를 청하여 유동에 살았다. 어느 해에 마을에 큰 흉년이 들자 그는 자기 재물을 흩어서 구제하고 가난한 백성이 꾸어간 재물에 대한 문서를 모두 불살라 버렸다. 그때 한창 가물었는데도 그의 밭에서 갑자기 물이 솟아나서 남의 밭에까지 젖어들어 큰 풍년이 들었다. 이에 경상도 백성들이 그를 칭송해마지 않았다고 한다.

고려 때의 정치가 윤환과 조선 중기의 유학자 주세붕, 그리고 무기연당을 만든 주재성 등 역사적인 인물들이 살다간 칠원 땅은 동북쪽으로 흐르는 낙동강이 든든한 버팀목으로 지켜보는 가운데 발전을 거듭하고 있다.

전북 고창 흥덕 — 바다 곁의 큰 고을은 푸른 산봉우리와 마주하고

전북 김제 금구 — 호남 사경 중 하나인 모악산이 있는 미륵신앙의 본고장

전북 남원 운봉 — 실상사와 황산대첩비로 이름난 지리산 자락의 고을

전북 진안 용담 — 푸른 용담댐에 잠긴 아름다운 강변 고을

7부

전라북도

興德

전북 고창 흥덕 —
장

바다 곁의 큰 고을은 푸른 산봉우리와 마주하고

지금은 고창군에 딸린 하나의 면인 흥덕현의 객관 서쪽에 있던 배풍헌培風軒에서 정창손鄭昌孫은 다음과 같은 시를 남겼다.

질마재 한국의 대표적인 시인 미당 서정주가 태어난 질마재마을은 서정주에게 문학적 정서의 모태가 되었다.

바다 곁의 큰 고을은 푸른 산봉우리와 마주하고 있고, 구름 찌를 듯한 누대는 우뚝하게 바람을 임하네. 외로운 배는 사양 밖에 보였다 안 보였다 하고, 먼 산구멍은 구름 속에 아물아물한다. 한밤에 나팔소리 달 그림자 흔들고, 한 난간의 꽃 빛은 봄 경치 곱게 하네. 바다는 큰 물결 몰아가서 고요한데, 물 넓고 하늘 걸어 보는 눈이 통한다.

정창손이 노래한 흥덕은 전라북도 고창군 흥덕면 지역에 있던 조선시대의 현으로 본래 백제의 상칠현上柒縣이었다. 신라의 경덕왕이 상질尙

質로 고쳐 고부군에 붙였고, 고려에서는 그대로 두었다가 후에 장덕현章德縣(장은 창으로도 쓴다)으로 고쳐 감무를 두어 고창현을 편입시켰다. 1298년 충선왕이 즉위하면서 왕의 이름과 음이 같다고 하여 지금의 이름인 흥덕으로 고쳤다. 1392년(태조 1)에 다시 나누었고 후에 예에 따라 현감으로 만들었다. 1896년(고종 33)에 전주부에 속한 흥덕군이 되었고 이듬해 전라남도에 속하였으나 1906년에 전라북도에 이속되었다. 1914년에 고창군에 편입되었는데 흥덕, 성내, 신림, 부안면이 그 관할이었다.

흥성동헌 흥성동헌은 한 때 보건진료소로 쓰이다가 현재 전라북도 유형문화재 제77호로 보존되고 있다.

조선시대에는 서해안 지역에 자리 잡고 있어 사진포沙津浦, 선운포禪雲浦 등의 포구가 있었다. 선운포는 현의 서쪽 20리, 사진포는 현의 서쪽 6리에 있었고, 장삿배가 정박하는 곳이었다. 특히 사진포에는 해창이 있어 이곳의 세곡을 모아 황해로 보냈고 흥덕현의 서쪽 바다에 있는 죽도까지는 물길로 7리에 이르렀다.

현의 치소는 배풍치陪風峙 위 성내에 있었는데, 정유재란 후 성의 남문 밖으로 옮겼다. 해변의 염창은 소금을 모으는 곳이었고, 백제 때 만들었다는 눌제호訥堤湖는 이 지역에 관개용수를 공급하였다. 임진왜란과 정유재란 당시 채홍국蔡弘國이 이끄는 의병이 이곳에서 왜적과 싸우다 순국했다는 기록이 남아 있다.

흥덕 읍내가 되므로 현내면 지역이었던 흥덕객사는 조선시대의 이름인 흥성을 따라 최근 흥성동헌으로 명칭이 바뀌었다. 한때 보건진료소로 쓰였던 이 건물은 좌우에 익사가 없는 전면 5칸, 측면 3칸의 민도리홑처마 팔작지붕 건물로 지금은 깨끗하게 보수되어 전라북도 유형문화재 제77호로 보존되고 있다. 바로 그 앞 삼거리가 새로운 길이 뚫리기 전만 해도 줄포에서 흥덕을 거쳐 목포까지 이어지는 23번 국도를 지나는 버스정류장이었다는데, 지금은 그저 좁은 골목일 뿐이다. 또한 흥덕중학교 자리에 흥덕현의 관아 건물이 들어서 있었다지만 어디에도 그 자취는 남아 있지 않고, 학교 건물만 덩그러니 한겨울을 견디고 있다. 동헌터 안에 있는 마을은 조선시대에 흥덕현의 관아 앞 홍살문이 있어서 홍살거리라고 불렀는데, 지금은 그 홍살문도 보이지 않는다.

동헌터 동쪽에는 흥덕현의 바깥문 위에 지어진 문루가 있었고, 흥덕 동쪽에 있는 큰우물거리는 부안 고창향교 쪽으로 가는 갈래 길 옆에 있는 마을이었다. 큰우물거리 남동쪽에는 예전에 대나무 숲이 우거졌다는 대산모롱이가 있다.

신림면 가평리에 있는 방장산方丈山은 흥덕현의 남쪽 15리에 있던 산으로 높이가 734미터이고 남동쪽으로 방문산과 연결되어 전라남도 장성군으로 이어진다. 『신증동국여지승람』에는 반등산半嶝山으로 실려 있고, 산의 서북쪽에는 군내에 유일한 폭포인 용추가 있다. 전설에 따르면 매년 달 밝은 10월 보름이면 하늘에 사는 선녀들이 내려와 풍류를 읊으며 놀고 못에서 목욕을 하였으며, 비가 내리지 않을 때 기우제를 지내면 비를 내려주었다.

『신증동국여지승람』에 실린 흥덕의 경계는 동으로 고부군 경계에 이르기까지 16리, 북으로 고부군 경계에 이르기까지 13리, 남으로 고창현의 경계에 이르기까지 14리이고 서울과의 거리는 626리이다.

『신증동국여지승람』「산천조」에 따르면 화시산은 현의 서쪽 10리에 있었고 소요산逍遙山은 현의 서쪽 15리에 있었다는데, 그 소요산에서 근현대사에 이름을 날린 여러 사람이 태어났다.

소요산 동쪽 기슭에 위치한 소요사는 백제 위덕왕 때 소요대사가 창건했다고 한다. 신라 말의 스님이었던 도선이 도를 깨친 다음 수도 행각을 할 때 머물렀다고 하고, 우리나라에서 가장 빼어난 사천왕상의 하나인 영광 불갑사에 있는 사천왕상이 원래는 소요사에 있었다고도 한다. 이름난 스님을 여러 명 배출한 것으로 알려진 이 절은 정유재란 때 불타 요사채만 남았고, 광해군 때 중창한 대웅전이 한국전쟁으로 소실되어 이름난 절의 면모를 찾을 길이 없다. 다만 화려한 절의 내력 때문인지 이 절에 불공을 드리려는 사람들의 발길이 지금도 끊이지 않는다.

전설에 따르면 고려 말에 소요산 자락에는 8만여 개의 암자가 있었다. 그 많은 암자의 수도승 중에 응용대사라는 스님이 있었는데, 불도에 통달하였고 풍수에도 조예가 깊어 명당을 잘 찾아낸다는 소문이 자자했다. 대사를 따르는 제자들과 명당을 잡아달라는 주민들의 요구가 갈수록 늘어나자 못 견딘 응용대사는 소요산 깊은 산중에 몸을 숨겨버렸다. 그럴수록 대사를 찾는 사람들이 골짜기마다 줄을 이었다.

어느 날 응용대사는 일찍 일어나 불을 피우고 밥을 짓고 있었다. 아침 햇살 속에 소요산 자락으로 연기가 퍼져나가자 사람들이 그가 있는 절로 우르르 몰려갔다. 그러나 대사는 온데간데없이 사라지고 말았다. 그러던 몇 해 후 응용대사가 다시 소요산 깊숙한 곳에서 밥을 짓다가 깜빡 잠이 들었다. 이를 발견한 추종자들은 곧바로 달려가 스님을 만났다. 그 후 그곳을 연기동이라 하고 응용대사를 연기대사라 불렀다고 한다.

높이 444미터의 소요산은 고창군 부안면 용산리에 위치한다. 인천강의 하류인 장년강을 사이에 두고 선운산 동쪽에 있는 산이다. 예부터 선운산과 소요산은 기묘한 관계에 있었다고 한다. 선운산이 흥하면 소요산이 쇠락하고, 소요산이 흥하면 선운산이 쇠락한다는 이야기가 그것이다. 그 주기가 몇백 넌씩 지속된다고 해서인지 선운산 자락의 선운사는 인산인해를 이루는 반면, 소요산에 있는 소요사는 인적이 드물어 쓸쓸한 것인지도 모른다.

소요산 자락 용산리 수월골에는 수월사水月寺라는 절이 있었다는데 현재 주춧돌과 기왓장만 남아 그 옛날의 자취를 전해주고 있다. 고려 말 이곳을 지나던 가정 이곡은 다음과 같은 시를 남겼다. "명산 찾기 위하여 이곳을 지나는데 강 다리에서 갈라진 길 연기와 안개 속으로 들어가네. 돌

소요산 수많은 전설과 근현대사에서 이름을 날린 인물들의 이야기를 담고 있는 소요산은
선운산 동쪽에 옛 정취를 간직한 채 고즈넉하게 자리 잡고 있다.

아와서 죽림 밑에 말을 쉬니, 한 그루의 산다화 꽃 아직 아니 피었구나.”

소요산은 동학농민혁명의 지도자인 전봉준의 태몽설화를 간직한 산이기도 하다. 전봉준이 태어나기 전 아버지 전창혁은 소요산과 관련된 두 가지 꿈을 꾸었다고 한다. 하나는 당촌에서 멀지 않은 이 소요산을 한 입에 삼키는 꿈이고, 다른 하나는 전창혁이 소요산 바위굴 속에서 도를 닦고 있는데 천인天人이 나타나 천서를 주고 가는 꿈이었다고 한다.

바닷바람이 불어오는 이 소요산 아래에서 긍정적이든 부정적이든 한 시대를 풍미했던 여러 사람이 태어났고 살다가 갔다. 1920년대 보천교의 창시자로 차천자라고 불렸던 차경석은 연기동 마을에서 태어났고, 인촌 김성수와 수당 김연수 형제는 고창군 부안면 봉암리 인촌마을에서 태어났으며, 미당 서정주는 부안면 질마재마을에서 태어났다.

연기동 북쪽 소요산 자락에는 신라 진흥왕 때 연기조사가 창건했다는 연기사 터가 있고, 용산리에는 차경석이 살았다는 차천자 생가 터가 있다.

화시산과 소요산 사이 인냇강가에는 풍수지리상 명당자리인 ‘금으로 만든 쟁반에 옥으로 만든 술병이 놓인 형상’이라는 금반옥호金盤玉壺가 숨어 있다고 하지만, 지금 그것 때문에 소요산을 찾는 사람은 드물다. 가수 송창식이 불러 유명해진 ‘선운사 동백꽃이 흐드러지게 피는’ 선운산 동쪽에 위치한 소요산은 녹두 장군의 탄생설화만 간직한 채 후미진 곳에 자라는 춘란처럼 옛날의 정취로 남아 있다.

소요산 소나무 울창한 숲 사이로 붉은 황토 질척한 질마재 아래에서 태어난 미당 서정주. 그가 스물세 살 때 지었던 「자화상」은 수많은 문학도들의 가슴을 설레게 했다.

애비는 종이었다. 밤이 깊어도 오지 않았다.

파뿌리같이 늙은 할머니와 대추 꽃이 한 주 서 있을 뿐이었다.

어매는 달을 두고 풋살구가 꼭 하나만 먹고 싶다 하였으나……

흙으로 바람벽 한 호롱불 밑에 손톱이 까만 에미의 아들.

갑오년甲午年이라든가 바다에 나가서는 돌아오지 않는다 하는

외할아버지의 숱 많은 머리털과 그 커다란 눈이 나는 닮았다 한다.

스물세 해 동안 나를 키운 건 팔할八割이 바람이다.

세상은 가도 가도 부끄럽기만 하더라.

어떤 이는 내 눈에서 죄인罪人을 읽고 가고

어떤 이는 내 입에서 천치天痴를 읽고 가나

나는 아무것도 뉘우치진 않으련다.

찬란히 틔어오는 어느 아침에도 이마 위에 얹힌 시時의 이슬에는

몇 방울의 피가 언제나 섞여 있어 볕이거나 그늘이거나 혓바닥 늘어뜨린

병든 수캐마냥 헐떡거리며 나는 왔다.

그러던 그가 5공의 주역 전두환 전 대통령을 빗대어 단군 이래 최고로 자비로운 미소라고 극찬하면서 얼마나 많은 사람들을 실망시켰던가. 게다가 그의 친일행각이 논란의 대상이 되기도 했는데, 그의 문학성만은 문단에서 높이 평가받고 있다.

앞에 개울이 있으므로 후포라 지은 후포리의 동사정은 활터가 있던 곳으로 건너편 현재의 초등학교 자리에 과녁이 있었다고 한다. 후포 동북쪽 부안군 줄포면으로 가는 큰 길가에 있는 논인 시게배미는 위아래의 논이 두 마지기인데, 모양이 세모꼴에다 높은 지역이어서 비가 오면

물이 위아래로 새어버린다는 말이 있으며, 그 전에 논을 팔아 시계를 사서 시계배미라 부른다고 한다. 후포에서 시계배미로 가는 고개 옆에는 고성 이씨의 묘가 있는데, 행인들이 빨리 지나가기 위해 묘를 질러서 지나므로 양반으로 행세하던 그의 아들이 날마다 나와 묘를 지켰다고 해서 양반재라고 부른다.

후포 안에는 지금은 밭으로 변한 창터가 있는데, 홍덕골에서 거두어들인 세미를 사포리의 창고와 이곳에 나누어 보관하였다가 서울로 옮겨 갔다고 한다.

교운리에 있는 홍덕향교는 1406년(태종 6) 창건하였으나 임진왜란 때 소실되어 1621년(광해군 13) 현재의 위치로 이건하였고, 그 뒤 건물이 쇠락하여 1675년(숙종 1)에 새로이 증축하였다.

현존하는 건물로는 3칸의 대성전과 5칸의 명륜당, 3칸의 동재와 서재 그리고 사마재, 양사재, 현관실, 고직사 등이 있으며 현재 전라북도 문화재자료 제108호로 지정되어 있다.

동사리 녹사 동남쪽에 있는 논인 섬배미는 논 가운데 자그마한 둔덕이 있어서 지어진 이름이고, 녹사 동쪽에 있는 한림마을은 한림학사가 귀양살이를 했다는 곳이다. 사천리의 각시섬은 새냇골 위에 있는 논으로 예전 겨울철에 신혼부부가 이곳 방죽 위를 가다가 얼음이 깨지는 바람에 빠져 죽었다는 이야기가 전한다.

부치댕이 아래쪽 길가에 있는 애통배미라는 논에는 그 이름에 얽힌 유래가 담겨 있다. 옛날 어느 부부가 내기를 했는데 남편은 혼자 여섯 마지기 정도 되는 논을 다 갈고 부인은 길쌈을 하여 남편 옷을 해오기로 했다. 남편은 논을 다 갈고 쉬고 있을 때 부인이 오자 자신이 이긴 줄 알고 좋아했다. 그런데 부인이 와서는 남편에게 모자를 벗어놓은 자리를 빼놓고 갔다며 일러주자 남편은 자기가 진 것이 못내 안타까워했다고 한다.

창터가 남아 있는 사포리 서남쪽에는 술항골이라는 마을이 있다. 예전에 세미를 수집하고 있는데, 사람과 우마가 많이 모이자 주막의 안주인이 자신의 댁호宅號(여자의 호)를 술항집이라고 불렀다고 하여 붙여진 이름이다. 강진터 위쪽에 있는 해수탕터는 천연적으로 바닷물이 고여 있는 탕으로 피부병에 좋다고 하여 봄과 가을철이면 여러 곳에서 많은 사람들이 모여 해수욕을 했다는데, 지금은 메워져서 그 형체를 찾아볼 수 없다.

돌다리가 있었으므로 돌다리 또는 석교라고 불렀던 석교리에 있는 강선교降仙橋는 옛날에 강선이라는 기생이 선을 보이기 위하여 놓았다고 하고, 용이 서린 형국이라는 용반리의 고갯등은 옛날에 과객들이 쉬어가는 과객집(술집)이 있었다는 곳이다.

홍덕의 남쪽이라서 일남면이라고 불렀던 신림면 가평리는 고려시대에 갑향이 있던 곳이고, 도림리에서 가장 큰 마을인 왕람마을은 마을 뒤에 있는 산이 '호랑이 형국'이라서 이곳을 두고 사나운 범이 수풀에서 나오는 것과 같은 맹호출림猛虎出林의 형국이라고 하며, 도산 남쪽에 있는 들인 자랭잇들은 고려 때 좌랑벼슬을 한 사람이 살았던 곳으로 건답으로 유명한데, 예부터 "자랭잇들의 농사가 잘 되면 풍년이 든다"는 말이 있다.

숲말 서남쪽에 있는 쑥꾹재는 봄철이면 쑥꾹새 소리가 자주 들린다고 하여 쑥꾹재이고, 반룡리 벽오봉에 있는 배우재(백호재)는 옛날에 배우라는 도둑만 다니던 길이라고 하는데, 지금도 지나다니는 사람은 별로 없으나 길의 흔적이 선명하게 남아 있다. 상반룡 남쪽에 있는 성남마을은 정읍시 입암산성의 남쪽 10리에 만인이 피할 피난처가 있다고 하여 피난하러 온 사람들이 살았다는 곳이다. 벽송리의 사실터는 삼일치 또는 사흘터라고도 부르는데, 벽송 남쪽에서 고창읍 신월리 사실로 넘어가는 고개이다. 이곳에 명당이 있다고 하여 조선시대에 김씨가 묘를 썼는데, 사흘 뒤에 역적으로 몰려 죽게 되어 파묘를 했다고 한다.

송암리의 마빼기 다리는 마박교 또는 마다리라고 부르는데, 조선시대에 말을 매놓고 쉬어가던 다리라고 하며, 자포리 자포실 뒷산에 있는 망곡비望哭碑는 한말에 고종이 세상을 뜨자 오성필吳成必이라는 사람이 아침 저녁으로 이 산에 올라 망곡을 했는데 그 후손이 이를 기리는 비를 세운 것이다. 부안면 봉암리의 갓짐재는 봉오 남쪽에서 검산리의 쇠점으로 넘어가는 고개이고, 사창리의 진목마을은 진목대사라는 이름난 스님이 있었다는 곳이다. 상등리의 구꾸겟재는 구꾸게에서 사창리로 넘어가는 고개로 아홉구비이며 옛 관로였다고 한다. 상암리의 평풍석은 비석등 동쪽에 있는 벼랑으로 높이는 약 6미터이며, 벼랑 위에 오르면 서해바다와 곰소만 및 줄포만 등 세 곳이 보이고, 경치가 아름다워 봄 놀이터로 이름난 곳이다.

송현리의 조채터는 고잔 남쪽에 있는 10평쯤 되는 논인데, 고잔에서 세도깨나 부리고 살던 사람이 자기의 말을 안 들으면 이곳에 불러다놓고 벌을 주었다는 논이다. 오산리의 구정동九井洞은 하오산 동쪽에 있는 마을로 이곳에 집을 지으면 정승 아홉이 난다고 하며, 용산리의 법당배미는 옛절의 법당자리라고 한다.

김종직金宗直은 이곳 흥덕현의 배풍헌을 두고 "능가산 몇만 봉우리 구름이 덮였는데 매실 익는 보슬비 동풍에 쫓아온다. 처마의 낙수 소리 고요를 깨뜨리며 들려오고, 들 빛은 창창하고 망망한 가운데 보이며 명랑하고 푸르르다. 이미 문서 처리 거두고 쓸쓸한 데 돌아갔으니, 고깃배 따라 허무한 곳 들어가고 싶다. 피로한 행색, 포인疱人(음식 맡은 사람)의 괴로움을 살피지 못하고, 다시 석 잔 술에 대도통大道通만 생각한다" 하였다.

수많은 사람들이 들어오고 나갔던 흥덕은 이제 고창으로, 선운사로 그리고 전주와 정읍 및 부안으로 가는 사람들이 스치고 지나가는 고을이 되어가고 있다.

金溝

二
장

전북 김제 금구

호남 사경 중 하나인 모악산이 있는 미륵신앙의 본고장

1800년대의 조선은 '민란의 시대' 였다고 해도 과언이 아니다. 조선 전역에서 요원의 불길처럼 번졌던 민란은 전라도 금구에도 예외는 아니었다. 금구민란이 일어난 것은 철종 13년인 1862년 5월 11일이었다. 이날 이북면二北面과 낙양면落陽面의 주민 수백여 명이 환곡이전還穀移轉에 따른 폐단을 항의하며 그것을 시정해 달라고 관아에 항의하자 현령 민세호閔世鎬는 이들의 항의를 단순한 민원으로 받아들여 흥분한 민중들을 진정시키는 데만 급급했다.

그때 마침 전라도 지역의 민란을 수습하기 위해 파견된 호남 선무사 조구하趙龜夏가 그곳에 도착하자, 수천 명의 농민들이 그에게 몰려가 자신들의 억울한 사정을 낱낱이 기록하여 제출하면서 부당하게 거두어들인 세전稅錢 수만 냥을 당장 되돌려주어야 물러가겠다고 하였다. 선무사

체비산 조선 중기에 일어난 기축옥사의 주동자 정여립이 대동계를 조직했던 곳이다.

가 여러 가지 방법으로 그들을 무마시키려 하였지만 끝내 그들은 해산하지 않았고 오히려 더욱 난폭해져 관에서 기르는 말을 때려죽이고, 이방 온남구溫南耉, 예전 이방 온평고溫枰古의 집을 부순 뒤 관아로 진입하려 했다. 그러자 전라 감영에서는 집사, 영리, 사령, 뇌자 등을 금구에 보내어 호남 선무사 조구하를 호위하여 전주에 도착하도록 하였다. 난이 수습된 후 주동자 박용운朴龍雲 등은 효수되고 가담자 가운데 상당수가 하옥되거나 참형에 처해졌다. 이 금구민란은 조선 후기 삼정문란에 대한 민중저항운동의 일면을 보여준 것으로 평가되고 있다.

금구면은 본래 조선시대의 현으로 백제 때는 구지지산현仇知只山縣이었다. 백제가 역사 속에서 사라지고 신라 때 지금의 이름으로 고쳐서 전주의 영현으로 만들었다. 1237년(고려 고종 24)에 무신정권의 실력자인 이의방李義方의 외향인 까닭에 현령으로 승격시켰으며, 조선에서는 그대로 두었다. 그러나 1589년(선조 22)에 일어났던 일명 '정여립 사건'이라고 일컬어지는 기축옥사가 끝난 뒤 금구현을 폐하여 김제군에 복속시켰다가 다시 현감을 두었다. 그후 1896년(고종 33)에 군이 되었다가 1914년에 김제시에 편입되었다.

『신증동국여지승람』에 실린 금구현의 경계는 동으로 전주부의 경계에 이르기까지 16리, 북으로 전주부의 경계에 이르기까지 8리, 남으로 태인현泰仁縣의 경계에 이르기까지 18리, 서쪽으로 김제군金堤郡의 경계에 이르기까지 18리이고 서울과의 거리는 526리이다.

전라북도 문화재자료 제113호로 지정되어 있는 금구향교는 1390년(공양왕 2)에 창건되었는데, 현존하는 건물로는 대성전, 명륜당, 동재, 서재, 만화루 등이 있다.

금구현의 진산은 봉두산鳳頭山으로 현의 동쪽 2리에 있는데, 마치 봉황이 날아오르는 듯한 형상이어서 그렇게 불린다. 봉두산의 왼쪽으로 양시산揚翅山이 있고 앞에는 묘산卯山이 있는데, 술사들이 굴선산掘禪山에 개동사開同寺라는 절을 세워 날고 움직이는 기세를 눌렀다고 한다.

조선시대의 문장가인 이행李行은 봉두산을 바라보며 "오동나무 가지는 이미 떨어졌는데, 대나무 열매는 누굴 위해 달려 있나. 봉새는 날아가고 헛되이 회상하는데, 높은 멧부리만 땅에 우뚝 솟았다"라는 시를 지었다. 이 봉두산에서 동쪽을 쳐다보면 모악산母岳山이 보인다.

산의 정상 서쪽에 자리 잡고 있는 쉰질바위라는 커다란 바위의 모습이 아기를 안고 있는 어머니 같다고 해서 이름 붙여진 모악산은 전주시와 김제시 그리고 완주군에 걸쳐 있는 739미터 높이의 평지 돌출산이다. 지금은 잔솔과 앉은뱅이 진달래, 머루, 다래, 으름, 벗나무, 상수리나무만 무성한 밋밋한 산이지만 예전에는 숲이 울창하고 산세가 수려해서 정기 어린 산으로 계룡산과 어깨를 겨루던 산이었다. 1907년 도립공원으로 지정된 모악산은 호남사경에 속한다. 호남사경이란 모악산과 금산사의 춘경, 변산반도의 하경, 내장사 단풍의 추경, 백양사의 설경을 일컫는다. 모악산에는 금산사와 귀신사 그리고 대원사를 비롯한 크고 작은 여러 절들이 들어앉아 있으며, 그 절들은 역사의 고비마다 중추적인 역할을 담당하기도 했다.

『신증동국여지승람』에는 다음과 같은 글이 실려 있다.

금산사金山寺는 모악산에 있는데 후백제 견훤이 창건한 것이다. 훤의 어린 아들 금강은 키가 크고 지혜가 많으니, 훤이 특별히 귀엽게 여겨 전위할 생각

금산사 미륵전 금산사는 호남지방 미륵신앙의 중심 도량으로 백제 법왕 때 임금의 복을 비는 사찰로
세워졌고, 신라 혜공왕 때 진표율사가 크게 중창하였다.

을 가졌다. 청태 2년 3월에 맏아들 신검이 훤을 금산불우에 가두어 장사 30명으로 하여금 지키게 하고 드디어 왕위를 찬탈한 뒤 금강을 죽였다. 훤이 금산에 갇힌 지 무릇 석 달이 되었는데, 6월에 훤은 지키는 자들에게 술을 먹여 모두 취하자 이에 막내아들 능예, 딸 애복, 첩 고비 등을 데리고 나주로 도망쳐서 해로를 이용하여 고려에 들어왔다 한다.

이러한 역사를 간직하고 있는 모악산 자락에 고즈넉이 들어앉은 금산사는 호남지방 미륵 신앙의 중심 도량으로서 백제 법왕 때 임금의 복을 비는 사찰로 세워졌고, 신라 혜공왕 때 진표율사에 의하여 중창되면서 큰 절의 면모를 갖추었다.

법상종의 본산이었던 금산사를 이중환은 『택리지』에서 이렇게 적고 있다.

금산사는 모악산 남쪽에 있다. 절터는 본디 용추龍湫로서 깊이를 측량할 수 없었다. 신라 때 조사祖師가 소금 만 섬으로 메우니 용이 옮겨갔다. 그대로 터를 쌓아 큰 불당을 세웠으며, 대웅전 네 모퉁이 뜰 밑에는 가느다란 간수물이 둘려 있다. 지금도 누각이 높고 빛나며, 골이 깊숙하다. 또한 호남에서 이름난 큰 절이고, 전주부全州府와 가깝다. 『고려사』에 견신검甄神劍이 아비 훤喧을 금산사에 가두었다는 것이 곧 이 절이다.

금산사는 빼어난 문화유산이 많은 절로 이름이 높은데, 현존하는 문화재는 국보 제62호로 지정된 미륵전을 비롯해 오층석탑과 석등, 석련대 등 보물 10여 점을 간직하고 있다. 대웅전이 없고, 미륵전에 있는 미륵불이 주불이다. 석가불은 대장전에 따로 모셔져 있다. 후백제를 세운 견훤이 금산사를 자신의 복을 비는 사찰로 중수했다는 설이 있지만, 앞에서 인용한 대로 견훤이 맏아들인 신검과의 권력다툼에 져서 한때 갇혀 지냈던 비운의 절이기도 하다. 고려시대로 들어와 혜덕왕사가 절을 중수하였고, 조선의 1536년(선조 31) 정유재란 때에는 금강문 하나를 빼놓고 모조리 불타버리는 비극을 맞았다. 지금의 건물들은 인조 때 완성되었으나 보물로 지정되었던 대적광전은 1987년 원인 모를 화재로 불타버리고 최근 그 자리에 다시 복원되었다.

금산사 미륵전은 아주 독특한 양식으로 팔작지붕에 삼층 건물이지만 내부는 각 층 사이의 구별 없이 통층으로 되어 있다. 그 안에는 동양에서 가장 큰 39척의 미륵상이 모셔져 있다. 진표율사가 만들었다고 전하는 미륵전의 미륵불은 불교 신자들보다 증산교 신자들의 성지가 되어 그들의 발길이 끊이지 않는다. 증산이 살았을 때 입버릇처럼 "나는 미륵이니 나를 보고 싶거든 금산사 미륵불을 보라. 금산사 미륵은 여의주를 손에 들었으나 나는 입에 물었노라"고 말했기 때문이다.

이곡은 이 금산사를 두고 "청구에 봄이 오니 중천에 오르고, 좋은 경치 구경은 농사철 아닌 때가 좋아라. 바다 위 봉래지경 찾기 위하여 인간의 도솔궁을 찾아왔노라. 높다란 처마끝은 북두성에 닿을 듯, 설법하는 양 목탁소리 동풍을 속삭인다. 다시 생각하고 지팡이와 신발로 깊숙한 곳 차지하니, 안개 노을이 가득한 골짜기에서 길이 곧잘 궁하여진다"라는 시를 남겼고, 허백許伯은 그의 시에서 "옛 절은 산기슭에 의지하고 높은 개와골 물가를 눌러 있네. 골이 차니 잔나비는 달 아래 부르짖고, 솔이 빽빽하니 학은 가지에 깃든다. 바람은 종소리를 끌어 멀리 울리고,

물결은 탑 그림자 흔들리고 옮겨가네. 한가함을 사랑하는 내 성벽 있어 다시 늙은 중과 다른 날을 기약한다"라고 읊었다.

삼남지방을 유람할 때 이곳을 찾았던 매월당 김시습은 다음과 같은 시를 남겼다.

구름 기운 아물아물 골 안은 널찍한데, 엉킨 수풀 깔린 돌에 여울소리 들려오네. 중천에 별들은 금찰을 밝히는데, 밤중에 바람 우레 석단을 도는구나. 낡은 짐대엔 이끼 끼어 글자가 희미한데, 마른 나무에 바람 스치니 저녁 추위 생기누나. 초제에서 홀연히 하룻밤 자고 가니, 연기 속 먼 종소리에 여운이 한가롭지 않다.

금구현의 「산천조」에 등장하는 산들이 여러 곳이 있는데 그 중의 한 곳이 상두산象頭山이다. 상두산은 정읍시 산외면과 옹동면 그리고 김제시 금삼면 경계에 있는 산으로 높이가 575미터에 이른다. 그 산 너머 산외면 동곡리 지금실에 살았던 전봉준과 김개남은 뱀처럼 길게 뻗어 배암날재라 불리는 이 고개를 넘어 원평장으로 와서 김덕명과 동학농민혁명을 준비했다고 하는데, 그 산에 어느 때 쌓았는지 알 길이 없는 성터가 남아 있다.

한편 상두산에는 "대운사大雲寺, 조주사趙州寺, 용장사龍藏寺 모두 상두산에 있다"는 기록에서 보듯이 여러 절들이 있었는데 정읍시 산외면 동곡리 제공재 마루턱에 있었다던 이름을 알 수 없는 절은 빈대가 많아서 폐사가 되었고, 금산면 선동리 아직동 북쪽에 사기를 구운 적이 있었다는 이름 모를 절터만 남아 있을 따름이다. 현의 남쪽 14리에 있었다던 모악천은 모악산에서 나와 서쪽으로 흘러 김제시 죽산 부근으로 들어가는데, 지금은 원평천이라는 이름으로 바뀌었다.

금구에는 여행객의 편의를 돕기 위한 원이 여러 개 있었다. 현의 남쪽 15리에 있었던 홍인원弘仁院과 현의 서쪽 5리에 있었던 소복원蘇復院, 감물천원甘勿川院과 잠계원潛溪院이 그것인데, 지금은 어디에서도 그 흔적을 찾을 수가 없다.

산에 있던 절이 세월의 흐름에 따라 사라진 것처럼 현재 김제시 금구면으로 변한 금구현의 동헌터에는 금구초등학교가 들어선 지 오래이고, 예전에 감옥이 있었던 옥거리는 그 터도 찾을 수 없게 되었다.

장흥 서북쪽에 있는 낙성리마을은 사방멀 늑양촌, 하사라고도 불리는데 옛 늑양현의 소재지였다. 대화리라고 불리는 금천은 대야 서북쪽에 있는 마을인데, 앞으로 흐르는 내에서 사금이 나왔다고 한다.

듬부골고개는 노루목에서 완주군 이서면 응교리 앵곡으로 넘어가는 고개이며, 오봉리의 쑥고개는 숙방, 숙초치, 탄치, 숯재라고도 부르는데 오산에서 완주군 이성리로 넘어가는 고개이다.

매냉기재는 봉림에서 완주군 구이면 용복리 독배 동남쪽으로 넘어가는 고개이며, 어유동에서 용호리 용성으로 넘어가는 고개는 일곱 판서가 난다 하여 칠판재라고 부른다.

금구군 수류면이었던 금산면 구월리의 계월桂月은 점촌이라고도 부르는데 구월리에서 가장 큰 마을로 예전에 옹기점이 있었고, 뒤에 반달처럼 생긴 산이 있다. 쉰질바위 동남쪽에 있는 절터는 빈대가 많아서 불태웠다는 이야기가 있고, 새장터는 계월 동쪽에 있는 마을로 원평시장이 번창하여 이곳에까지 확장되었다고 한다.

『신증동국여지승람』에 "거야巨野는 폐현현의 남쪽 15리에 있다. 본래 백제 야서이현也西伊縣이었는데, 신라 때 야서현으로 고쳐 전주에 붙였다가 후에 김제현에 붙였고, 후에 또 이 고을에 와서 붙였다"라고 기록되어 있는 거야마을은 삼봉리에서 가장 큰 마을로 고려 때 거야현의 소재지였고, 이곳에서 동학농민혁명의 지도자 중 한 사람인 원평접주 김덕명이 태어났다. 또한 이 지역에서 가장 눈부시게 활약하다가 비참하게 역사 속으로 진 사람이 있는데 그가 바로 조선 중기의 혁명가 정여립이다.

조선시대 최대의 옥사로 알려져 있는 기축옥사의 주동자 정여립이 조정에서 낙향하여 터를 잡고 대동계를 조직했던 곳이 금산면 청도리 구릿골의 제비산帝妃山 자락이었다. 정여립이 제비산, 즉 임금의 아내라는 뜻을 지닌 명산에 거처를 잡았다는 것 자체가 주자학적 절의론이 판을 치는 세상에 대한 도전의 의미를 내포하고 있었는지도 모른다.

400여 년 전 그가 살았던 집터는 지금 밭으로 변해 있다. 그러나 그 옛적에 집터였음직한 축대가 남아 있고 밭에는 조선 중기의 기왓조각이 여기저기 널려 있다. 이를 근거로 역사학자 이이화는 "기축옥사 후 당시 조정에서는 이곳 제비산 밑 정여립의 옛 집터와 전주 남문 밖 그가 태어났던 생가 터의 땅을 파헤치고 숯불로 혈맥을 끊어버렸다. 그후 조선 왕조가 망할 때까지 역모의 땅인 이곳에 건물이 들어선 일이 없으므로 문제의 기왓조각은 정여립의 유적이라고 할 만하다"라고 말하고 있다.

금구에서 정여립의 흔적이 남아 있는 곳은 김제시 금산면 쌍룡리雙龍里 용암龍岩마을이다. 용암마을은 한 마리의 용이 아홉 번 용트림을 한 형세라고도 하고 아홉 성인이 태어날 산이라고도 하는 구성九城산의 끄

트머리에 자리 잡고 있는데, 그 뒤쪽 쌍용사에서 200미터쯤 올라간 곳에 정여립 조상의 무덤이 있었다고 전해진다. 이곳은 이른바 '오공蜈蚣의 혈穴'로써 군왕群王이 나올 대명당大明堂 즉 일명 소쿠리 명당이라고 하여 기축옥사 당시 조정에서 제비산이나 정여립이 태어난 완주군 상관면 월암리(예전에는 전주 남운밖이었음)처럼 숯불로 혈맥을 끊고 묘소까지 파헤쳤다고 하는데 바로 그 아래에 정여립의 용마가 묻힌 무덤이 있다.

역사의 소용돌이가 스치고 지나간 지역에도 아름다운 이름들은 남는 것이라서 도처에 그 이름들이 수천 년을 호흡하고 있다. 싸리재는 살푸령재라고도 부르는데 청도리에서 금구면 선암리로 넘어가는 고개이고, 쉴바탱이라고도 부르는 씨름판날맹이는 하운동에서 모악산으로 넘어가는 고개이다.

구릿골은 도기촌 또는 동곡으로도 불리는데, 하운동 서남쪽에 있는 마을로 증산 강일순 선생이 9년에 걸쳐 천지를 개벽한다는 천지공사天地公事를 단행했던 곳이다. 봉남면 구정리 백산골은 구성 서쪽에 있는 골짜기로 매우 험해서 백여우가 살았다고 하고, 광주리재는 구성 서쪽에서 감곡면 계룡리로 넘어가는 고개이며, 숙조재는 도장에서 황산면 황산리로 넘어가는 고개이다.

도장 북쪽에 있는 골짜기인 이방골은 옛날에 이방이 살던 곳이라고 하며, 화봉리에서 으뜸이 되는 마을인 봉서鳳棲동(하봉리)은 지형이 '제비의 집'과 같은 형상의 연소燕巢형이라서 전에 봉황이 깃들었다고 하는데 정여립의 처가가 이곳이라 정여립이 이곳에서 터전을 일구었다는 이야기도 있다.

한편 황산면 쌍감리의 높은데는 고산으로도 불리는데 산은 별로 없고

들이 많아 높이가 63.8미터밖에 안 된다. 그 남쪽 기슭에 마을이 있다.

용화동龍華洞은 금산리 가운데 있는 마을로 계룡 서쪽인데 이곳에 1960년대 서백일이라는 용화교 교주가 관련된 용화교 사건이 일어난 용화사龍華寺가 있으며, 그곳에서 멀지 않은 곳에 아름답기 그지없는 절 귀신사歸信寺가 있다. 구신사狗信寺라고도 부르는 이 절은 하운동 옆에 있는 절로 676년(신라 문무왕 16)에 의상대사가 창건했고, 창건 당시는 국신사로 불렸다. 삼국을 통일한 신라시대에 전주 일원을 관장하는 화엄십찰 중 하나였다고 전해지지만, 어디에도 금산사를 말사로 거느렸으리라고 짐작되는 흔적은 눈에 띄지 않는다. 다만, 금산사로 가는 길 아래 논 가운데에 세워진 부도 하나만이 그 당시의 절터를 예측케 할 뿐이다. 지금 남아 있는 건물은 얼마 전에 수리를 끝낸 대적광전(보물 제826)과 명부전 그리고 요사채와 대적광전 뒤편 언덕 위에 있는 삼층석탑(전라북도 유형문화재 제62호), 남근석수(전라북도 유형문화재 제64호)만 남아 있다.

귀신사 건너편 산 중턱 백운동마을은 증산의 제자 안내성이 창건한 증산대도회 사람들이 사는 곳이다. 전라남도 고흥과 경상남도 함안 일대에서 믿음 하나로 고향을 버리고 조상도 버리고 저 산에 왔던 그들은 약초를 캐거나 누에를 키우며 도를 믿었다고 한다.

바로 그 아래에 있는 용화동은 모악산 기슭의 협곡 속 비좁은 평지 그 한가운데에 자리 잡고 있는데, 이곳에는 대순전경을 만든 이상호, 이정립 형제가 세운 증산교 본부가 있다. 그 아래로 내려가 금평 저수지를 따라 들어간 금산면 청도리 동곡銅谷 즉 구릿골에는 증산 강일순이 머물렀던 김준상의 집이 있다. 그 집 두 평 남짓한 방의 광제국이라고 씌어진 기둥에는 부적 같은 증산의 필적이 남아 있다. 이 광제국 앞마당에서

천대받는 민중이 한울님이라고 설파한 증산 강일순이 죽기 전에 천지굿판을 벌였다고 한다.

선천시대는 양의 시대였으나 후천시대는 음의 시대라며, 그날 자기의 법통을 고판례라는 여자에게 넘겼다. 남자도 아닌 여자에게, 그것도 그 시절엔 누가 업어가도 개의치 않을 과부였고 무당이었던 여자에게 넘긴 것은 그 자체만으로도 가히 혁명적인 사건이었다. 그는 이렇게 말했다. "이 여인(고판례)이 굶으면 온 천하 사람이 굶을 것이며 이 여인이 먹으면 천하 사람이 다 먹을 것이다. 그리고 이 여인이 눈물을 흘리면 천하 사람이 눈물을 흘릴 것이요, 한숨을 쉬면 천하 사람이 한숨을 쉴 것이다. 이 여인이 기뻐하면 천하 사람이 기뻐할 것이요, 이 여인이 행복하면 천하 사람이 행복할 것이며, 이 여인의 눈이 빛나면 천하 사람의 눈도 빛날 것이다. 이 여인이 잠을 이루지 못하고 그리워하면 모든 사람이 잠을 이루지 못하고 그리워할 것이며, 이 여인의 따뜻한 말 한마디는 온 세상을 따뜻하게 할 것이다."

증산 강일순이 고판례를 예찬한 것은 이 세상의 모든 여자를 예찬하는 말이기도 했고, 남녀평등 시대의 미래를 열어보인 일종의 예언이기도 했다. 그가 예찬했던 고판례는 차경석

증산 강일순이 머물렀던 집 증산이 머물렀던 김준상의 집으로 그 집 두 평 남짓한 방에는 증산의 필적이 남아 있다.

의 이종누이였다. 증산의 제자 차경석은 증산 사후 보천교를 세웠으며, 자칭 차천자가 되었다.

동학농민혁명이 실패로 끝난 후 사회의 혼란은 가중되고 어디에도 의지할 데 없던 민중들이 증산교로, 보천교로, 원불교로 귀의했던 것은 당연한 일이었을 것이다. 이 모악산 자락에서만 증산교의 교파가 50여 개를 헤아릴 정도로 우후죽순처럼 솟아나게 한 당사자 증산 강일순은 죽기 전에 세상의 모든 질병과 고통과 절망을 자기가 다 짊어지고 간다고 했다. 한 달여 동안 그는 쌀 한 톨 입에 넣지 않고, 가끔 소주 한두 모금으로 목을 축이며 온갖 병을 다 앓으면서 피골이 상접한 채 이 세상을 떠났다.

아무런 재산도 남기지 않은 채 이 세상을 하직한 증산 강일순의 유해는 장탯날 기슭에 초분으로 모셔졌고, 그가 잠든 그의 관에는 '생각에서 생각이 나오느니라' 라는 글귀만 씌어 있었다. 금구현이던 이곳은 이 나라 미륵신앙의 메카이자 견훤과 정여립의 숨결이 서려 있는 곳이며, 해원상생을 통하여 화엄적 후천개벽을 꿈꾸었던 증산 강일순의 자취가 남아 있는 곳으로 지금도 그 흔적을 찾아오는 사람들의 발길이 끊이지 않고 있다.

서거정의 시에 "해 저물어 누에 기대어서 가고 쉴 것을 초당에 물었네. 시가 있으니 꽃이 길에 가득하고 꿈 없어도 풀이 못에 우거졌다. 높은 나무엔 저녁 햇볕 걸렸고, 빈 처마에는 저녁 선선한 기운 모인다. 바다 산이 칼끝처럼 뾰족하니, 진정 시름창자 떼낼 수 있구나" 하였는데 언제쯤 마음 편하게 초당에 누워 세상을 멀리 바라볼 수 있을까?

전북 남원 운봉 三장

실상사와 황산대첩비로 이름난 지리산 자락의 고을

바래봉 철쭉과 운봉고원으로 이름이 높은 운봉으로 가는 길은 여러 갈래다. 남원에서 곧바로 고속도로답지 않은 88고속도로를 달려 인월을 거쳐 들어가거나 여원재를 넘어가는 방법이 있는데, 남원시 이백면을 지나 구불구불한 여원재를 넘으면 여원재 정상에 480미터라고 씌어진 표지판이 보이는 그곳이 바로 운봉고원이다. 남원을 수호하는 산으로 알려진 교룡산이 해발 500미터인데, 운봉고원은 교룡산과 거의 맞먹는 높이로 나라 안에서 가장 빨리 벼를 심고 제일 먼저 추수가 끝나는 곳이기도 하다.

가는 날이 장날이라고 우리 일행이 도착했을 때 가을빛이 감도는 오일장이 섰지만, 평균 연령이 70은 되어 보이는 노인들만 어슬렁거리는 운봉장은 푸른 하늘과 달리 쓸쓸하기만 했다.

운봉은 본래 신라의 모산현毋山縣으로 일명 경덕景德, 아영성阿英城, 아

송홍록 동상 운봉읍 화수리에서 판소리 동편제의 창시자인 송홍록과 명창 박초월이 태어났고 현재 송홍록의 생가 터에는 송홍록의 동상이 세워져 있다.

막성阿莫城이라고도 한다. 757년(신라 경덕왕 16)에 지금의 이름으로 고쳐 강주도독부 관내의 천령군天嶺郡에 예속시켰다. 고려 때에는 남원부에 속하였고, 1391년(고려 공양왕 3)에는 아용곡권농병마사阿容谷勸農兵馬使를 겸하게 되었다. 1392년(태조 1)에 감무를 두었으며, 뒤에 군제에 따라 현감으로 고쳤다. 1600년(선조 33)에 임진왜란으로 인하여 인구가 줄어들자 수령을 폐지하고 남원도호부의 임내로 편입시켰다가 1600년(선조 33)에 복구시켰다. 1709년(숙종 35)에 전라도 좌영左營이 남원에서 이설되어 현감이 영장營將을 겸하였고, 1895년(고종 32)에 군이 되어 남원부에 속하였다가 다음해에 전라북도로 편입되었으며, 1914년에 남원에 병합되었는데 그 당시 인월, 산내, 아영이 운봉의 영역이었다.

운봉이라는 지명은 지리산의 많은 봉우리가 구름에 가려진 데에서 생겨난 말이다. 이곳은 인월역이 있어 함양으로 연결되었고, 남원, 구례, 곡성으로 연결되는 도로가 발달했다. 조선시대에는 이곳에서 풍천의 계곡을 따라 올라가면 황령동, 만수동을 거쳐 지리산의 반야봉에 오를 수 있었다. 이 지역은 전라도와 경상도의 접경지로 삼국시대부터 백제와 신라 사이의 수많은 싸움이 전개되었던 곳이기도 하다.

『신증동국여지승람』에 따르면 운봉은 동으로는 경상도의 함양군咸陽郡의 경계까지 20리, 서로 남원부 경계까지 7리, 남으로 남원부 경계까지 62리, 북으로 남원부 경계까지 9리이고 서울과 거리가 697리이다.

조선 단종 때 경상도 관찰사를 지낸 원효연元孝然은 그의 시에서 이곳 운봉을 두고 "민가가 적고 백성은 순박하니, 태고풍太古風이다"라고 묘사했고, 이안우李安愚는 "산은 지리산에 연하여 봉우리가 뛰어나고 땅은 함양에 접하여 수목이 조밀하다"라는 시를 남겼다.

『신증동국여지승람』에 기록된 여원현女院縣이 바로 남원으로 가는 길에 자리 잡은 여원재이다. 황산荒山의 동쪽 5리에 있다고 기록되어 있는 팔량현八良縣은 바로 전라도 운봉 동면과 경상도 함양군의 경계로 삼국시대에 신라와 백제의 접경지였다. 영호남의 역사적인 통로인 팔량재는 운봉읍 성산리에 있으며 임진왜란 때 조경남 등 여덟 명의 장군이 왜적을 섬멸한 공이 있다 하여 지어진 이름이다.

운봉현의 동쪽 16리에 있었다는 인월역을 두고 이규보는 다음과 같은 시를 남겼다.

장마가 처음 개매 풀빛이 새로우니, 높고 낮은 언덕의 빛깔이 용의 비늘처럼 엇갈렸네. 1만 5,000보가 부단히 근심되고 본래 동서남북 사람이네. 양류楊柳는 맞고 보내는 데 엄숙하여 사양하지 않되, 산은 왕래 빈번함을 응당 괴이해 하리로다. 눈앞의 풍경을 부디 기억하라. 다음날 돌아보면 곧 물은 지체되었으리.

정인지鄭麟趾 또한 시에서 "황산의 한 싸움이 1,000년의 국운이라. 악부 장가에 만고의 풍을 길이 노래하도다. 구름이 깊으니 비는 사시로 그침이 없도다"라고 읊었다.

운봉읍에는 산이 높아서인지 여러 고개들이 있다. 가산리 울도치는 명석치라고도 부르는데, 양지촌에서 아영면 인풍리로 넘어가는 고개이다. 이 고개에서 이성계가 왜적과 싸울 때 산 위에 돌을 쌓아놓고 적이 산에 오르면 돌을 굴려 떨어뜨려 격파하려 했는데, 그러기도 전에 적을 섬멸하여 돌로 싸울 기회를 놓치자 울었다는 이야기가 전해진다.

황산대첩비 1380년의 이성계가 왜적을 토벌한 싸움을 기념하기 위해 선조 10년에 운봉현감이 세운 비이다.

남원시 이백면 목가리 나주골에서 운봉읍 연재로 넘어가는 여원재는 태조 이성계가 왜적 아지발도를 토벌하러 갈 때 이곳에서 한 여인에게 황산이 어디냐고 물었다고 해서 붙여진 이름이다. 임천강은 전북 남원시 운봉읍에 위치한 고리봉에서부터 흘러나와 구산선문 중 한 곳인 실상사를 지나 함양읍에서 경호강에 합류한다.

　남원시 산내면 지리산 자락에 자리 잡은 실상사는 신라 구산선문 중 최초인 실상사파의 본사로서 우리나라 불교사상 매우 중요하다. 국보 제10호로 지정되어 있는 백장암삼층석탑과 약수암의 목조탱화를 포함하여 보물이 11점이나 있어 단일 사찰로는 가장 많은 문화재를 보유하고 있으며, 828년(신라 흥덕왕 3)에 홍척洪陟 증각대사證覺大師가 구산선문의 하나인 실상산문을 개산開山하면서 창건하였다.

　홍척은 도의선사와 함께 당나라에 들어가 선법을 깨우친 뒤 귀국하였는데, 도의는 장흥 가지산에 들어가 보림사를 세웠고 홍척은 이 절을 세운 뒤 선종을 전파하였다. 그후 2대조 수철화상을 거쳐 3대조 편운에 이르러서 절이 중창되었으며 더욱 선풍을 떨치게 되었다.

　그러나 1468년(세조 14)에 화재를 입은 뒤 200여 년 동안 폐허로 남아 있었고, 스님들이 백장암에 기거하며 근근이 명맥을 이어가다가 1679년(숙종 5)에 벽암碧巖스님이 삼창三創하였고 1690년(숙종 16)에 침허스님을 비롯한 300여 명의 스님이 절의 중창을 조정에 건의하여 1700년(숙종 26)에 36동의 건물을 세웠다. 그 뒤 1821년(순조 21)에 의암이 다시 중건하였지만 1882년(고종 19)에 함양 출신 양재물과 산청 출신 민동혁이라는 사람이 사적인 감정으로 불을 질러 아까운 건물들이 불타버리는 수난을 겪은 뒤 그 이듬해 스님들이 10여 동의 건물을 지어 오늘에 이르렀다. 현존하는 건물은 보광전을 비롯하여 약사전, 명부전, 칠성각, 선리수도원, 누각이 있으며 요사채 뒤쪽으로 극락전과 부속건물이 있다.

만세루에 들어서자 절 마당에 삼층석탑 두 기가 눈을 맞으며 서 있고, 그 가운데에 석등과 보광전이 자리 잡고 있었다. 보광전 양옆으로 약사전과 칠성각이, 석등 양옆으로는 명부전과 요사채가 서 있었다. 멀리 천왕봉을 바라보며 지리산의 여러 봉우리를 꽃잎으로 삼은 꽃밭에 해당하는 자리에 절을 지었다는 실상사는 여느 지역의 절들과 달리 평지에 펼쳐져 있다.

보물 제37호로 지정되어 있는 실상사삼층석탑은 높이가 각각 8.4미터이며 동탑, 서탑으로 불린다. 이 삼층석탑들은 규모, 양식, 보존 상태 등이 뛰어나다. 상륜부는 찰주를 중심으로 보반, 복발, 앙화, 보륜, 보개, 수연, 용차, 보주의 순으로 만들었는데 거의 완전한 형태로 남아 있다. 동탑은 용차가 약간 훼손되었고 서탑의 수연은 없어졌지만 현존하는 석탑 중 상륜부가 이렇듯 온전하게 남은 예는 매우 드물다. 그래서 불국사 석가탑의 상륜부를 만들 때 모델로 활용하였다고 한다.

동, 서 석탑의 중간 지점에 세워진 실상사석등(보물 제35호)은 높이가 5미터에 팔각기둥의 전형적인 간주석과 달리 고복형(장구 모양) 간주석을 지닌 석등이다. 그 전체적인 형태는 화엄사 앞 석등이나 임실 신평의 중기사석등과 흡사하며 이 지방에서 널리 유행했던 석등으로 볼 수 있다. 이 석등의 측면에는 등을 켤 때 오르내릴 수 있는 용도로 사용된 석조 계단이 남아 있다. 이는 현존하는 여러 석등 가운데 유일한 것으로서, 이 석등이 공양구로서의 장식적인 의미와 함께 실용적 등기로 사용된 사실을 말해주고 있다. 이 석등이 만들어진 시기는 실상사의 창건과 비슷한 9세기 중엽 이후로 보고 있다.

실상사의 대웅전인 보광전은 정면 3칸, 측면 3칸으로 원래 있던 금당 터의 기단 위에 또 하나의 작은 기단을 만들어 세운 건물이다. 원래의 금당은 정면 7칸, 측면 3칸의 규모가 큰 건물로 추정하며 보광전 안에 홍척대사와 수철화상의 영정 및 범종이 있다. 보광전 안에 있는 범종은 1664년(현종 5)에 제작되었으며, 종을 치는 자리에 일본의 지도 비슷한 무늬가 새겨져 있다. 이 종을 치면 일본이 망한다는 전설이 전해 내려와 일본이 패망할 무렵 남원경찰서에서 이 절의 주지를 연행하여 추궁한 일이 있었다. 주지는 그때 "종을 칠 때마다 그 은공이 일본까지 미치게 해달라는 뜻이다"라고 답변하여 풀려나왔다고 한다.

실상사에도 일본과 관련된 이야기가 전해오는데, 왜구가 전라도 남해 안 일대에 심심치 않게 나타나 노략질을 일삼던 때였다. 홍척은 도선에 게 부탁하여 절터를 보게 했다. 그때 도선이 풍수지리설에 따라 현재의 실상사 약사전 자리에 절을 세우지 않으면 나라의 정기가 일본으로 건 너간다고 하자 홍척은 그 말을 듣고 곧 절을 건립하였다. 그런 까닭으로 『한국사찰전서』에 따르면 약사전의 창호가 현재 우리나라 국화인 무궁 화이고 약사전 앞에도 무궁화가 심어져 있다. 이 약사전에는 창건 당시 에 만들어진 초기 철불의 걸작으로 꼽히는 실상사 철제여래좌상이 안치 되어 있다. 높이 260센티미터로 보물 제41호로 지정되어 있는 이 철불 은 두 발을 양무릎 위에 올려놓은 완전한 결가부좌의 자세를 취하고 바 르게 앉아 동남쪽에 있는 천왕봉을 바라보고 있다. 현재 광배는 없어졌 고 수미단須彌壇에 가려 보이지는 않지만 대좌가 아닌 흙바닥에 앉아 있 다. 도선국사가 풍수지리설에 따라 일본으로 흘러가는 땅의 기운을 막 기 위해 일부러 땅바닥에 세우게 한 것인지 실상사가 폐사될 무렵 파괴

되어버렸는지는 확실하지 않다.

요사채 뒤편에 부도 밭과 극락전이 있는데 그곳에 보물 제38호로 지정되어 있는 홍척 증각대사 응료탑이 있으며, 조금 떨어진 곳에 보물 제34호로 지정되어 있는 수철화상능가보월탑비秀澈和尙楞伽寶月塔碑라는 부도가 있다. 부도 옆에는 수철화상부도비가 세워져 있다. 비문에 따르면 그는 신라 말기의 선승으로 심원사에 머물다가 뒤에 실상사에 들어와 제2조가 되었다. 893년(신라 진성여왕 7) 5월에 77세로 실상사에서 입적하였고 왕이 시호와 탑명을 내렸다. 실상사는 그 뒤 후백제와 밀접한 관계를 갖게 된다. 이 절 약수암 가는 길 옆 조계암터에 편운화상片雲和尙의 부도에는 후백제의 연호인 정개正開라는 글씨가 지금도 선명하게 남아 있다.

한편 실상사의 산내 암자인 백장암은 수청산(772미터) 중턱에 있다. 창건 연대가 불분명한 백장암에는 전형적인 석탑 양식에 구애받지 않고 자유롭게 만들어진 이형석탑인 백장암삼층석탑(국보 제10호)과 석등(보물 제40호)이 있다. 통일신라 때 작품인 이 석탑은 화려하고 섬세한 조각미가 뛰어나다는 평가를 받고 있는데, 1980년에 도굴꾼들에 의해 파손된 채 쓸쓸하고 한적한 절을 지키고 있다.

장다리 서쪽의 할미산성에는 할미성 또는 합미성合米城이라는 산성이 있는데, 이 성은 삼국시대에 양곡을 저장해두던 곳이며 동학농민혁명 당시에도 쌀을 저장해두었던 곳이라고 한다.

운봉은 동학의 흔적이 짙게 배어 있는 곳이다. 동학을 창시한 수운 최제우는 1862년(철종 13) 겨울 전라도 남원으로 피신해왔다. '사람이 하늘' 이라는 동학의 큰 이치를 깨닫고 널리 포교하던 중에 추로(공맹을 일

**실상사 백장암삼층석탑
과 석등** 국보 제10호로 지
정되어 있는 실상사 백장암
삼층석탑은 통일신라 때 만
들어진, 빼어난 아름다움을
지닌 이형 석탑이며 보물 제
40호인 석등은 팔각기둥에
연꽃모양의 받침대를 둔 형
식으로 통일신라시대 석등
의 기본적인 형태를 잘 간직
하고 있다.

컬음) 지향의 영남지방에서 만연하는 사상의 보수성과 온갖 형태의 박해를 피하여 전라도 땅에 발을 내디딘 것이다. 그는 남원성 남문 밖의 한 주막에서 서공서(그는 훗날 동학의 골수 신자가 된다)를 만나 그의 안내로 교룡산성 내에 있는 선국사善國寺에 방을 얻었다. 최제우는 그곳에 은적암이라는 당호를 붙이고 8개월 여를 피신, 수양하면서 동학을 밝히는 『논학문』 등을 집필하였고, 동학농민혁명의 전개 과정에서 가장 중요한 전투 중에 불렸던 〈칼노래〉를 만든다.

시호시호 이내시호 부재패지 시호로다. 만세일지 장부로서 5만 년의 시호로다 용천검 드는 칼을 아니 쓰고 무엇하리. 무수장삼 떨쳐 입고 이칼 저칼 넌즛 들어 호호망망 넓은 천지 일신으로 비켜서서 칼노래 한 곡조를 시호시호 불러대니 용천검 날랜 칼은 일월을 희롱하고 게으른 무수장삼 우주에 덮여 있네. 만고망장 어디 있나. 장부당전 무장사라 좋을시고 좋을시고 이내 신명 좋을시고.

그는 선국사의 대밭 속이나 묘고봉에 올라 고향을 떠나올 수밖에 없었던 울분을 시로 읊조리고 칼노래를 부르며 칼춤을 추었다고 한다. 이 칼노래가 결국 1864년(고종 1) 수운이 체포되어 대구 장대에서 사도난정률이라는 죄목으로 죽임을 당하게 만드는 결정적인 원인이 되었다. "동학의 두목 최제우는 삿된 방술로써 사람을 고치고 병을 낫게 한다고 사칭했으며 주문으로써 국가와 민족을 속였고 칼노래로써 국가의 정사를 모반했으니 사도난정률에 따라 처형함이 마땅하다." 수운 최제우는 그렇게 죽었다. 그러나 그가 선국사 은적암에서 숨어 지낸 몇 개월이 남접의 시작이 되고 결국 1894년(고종 31) 동학농민혁명의 도화선이 되었다.

운봉읍 서천리의 선두숲에는 동학농민혁명 당시 김개남 부대를 섬멸한 운봉토호 박봉양의 비가 깨진 채 서 있는데, 매천 황현은 『오하기문』에서 김개남에 대해 이렇게 적고 있다.

봉준과 기범의 나이는 모두 마흔 살쯤 되었다. 기범의 집안은 태인 지방에서 몇 대에 걸친 토호였던 까닭에 그 지방 사람들은 이들 집안을 '도강道康 김씨'라고 불렀다. 시풍始豊 또한 이들과 한 집안 사람이다. 기범의 사람됨은 음험하면서도 의지가 굳은 면이 있어 자못 무력으로 사람들에게 군림하였다. 그리하여 난이 일어났던 초기에 그 집안 사람들은 대부분 그를 따라 난에 참여하였으며 도강 김씨 중에 접주가 스물네 명이나 되었다. 기범은 자기 스스로 "꿈에 신령이 나타나 손바닥에 '개남開南' 두 자를 써주었다"고 말하면서, 개남으로 호를 삼았다.

1894년 전라 좌도를 돌아 유월 초하루 남원에 도착한 김개남은 농민군 3,000여 명을 모아 남원성을 들이쳤다. 완강하게 버텼던 남원부사 이용헌의 목을 베고 소년장수 김봉득을 시켜 그때까지 집강소가 설치되지 않은 운봉을 쳤다. 운봉에는 전라도에서 고창의 은대정과 함께 악질토호로 선두를 다투던 아전 출신 만석꾼 박봉양이 민보군을 모아 여원재에서 버티고 있었다. 그것을 눈치챈 김봉득은 북쪽 장수를 돌아 바람같이 운봉을 점령했다. 박봉양은 재빠르게 민보군을 해산했고 어디론가 숨어들었다. 그러나 훗날 김개남이 남원을 떠나 전주로 올라가자 박봉양은 곧바로 민보군을 모아 남원성을 공략했다. 11월 13일 농민군 지도자 유복만, 남응삼 등은 농민군을 이끌고 운봉을 넘어 영남으로 진격하고자 산동방 부동촌에서 민보군과 맞붙었으나 그 싸움에서 농민군 수천여 명의 사상자만 내고 물러났다. 11월 28일 박봉양의 군대는 남원성을 공격하였다. 농민군이 북문을 열고 달아나자 성에 입성한 박봉양은 수백 명을 죽이는 만행을 저질렀다. 남원 운봉면 서천리 선두숲에는 박봉양이 농민군을 격퇴한 것을 기리는 기념비가 세워졌고, 남원을 비롯한 전라 좌도를 호령했던 김개남의 흔적은 100년의 세월 동안 지워져버리고 말았다. 그 한 맺힌 세월을 보상하기 위해 100년이 다 되어서야 김개남을 기리는 추모비가 1993년 5월 30일 전주 덕진공원에 세워졌다. 그리고 박봉양의 비는 수풀 속에 쓰러져 있다가 얼마 전에야 다시 세워졌는데, 그 박봉양이 운봉현의 객사에 세운 학교가 운봉초등학교였다.

'운봉초등학교 설립 연혁'에 따르면 박봉양은 1907년 8월에 교육입국에 뜻을 두고 사재를 헌납하여 사립만성학교를 설립한 뒤 초대 교장에 취임하였다.

운봉현의 객사에 섭섭루 또는 협선루라는 누각이 있었는데 날아갈 듯한 누각이 사라진 자리에 서 있는 운봉초등학교는 조용하기만 했다. 그곳 운동장을 바라보며 김개남이 추구한 나라 사랑과 박봉양이 추구한 나라 사랑이 그처럼 달랐음을 새삼 깨달았다.

그 근처인 운봉읍 화수리에는 이성계가 아지발도군을 무찌른 것을 기념하는 황산대첩비가 세워진 황산이 있고, 그 마을에서 판소리의 가왕이자 동편제의 창시자인 송흥록과 근세의 명창인 박초월이 태어났다.

서거정은 그의 시에서 "두류산(지리산을 말함)의 경색은 푸른 하늘에 솟았는데, 동부는 깊고 깊으며, 가느다란 길이 통하였네. 10년 전쟁을 치른 뒤에 신기한 전공을 소담 중에 세웠네. 사시의 운기는 비가 되고 만 골짜기에서 나는 가을 소리는 바람이 되었네. 어느 날에나 질정에 기어올라가 처음 해뜰 제 해파가 붉은 것을 내려다볼 수 있을 거나"라고 읊었는데, 바람은 이제 일어나 단풍이 곱게 물들어가는 지리산으로만 내달리는구나.

전북 진안 용담 四장

푸른 용담댐에 잠긴 아름다운 강변 고을

　한때는 일대를 호령하던 도회지도 나라가 좁다고 큰소리치던 사람들도 세월의 흐름 속에 묻혀 찾을 길이 없는 경우가 허다하다. 그런 지역을 찾아가서 멍하니 바라보면 문득 되살아나는 얼굴들이 있기도 하다. 하지만 그 어떤 것도 떠오르지 않는 곳도 있는데, 안동댐에 수몰된 경상북도 안동의 예안과 금강 상류에 건설된 용담댐에 잠겨버린 전라북도 진안의 용담이 그러하다. 용담현은 진안군에 편입되기 전까지 용담, 주천, 동향, 안천, 정천을 아우르는 곳이다.

　『신증동국여지승람』에는 용담현에 대해 다음과 같이 실려 있다.

운일암·반일암　항상 구름에 싸여 있어 해질 무렵에나 빛을 받는다는 운일암과 산속에 있어 반나절 밖에 햇빛을 받지 못한다는 반일암은 여름 관광지로 각광받고 있다.

동쪽으로 금산군錦山郡의 경계까지 29리, 북으로 금산군의 경계까지 22리,
　남으로 장수현長水縣의 경계까지 31리, 서쪽으로 고산현高山縣의 경계까지

36리, 서울로부터 557리 떨어져 있다. 본래는 백제의 물거현勿居縣이었다. 신라의 경덕왕景德王이 청거淸渠라 개명하여 진례현進禮縣에 예속시켰는데, 고려 충선왕忠宣王 5년에 지금의 이름으로 고쳐 현령을 두었고 본조에서도 이에 따랐다.

조선 말기까지만 해도 하나의 독립된 현이었다가 군이 된 용담은 1914년 군면 통폐합에 따라 용담군의 군내면과 일북면의 일부를 병합하여 용담면이 되면서 진안군에 편입되었다.

용담 지역을 흐르는 강이 비단처럼 아름다운 금강인데, 금강에 접어드는 큰 하천은 세 개가 있다. 하나는 안천면의 신괴리, 노성리, 백화리 등 여러 지역에서 발원한 물이 삼락리 안자동 앞에서 한 줄기를 이루어 금강으로 들어가는 안자천顔子川이고, 또 하나는 주천면 대불리, 무릉리, 용덕리의 골짜기에서 발원한 물이 용담면 와룡리, 수천리를 지나 봉산 앞에서 금강으로 들어가는 주자천朱子川이며, 나머지 하나는 연석산 골짜기에서 발원하여 여의실 앞에서 금강으로 몸을 합치는 정자천程子川이다. 용담이라는 지명은 이처럼 여러 개의 지류들이 합쳐져 큰 못을 만들 경우에 용이 살 수 있는 곳이 될 것이라는 뜻에서 나온 이름이라고 한다.

『세종실록지리지』에는 용담에 대해 "당시 호수가 86호요, 인구는 276명이며 군정은 시위군이 2명이고, 진군이 12명, 선군이 59명이다. 땅이 메마르며 기후가 일찍부터 춥다"라고 기록되어 있다.

조선 창업 공신 중 한 사람인 윤소종尹紹宗은 시서詩序에서 "용담의 백성들은 소박하고 꾸밈이 없다. 또 좁고 맑은 물이 여러 겹 창벽蒼壁 간에 흐른다"고 하였고, 『신증동국여지승람』「주기州記」에는 "땅은 궁벽하고, 하늘이 깊으며, 바위는 기이하고, 나무는 노후하다. 구름다리가 산에 걸리고, 돌길은 시내에 연해 있다. 동구洞口문은 깊숙하며, 백성들은 드문드문하다"고 기록되어 있다.

용담의 진산 용강산龍崗山(440미터) 자락에 자리 잡은 용담현의 중심지였던 옥거리玉居里는 용담군 군내면의 지역으로 마을 앞을 흐르는 내가 옥玉과 같이 맑아서 옥거 또는 옥거리라고 불렀다. 지금 옥거리는 물이 넘실거리고 용담댐 순환도로 옆에 몇 채의 집들이 지어져 그나마 명성을 지키고 있다.

용담초등학교 자리에 있던 객사 터도, 면사무소 자리에 있던 동헌 터도 지금은 찾아볼 수조차 없다. 예전에 고을 원님이 부임하거나 이임할 때에 백성들이 나와서 맞이하거나 보내던 곳으로 마을에서 5리쯤 거리에 있다는 오리정五里亭도, 소나무, 참나무가 수십 그루 서 있었다는 숲거리도 이젠 전설이 되었다. 그뿐인가? 자그마한 개울 위에 작은 다리를 놓았는데 그 모양이 구름 같아서 하느개라고 지었다던 다리도 형체조차 없이 사라져버렸다. 지금은 용담댐의 푸른 물결만 넘실대고 저 멀리 산위로 산뜻한 정자 하나가 보일 뿐이다.

용담댐이 한눈에 내려다보이는 망향의 동산에는 팔각정과 태고정太古亭 그리고 용담 땅을 다녀간 현령들의 영세불망비 몇 기가 서 있다.

『신증동국여지승람』에는 태고정에 대해 "봉우리가 빼어나고 시내가 둘러 있으며 송백松柏이 울창하다"고 기록되어 있다. 태고정은 본래 상거 북쪽에 있는 정자로 현령縣令 조정趙鼎이 작은 정자를 짓고 이락정 또는 만송정이라고 불렀는데, 그후 현령 홍석인洪錫因이 이락정 터에 작은 정자를 다시 만들고 태고정이라 고쳐 불렀다고 한다. 산봉우리가 우뚝 솟아 있고 아름다운 시냇물이 수백 그루의 소나무를 에워싸고 흐르는 곳에 자리 잡은 태고정은 태고청풍太古淸風이라 하여 용담팔경 중 한 곳이었지만 지금은 용담호에 둘러싸여 그 모습을 찾을 길이 없다.

이 정자에 얽힌 여러 사연 가운데 다음과 같은 이야기가 전해온다. 1911년 3월 일본인들이 국고 수입을 올리려는 구실로 태고정을 헌납이라는 미명 아래 압수한 다음 공매에 부치려 하였다. 그때 이 지역 사람들은 선현들의 숨결이 배인 정자를 빼앗기지 않기 위해 이를 사들일 자금을 마련하고자 했으나 돈이 모이지 않아서 애를 태우고 있었다. 그때 한 주민이 자기의 사재를 털어 이 정자를 사들인 뒤 다시 용담면에 기증하였다. 그만큼 태고정은 이 지역 사람들의 사랑을 받는 명소였음을 알 수 있다.

용담현에는 산천도 많다. 『신증동국여지승람』에 현의 서쪽 30리에 있다고 수록된 주줄산誅苗山은 지금의 운장산인데, 현의 서쪽 20리에 있다는 구봉산九峯山과 더불어 사람들이 즐겨 찾는 산이다. 하루 속히 원래의 이름인 주줄산으로 바뀌어야 할 것이다.

그러나 『신증동국여지승람』에 "현의 동쪽 12리에 있다. 「주기」에 '현의 동남쪽 두 물이 서로 모이는 사이에 용담이 있어 현명縣名으로 취한 것이다' 하였던 마산담馬山潭이 바로 이것이다"라는 기록이 있는데, 그 마산담은 지금 물 속에 잠겨 있다.

"향교는 현의 북쪽 2리에 있다. 고려 공양왕恭讓王 때 현령 최자비崔自卑가 중건하였다. 이색의 시에, '성도聖道와 왕화王化가 원근遠近에 고루 퍼지니, 학사學舍는 천산千山 만산萬山 중에 있도다. 묻노니, 독서의 목적

용담호와 태고정 용담댐이 들어서면서 용담은 수몰되고,
용담팔경 중 하나였던 태고정은 용담호 푸른 물에 둘러싸여 예전의 풍광을 잃어버렸다.

은 무엇인고. 효제孝悌 · 충신忠信 바로 이것이로다' 하였다"라는 기록에 등장하는 용담향교는 원래 옥거리에 있었는데, 용담댐이 건설되는 과정에서 진안군 동향면 대량리로 옮겨졌다. 불과 몇십 년 전만 해도 전국의 8대 오지로 꼽히던 동향면에는 동향소銅鄕所가 설치되어 있었는데 구리향천이라는 냇가의 이름만 남아 있다.

태안군 이원면 포지리에 딸린 섬으로 참대나무가 많아 '대나무섬' 으로 불렸던 죽도竹島는 진안군 상전면 내송마을에 자리 잡은 곳으로 섬이 아니면서 섬이 되었다. 구리향천과 금강이 만나는 곳에 자리 잡은 이 섬은 선조 때 1,000여 명이 희생당한 기축옥사己丑獄死의 한을 아는지 모르는지 무심히 자리를 지키고 있는데 지금은 용담댐이 만수가 되면 이름 그대로 하나의 섬이 되어 천반산을 올려다보고 있다.

안천면 보한리에서 백화리 상배실로 넘어가는 고개는 달래(달롱개)가 많이 있다고 해서 달롱개재이고, 노채魯彩 또는 노촌 마을은 과거 놋그릇을 만들던 곳이다. 노성리 보한마을의 남쪽에 있는 호목다리는 마을이 들어설 때 어느 할머니가 치마에 싸서 옮긴 돌을 가지고 놓은 다리로 마을 목을 지켜준다고 한다. 백화리 중매실 북쪽에 있는 도래실 마을은 주위가 전부 산으로 둘러싸여 있어서 산 위에서 내려다보면 마치 복숭아처럼 생겼다고 한다.

한편 동향면의 학선리에 있는 덤풀주막은 봉곡 서북쪽에 있는 주막터로 무주 안성에서 진안으로 가던 길손들이 쉬어가던 곳이라지만 그 흔적 또한 찾을 길이 없다.

백화리의 하백실 서남쪽에는 통정대부通政大夫 황대성黃大成의 처인 옥천 육씨陸氏의 열녀문이 있다. 어느 해 도적의 무리들이 황대성의 집에 침입해 육씨의 가슴을 만지려고 하자 육씨는 그 도적들을 크게 꾸짖으며 칼을 꺼내 가슴을 잘라버리고 바위 밑으로 떨어져 죽었다고 한다. 선조 때 정려받고 1865년(고종 2)에 중수하였다.

구레마을 동쪽에는 밤고개를 양지편과 음지편을 나누어 양방고개, 음방고개라고 부르는데, 양방고개는 무주군 부남면에 있다

주천면의 무릉리는 본래 용담군 이서면의 지역으로 그 지역의 산천이 중국의 무이구곡과 비슷하다고 해서 무릉리라는 이름이 지어졌다. 1914년 행정구역 통폐합에 따라 진안군 주천면에 편입되었다.

대불리 아래를 흐르는 물이 가다가 멈추는 곳이 대불리의 운일암 · 반일암 계곡이다. 현재는 여름 관광지로 각광받고 있는 운일암은 삼거리 동남쪽 명도봉 중턱에 있는 바위로 항상 구름에 싸여 있어 해질 무렵에나 빛을 받는다고 해서 붙여진 이름이고, 반일암은 마을 동쪽에 높이 솟아 있는 바위로 높고 가파른 산 속에 있어 반나절밖에 햇빛을 받지 못한다고 해서 지어진 이름이다.

남쪽으로 명도봉, 북쪽으로 명덕봉을 사이에 두고 흐르는 운일암 · 반일암 계곡에는 집채만한 바위 수백여 개가 들어서 있는데, 옛날에는 아슬아슬한 벼랑길로 왕래했다고 한다. 예전에 시집가는 새색시가 수십 길 아래로 깎아지른 절벽 길을 울면서 지나갔다고 해서 '우일암' 이라고 부르게 되었다는 말도 있다.

가만히 앉아서 바라보는 용담댐은 푸르고 푸를 뿐인데, 푸른 물이 넘실거리는 저곳에 금산으로 가는 795번 지방도로와 안천으로 가는 796번 도로가 나뉘는 안천대교가 있었지만 보이지 않는다. 그것은 이곳이 용담댐이라는 이름으로 수몰되면서부터다.

금강 변의 죽도 1589년에 일어난 기축옥사의 주동자 정여립이 이곳 죽도에 서실을 지어놓고
대동계를 조직, 활동하다 이곳에서 관군에 포위되어 자결했다.

용담댐이 처음 계획되었던 것은 1930년대 일본에 의해서였다. 한반도의 영구침탈을 위해 1936년부터 실시했던 토지조사사업 결과 선정된 154개소 조선수력발전 지점망 속에 용담댐이 포함되었던 것이다. 그 뒤 1945년까지 측량을 완료하였고 수몰지역 내의 용지 매수까지 완료되었다.

그러나 일본이 패망하자 용담댐 공사는 중단되었고 1950년에 용지로 매수했던 토지는 무상 반환되었다. 1966년 건설부에서 용담댐 일대를 재조사하여 수몰 지역민의 이주대책까지 세웠지만 계획에만 그쳤으며 국토종합개발계획 중 4대강 유역 종합개발에서도 용담댐은 제외되고 대청댐만 건설되었다.

그러나 서해안 개발이 본격화된 1980년대 중반부터 용담댐 건설 계획이 다시 수면 위로 떠올랐다. 1988년 8월에 전주권 2단계 지역개발사업 타당성 조사가 실시되었고 1992년 10월 용담댐 공사가 착공되었다. 1997년 12월 용담에서 고산까지 이어지는 길이 21.9킬로미터에 직경 3.2미터의 도수터널이 관통되고 용담은 2000년에 수몰되면서 아름다운 선바위가 있는 송풍리에 새로운 면소재지가 만들어졌다.

용담댐의 유역 면적은 930평방킬로미터이고 수몰지의 이주인구는 2,864세대(21,616명)였다. 수많은 수몰민들의 한과 눈물이 서리고 천문학적인 돈을 들여 만든 댐의 푸른 물은 아래로 흘러서 바다로 들어갈 것이다.

고려시대의 문장가 김극기는 용담을 두고 "하늘 높고 서리 이슬의 계절, 땅은 궁벽하고 물과 구름의 고을이로다" 하고 노래했고, 성임成任은 "다리는 시내 굽이에 비낀 것이 어여쁘고, 집은 수풀 사이에 향해 있는 것이 사랑스럽다. 다만 궁벽한 곳에 와서 노는 것이 좋을 따름이니, 지나온 길이 험하였음을 탄식하지 말라"고 읊었는데 그 아름다웠던 풍경들은 어디로 갔는지 헤아릴 길이 없고 푸른 물결만 바람에 출렁거리고 있다.

전남 곡성 옥과 — 청화선사의 말씀만큼 향기 롭고 맑은 고을

전남 담양 창평 — 조선시대 정원 문화의 백미를 간직하다

전남 화순 동복 — 적벽의 절경과 화순삼복으로 이름난 고장

8부

전라남도

玉果

전남 곡성 옥과 ―장

청화선사의 말씀만큼 향기롭고 맑은 고을

곡성에는 옥과가, 순창에는 금과가 있다. 목동리의 산 모양이 나무 열매 같다고 해서 목과木果라 이름 붙여진 목과면은 금동과 목과의 이름을 따서 금과면으로 개칭되고 옥과는 곡성군에 편입되고 말았다. 『신증동국여지승람』에는 옥과현의 지리에 대해 "동으로는 남원부 경계까지 20리, 남으로 동복현까지 26리, 서로 담양부의 경계까지 11리, 북으로 순창군의 경계까지 11리, 서울까지는 712리이다"라고 기록되어 있다.

옥과현의 백제 때 이름은 과지현菓支縣이었다. 신라 때 지금의 이름을 얻은 옥과는 조선시대에 와서 현감을 두었다. 고종 때 옥과군이 되었다가 1914년 군면 통폐합에 따라 곡성군에 편입되었는데, 현재 옥과, 입면, 겸면, 오산 등의 4개 면이 그 당시 옥과현이었다.

『세종실록지리지』에 의하면, 그 당시 옥과현의 호수는 136호이고, 인

성륜사 고승 청화선사가 주석했던 곳으로 설산 중턱에 자리 잡은 이 절은 10여만 평 규모의 큰 절로 대웅전, 지장전, 범종각, 승방 등의 여러 건물이 있고 대웅전 왼쪽에 옥과미술관이 있다.

구는 837명이었다. 군정은 시위군이 17명에 진속군鎭屬軍이 34명, 선군이 117명이었다고 하며, 기름진 땅과 메마른 땅이 반반이었다고 한다.

옥과현의 진산인 설산雪山은 옥과면 설옥리에 있는 산으로 높이가 523미터다. 이 산은 북쪽으로는 순창군 풍산면, 서쪽으로는 담양군 무정면으로 이어져 있고, 산 정상에는 여제단廬祭壇과 옛 성터가 있으며, 성터 밑에는 금샘과 은샘이 있어 산을 찾는 사람들의 갈증을 풀어주었다고 한다. 등산객들이 많이 찾는 괘일산 정상의 남쪽 아래로 금당사와 수도암이 있으며 동남쪽에 우리 시대의 선승으로 널리 알려진 청화선사가 일구어낸 성륜사聖輪寺가 있다.

우리 일행이 그곳에 갔던 날은 마침 청화선사 입적 1주기로 전국 각지에서 모여든 사람들로 북적대고 있었다.

청화선사의 속명은 강호성姜虎成으로 1923년에 전남 무안에서 태어나 일본 메이지대 철학과를 수학한 뒤 동양철학에 심취하였다. 진보적 의식을 갖고 있던 그는 해방 이후 극단적인 좌우익의 대립을 지켜보다가 더 큰 진리공부를 위해 출가했다. 백양사 운문암에서 송만암 대종사의 상좌였던 금타화상을 스승으로 수행에 들어간 청화선사는 하루 한 끼 공양과 좌선수양을 위한 장좌불와를 평생의 신조로 삼았다. 40여 년 동안 두륜산 대둔사, 월출산 삼견성암, 지리산 백장암 등 전국 각지의 사찰과 암자의 토굴에서 계율을 엄격히 지키면서 수도 정진했다.

1985년에는 태안사에서 주석하면서 탁발수행과 떠돌이 선방좌선을 매듭지었다. 또한 한국전쟁 때 불타버린 후 쇠락해 있던 태안사를 다시 일으키기 위해 그해 10월 21명의 도반과 함께 3년 동안 묵언수도를 계속하며 일주문 밖을 나서지 않은 채 3년 결사를 하였다. 그 당시 청화선사의 3년 결사는 세상의 이익에 급급한 채 수도 정진을 게을리 했던 불가에 큰 충격을 주었다.

청화선사는 그후 이곳 옥과에 성륜사를 일으켜 세웠고 다양한 종교와 화홍(진리는 서로 통한다는 뜻)을 위해 한국 불교를 미국에 전파하다가 2003년 타계하였다. "불교든 기독교든 역사적으로 위대한 철학이라고 검증된 것이라면 믿어볼 만합니다. 성자의 가르침은 하나된 우주의 법칙으로 불교나 기독교는 수행법이 서로 다른 방법일 뿐 궁극적으로는 도를 지향하는 것입니다"라는 말을 남긴 청화선사에 대해 시인 최하림은 "맑은 꽃 비상하게 자기를 다스린 사람에게서만 느껴지는 향훈香薰의 큰스님"이라고 표현하였다.

그는 모든 수행은 "정견正見을 바탕으로 선오후수先悟後修(먼저 깨닫고 나중에 수행하는 것)하는 것이니 불성 체험에 역점을 두고 정진하는 것"이라고 강조하였다. "정견은 바른 인생, 바른 가치관, 바른 철학과 같은 뜻이며 진리에 맞지 않는 업으로 우리가 고통을 받으므로 행복을 위해서는 바른 가치관을 확립해야 하고, 거기에 따른 행동도 실천해야 한다"고 말한 청화선사의 말은 현실을 살아가는 우리가 한번쯤 음미해볼 만하다.

옥과에 도착하자 객사 터부터 찾았다. 객사가 있던 곳은 다행스럽게 옥과면사무소가 들어서 있고 담장 앞에는 관찰사 조현영, 서기순, 현감 이규현 등의 비석 21기가 서 있다. 나는 옥과면사무소에 들어가 규장각에서 사진을 찍어다 확대해서 그렸다는 옥과현의 옛 지도를 들여다보았다. 저렇게 실재했던 옥과현이 지금은 그 흔적조차 없이 사라져버리고 말았다.

이곳 옥과현 객관의 동쪽에 있는 의운루倚雲樓를 두고 성임成任은 다음과 같은 시를 지었다.

누에 오르니 경치가 한없는데, 봄이 다 되매 홀로 머리를 긁적이네.
빈 평상엔 소나무가 비 소리로 울고, 먼 촌락에는 보리 가을이로세.
관산關山에서 북쪽 바라보기에 신세身世는 동으로 흐르는 물에 부쳤다.
낮과 밤으로 시름 많은 구름이 합하니, 돌아가고픈 마음 거둘 수 없도다.

그곳에서 멀지 않은 곳에 자리 잡은 옥과 노인당은 예전에 옥과의 동헌이 있던 자리였다. 지금은 부임해온 현감이 집무를 보던 동헌 터에 집한 채만 덩그러니 남아 있고, 그 옆에는 임진왜란 때의 의병장 유팽로柳彭老를 모신 사당인 옥산사와 서낭당이 남아 있을 뿐이다.

서낭당은 '조장군 사당'이라고도 불리는데, 단칸 맞배지붕으로 지어진 이 건물에 남녀 목신상 2개와 머리가 떨어져나간 동자 석조상 1개가 모셔져 있다. 남신상은 길이가 83센티미터이고 여신상은 68센티미터인데, 그 형태를 보면 남신상은 무당이 쓰고 있는 모자를 쓰고, 큰 눈썹에 눈이 튀어나와 있어 마치 장승과 흡사하다. 허리에 흉대를 두르고 중앙에서 묶었는데, 그 띠가 발등까지 내려와 있다. 여신상은 머리에 고깔 같은 것을 쓰고 얼굴이 남신상보다 정교하여 아름다우며 모아쥔 두 손은 무엇인가를 들고 기원하는 모습이다. 이 서낭당에는 고려 신종 때의 학자인 조통趙通에 얽힌 전설이 서려 있다.

조통은 본관이 옥과, 자가 역락亦樂으로 체격이 크고 훌륭할 뿐만 아니라 경經·사史·백가百家에 두루 뛰어나 명종의 부름을 여러 차례 받았다. 문과에 급제한 그는 정언正言을 거쳐 고공낭중考功郎中이 되어 전왕의 「양위표讓位表」와 신왕의 「권수청명표權守請命表」를 올리려 금나라에 사신으로 갔다가 구류되었다. 금나라 사람들이 그의 재능을 사랑하여 돌려보내니 태자문학太子文學을 거쳐 서경유수사西京留守事가 되었다.

1199년(고려 신종 2) 지금의 경주인 동경에서 도적이 일어나자 장작소 감으로서 동경초무사가 되었으며, 이듬해에 소부소감으로 진주안무사 가 되었다. 그는 관대하고 어질었으며 신의로써 사람을 대했는데 벼슬 이 한림학사 지제고에 이르렀다. 조통과 교류를 나누었던 학자와 문인 은 오세재, 임춘, 황보항, 함순, 이담지, 이인로 등이었다. 사람들에게 평 판이 좋았던 그들은 항상 함께 술을 마시며 어울렸다. 그들을 일컬어 사 람들은 중국 진나라의 죽림칠현竹林七賢에 빗대어 강좌칠현江左七賢 또는 해조칠현海東七賢이라고 불렀다. 이인로는 그를 통이라 부르며 증시贈詩 하였는데, "도주공陶朱公이 월越나라의 재상이 되었으나 한 조각배로 바 다에 떴고, 사안석謝安石이 진晉나라 조정에 있었으나 청산靑山의 달을 완상하였네. 지금 나와 그대가 있으니, 어찌 벼슬을 중히 여기리오. 동해 의 금을 흩어버리고 서산西山에 고사리나 캐자꾸나" 라고 읊었다.

그렇게 풍류를 즐기며 활동하던 조통이 고향인 옥과로 낙향하자 평소 에 그를 사모했던 공주가 옥과까지 찾아왔다. 그러나 조통이 가까이 하 지 않자 공주는 한을 품고 죽고 말았다. 그 뒤 이 지역 무당들이 공주를 가엾게 여겨 그의 한을 풀어주고자 공주와 조통의 모습을 깎아 한자리 에 모시고 해마다 제사를 지냈다고 한다. 옥과 서낭당은 1914년 옥과가 곡성에 편입되기 전까지 국행 서낭당으로서 현에서 제사를 지냈으며, 그 뒤에는 무당들이 제사를 이어 지냈다고 한다. 이 '옥과서낭당목조신 상' 은 전라남도 민속자료 제2호로 지정되어 있다.

입면 약천리 초당골은 조통의 초당이 있었던 곳이고, 한림대翰林臺는 고려 신종 때 한림학사를 지낸 조통이 때때로 올라서 풍월을 읊었다는 곳이다. 배넘재는 약천 동쪽에서 곡성면 월봉리로 넘어가는 고개이고, 당굴에 있는 당바위는 옛날에 비가 오지 않을 때 기우제를 지냈던 곳인데, 아들 없는 여인이 기도를 드리면 아들을 낳는다는 이야기도 전해온다.

옥과동헌의 동쪽 6리 되는 지점에 경양도찰방景陽道察訪에 딸린 대부역大富驛이 있었다는데 지금은 무창리로 무창삼거리 표지판만 남아 있을 뿐이다. 물이 많아 물한실 또는 수대곡, 수곡이라 불리며 한때는 수대곡면까지 되었던 수리水里에는 재미있는 사연이 서려 있다.

정문동에 사는 송광언宋光彦의 아내 함평 이씨는 삯바느질을 해서 술

수리마을 물이 많아 물한실 또는 수대곡, 수곡으로 불린 이곳에 함평 이씨의 열녀비가 세워져 있었으나 30여 년 전쯤 풍산면으로 옮겨졌다.

을 좋아하는 남편에게 술을 사다 주었다. 그러던 어느 날 부뚜막에 술 한 대접을 놓았다가 그만 실수로 쏟고 말았다. 어찌할 바를 모르던 아내가 땅바닥을 파니 그 술이 고스란히 나왔다. 그 사실을 알게 된 마을 사람들이 남편을 잘 섬긴 함평 이씨의 뜻을 기려 열녀비를 세워주었다고 한다. 나라 안에 수많은 열녀비를 보았지만 이처럼 별스러운 사연을 지닌 열녀비 이야기는 처음인 것 같았다. 그러나 아무리 찾아도 열녀비는 없고 효자비뿐이었다. 시제를 지내고 있는 제각 안에 들어가 묻자 그 열녀비가 근처인 풍산면으로 옮겨갔다고 한다. 사연인즉 30여 년 전쯤 경지 정리를 하는 중에 그 여인의 친정인 전라북도 순창군 풍산면의 함평 이씨들이 가져갔다는 것이다. 마을 사람들은 지금이라도 찾아올 수 없겠느냐고 하지만, 지금 달라고 하면 누가 다시 주겠는가.

한편 이곳에서 멀지 않은 옥과면 합강리는 섬진강과 옥과천이 합류하므로 합강리라는 이름이 붙었는데 그곳에 임진왜란 때 죽은 유팽로의 말 무덤이 있다. 임진왜란 때 유팽로가 왜군에게 죽자 그의 말이 유팽로의 머리를 물고 300리 길을 달려 그의 생가에 가지고 와서 아흐레 동안 여물을 마다하고 계속 울기만 하다가 굶어죽었다고 한다. 그래서 그곳에 말 무덤을 쓰고 팽로 말무덤이라고 불렀다.

옥과군의 속해 있었던 오산면 가곡리에는 고려 성종 때 세운 가곡리 오층석탑이 있다. 이 탑으로 가기 전에 만나는 유물이 가곡리 돌장승이다. 왼쪽이 여자, 오른쪽이 남자인 이 돌장승은 그 크기가 2미터나 되는데, 늘어진 귀와 커다란 주먹코, 동그란 방울눈이 인상적이고, 대체로 이목구비가 뚜렷하다.

돌장승을 지나 마을 깊숙이 들어가면 탑에 이른다. 이 탑은 전체 높이가 6.4미터이고 2층 기단에 5층 탑신부를 올린 모습인데, 상륜부는 소실되었다. 탑의 전체적인 인상은 상하기단의 높이가 엇비슷한데다가 두 기단의 높이를 더해보아도 1층 몸돌의 높이를 넘지 않아 전체적으로 불안하게 보인다. 석탑 좌우에 있는 문인석은 원래 이 석탑과 같이 있었던 것이 아니고, 근래에 마을 사람들이 근처에 있는 무덤에서 옮겨온 것이라고 한다. 가실 서북쪽에 있는 장재는 옥과장을 보러 다닐 때 넘어다니던 길목이다.

오산면 봉동리는 본래 옥과군 화면 지역으로 오지봉 아래 자리잡고 있는 마을로 오동나무 가지에 봉황이 깃드는 곳이라 하여 봉서동 또는 봉동이라고 불렀다. 오산면 선세리蟬世里의 선세마을 서남쪽에 있는 들 이름이 바우배기들인데, 전에 마장군이라는 사람이 힘을 자랑하기 위해 돌을 들었다 놓았다고 하며, 성덕 동쪽에 있는 배바우는 옛날 이 마을 앞에까지 배가 들어와서 그 배를 매어놓았던 곳이라고 해서 배바우라 불린다고 한다.

연화리의 연산 밑에는 여름밭이라는 들판의 서북쪽에서 담양군 무정면 오례리 오례원으로 넘어가는 과툿재(과치재)가 있고, 골안에서 청단리 유정으로 넘어가는 고개는 가파르기 때문에 사람들이 쉽게 넘어진다고 해서 '잣바지기 고개'라고 불렀다. 오산면 청단리에 있는 박쥐굴은 족제비굴 동쪽에 있는 굴로 굴이 깊어 박쥐들이 많이 사는데, 오전에 돌을 던지면 오후에 돌 떨어지는 소리가 들렸다는 말이 전한다. 또한 청단마을에 있는 부의당扶義堂은 유비의 군사인 제갈공명을 모신 곳이라 하고, 굴동에 있는 바람굴은 여름엔 시원한 바람이 나오고 겨울엔 더운 바람이 나온다고 한다.

선세리의 성덕봉 아래에는 관음사觀音寺라는 절이 있는데, 백제 때 성덕보살聖德菩薩이 창건한 이 절은 임진왜란 때 원통전만 남고 모조리 불에 탔던 것을 1954년에 다시 세웠다. 관음사 북쪽에서 겸면의 구름다리로 넘어가는 고개는 하늘에 닿을 것 같이 높다고 해서 하누재(하늘재)라고 부른다.

　『정감록비결』에 피난처라고 알려져 있는 옥과는 그래서인지 현재에 이르기까지 한 번도 전란의 피해를 입지 않은 고장이다. 하지만 지금은 그렇듯 평화로웠던 옥과 소재지에도 '수양댐 건설 결사반대, 안개지역으로부터 옥과를 지킵시다' '쌀 개방 반대 식량주권사수'라는 플래카드가 바람결에 흔들리고 있다.

전남 담양 창평 _{二장}

조선시대 정원 문화의 백미를 간직하다

담양군 고서면에 있는 취가정醉歌亭은 억울하게 죽은 김덕령金德齡의 원혼을 위로하고 그를 기리기 위해 그의 후손인 김만식을 비롯한 여러 사람들이 1890년대에 지은 건물이다. 정자의 이름이 취가정이 된 사연이 흥미롭다. 송강 정철의 문인으로 성격이 자유분방하고 구속받기 싫어해서 벼슬에 나아가지 않은 채, 야인으로 일생을 보낸 석주 권필權韠이 어느 날 꿈을 꾸었다. 그 꿈에 임진왜란 당시 의병장으로 전공을 세웠지만 '이몽학李夢鶴의 난亂'으로 억울하게 누명을 쓰고 죽은 김덕령이 나타나 한 맺힌 노래 한마디를 불렀다.

한잔 하고 부르는 노래 한 곡조,
듣는 사람 아무도 없네.

명옥헌 광해군 때 어지러운 세상에 환멸을 느껴 조촐한 서재를 짓고 살았던 오희도의 뜻을 기리고자 오명중이 세운 정자이다.

나는 꽃이나 달에 취하고 싶지도 않고

나는 공훈을 세우고 싶지도 않아.

꽃과 달에 취하는 것도 또한 뜬구름

한잔 하고 부르는 노래 한 곡조,

이 노래 아는 사람 아무도 없네.

내 마음 바라기는 긴 칼로 밝은 임금 바라고저.

김덕령의 노래 「취시가醉詩歌」를 들은 권필은 꿈속에서 이 글을 읽고 김덕령의 일생을 생각하며 슬퍼하다가 잠에서 깨어 다음과 같이 답했다고 한다. "지난날 장군께서 쇠창을 잡으셨지만 장한 뜻 중도에 꺾이니 천명을 어찌하랴."

수많은 문인들이 거쳐간 창평은 본래 백제의 굴지현屈支縣이었다. 신라 때 기양현祁陽縣으로 고쳐 무주武州에 부속시켰고, 고려 때는 지금의 이름으로 고쳐(일명 명평鳴平) 나주羅州에 부속시켰다. 전하는 이야기에 따르면, 현의 아전 탁자보가 남적을 막은 공이 있어 현령으로 승진되었다. 1391년(고려 공양왕 3)에 장평갑향 권농사를 겸하게 되었고, 본조에서도 이에 따랐다. 1474년(성종 5)에 현인 강구연姜九淵이 현령 전순도全順道를 능욕한 일로 광주에 예속시켰다가 1479년(성종 10)에 다시 전대로 하였다.

조선 초기에는 직촌으로 편입되고 1474년(성종 5)에 이 현에 살고 있던 한 사람이 현령을 능욕한 죄로 수령이 폐지되고 광주목의 속현으로 편입되었다가 5년 뒤 복구되었다. 1895년(고종 32)에는 남원부에 속하였고, 이듬해 전라남도에 속했다가 1914년에 담양군에 병합되었다. 창평을 중심으로 광주, 담양, 동복, 장성 등지와 연결되는 도로망이 발달하였고, 동강 유역에는 외창外倉이 있었다.

임진왜란 때의 의병장 김천일의 고향이 이곳 창평이다. 1914년까지만 해도 17개의 면이 딸렸던 창평군의 사람들은 지금도 담양군 사람들과 관계가 그다지 매끄럽지만은 않다. "담양 사람들이 고집스럽고 보수적인 성품이라면 창평 사람들은 진취적인 성품을 갖고 있다"는 이 지역 사람들의 말처럼 창평에서는 수많은 인물들이 배출되었다. 동아일보의 발행인이었던 고재욱의 조부인 춘강春崗 고정주高鼎株가 이곳 창평에 창평의숙을 열어 수학, 영어, 서양사 등을 가르쳤는데, 이곳에서 배운 사람들이 고려대학교 총장을 지낸 인촌 김성수와 초대 대법원장을 지낸 가인 김병로 및 언론인이었던 고하 송진우 등이다.

『신증동국여지승람』에 실린 창평현 「산천조」에 "고산高山은 현의 동쪽 5리에 있는데 이 산의 진산이다. 무등산無等山은 현의 남쪽 15리에 있다. 광산에 자세히 나와 있다. 죽록천竹綠川은 무등산에서 나와 용담대 아래를 지나 북쪽으로 흘러 고산천과 합하여 담양부의 원율천原栗川으로 들어간다"고 기록된 창평의 특산물은 대나무, 감, 석류, 대추, 철이다.

창평현의 경계는 『신증동국여지승람』에 의하면 동쪽으로 옥과현 경계까지 25리, 북쪽으로 담양부 경계까지 11리, 남쪽은 동복현 경계까지 34리, 서쪽으로 광산현 경계까지 11리이며 서울로부터는 752리 떨어져 있다.

창평현의 남쪽 1리에 있었다는 용담대龍潭臺는 산록에 기암이 있는데 높이가 100자나 되었다고 하며, 남쪽으로는 서석(지금의 무등산)이 바라보이고, 아래로는 맑은 못이 흘렀다고 한다.

객관의 동쪽에 있었다던 소루小樓는 간데 없고, 옛날의 관사가 낮고 좁아서 청평 현령 배계후裵季厚가 이를 철거하고 새로 지었다는데 그 역시 간데 없지만, 창평 고을에는 아름답고 운치 있는 지명들이 많이 남아 있다.

고서면 고읍리 죽림동 동쪽에서 남면 외동리로 넘어가는 고개는 지대가 하도 높아서 새만 넘어다녔다고 해서 새내미고개이고, 화약골 남쪽에 있는 들에는 디딜방아로 다리를 놓은 방아드리들이 있었다.

금현리 노재 서북쪽에서 광주시로 가는 고개는 공주로 가는 입구이므로 '문'이라고 하였고, 동운리 구름다리 동남쪽에는 지대가 낮고 물대기가 좋은 구레실논이 있다.

보촌리 내보촌 삼거리에 있는 삼거리마을은 담양, 창평, 광주로 갈라지는 분기점이고, 분향리의 조석교朝夕橋는 분향 앞들에 있는데 운현 선생이 벼슬길에서 은퇴하여 소일할 때 창평 현감이 조석으로 문안을 드리러 다녔다는 다리이다.

용대 서쪽에 있는 용못은 깊이를 가늠할 수 없을 만큼 깊고, 예전에 용이 하늘로 올라갔다는 못이다. 산덕리의 명옥헌은 쟁거정이라고 부르며, 늙은 배롱나무가 우거진 정자 옆에 명옥헌이라는 글씨가 새겨져 있다.

그 마을에 있는 후산리 은행나무는 둘레가 열두 아름쯤 되고 수령은 약 500여 년쯤 되는데, 조선 인조 때 오한림에게 온 칙사의 말을 매었다고 한다. 강동골에 있는 조수고개는 옛날에 바닷물이 넘쳤다는 곳이며, 원유동 남쪽에 있는 월곡마을은 뒷산이 반달처럼 생겼다.

성월리 새터 동쪽에 있는 들은 평사낙안의 들판이라고 해서 아낙들이라고 부르고, 담양군 남면 경상리 경상굴 남쪽에서 무등촌으로 넘어가는 고개는 숲이 컴컴하여 도둑이 들끓었기 때문에 장정 100명이 모여야 넘었다고 한다. 경상굴 동쪽에서 가암리 자창으로 가는 유등재는 전에 군사들이 진을 쳤다는 곳이다.

무동리 무동촌 북서쪽에 있는 중고개는 고개 너머에 절이 있어 중들이 넘어다녔다고 해서 그렇게 불렀고, 장배기들 동남쪽에 있는 들은 땅이 비옥하여 해마다 풍년이 든다고 하여 풍년골이라고 불렀다. 연천리의 독수정은 고려 말의 유신 전신민이 나라가 망하자 두 나라를 섬기지 않을 뜻을 밝히고 은거했던 곳이고, 새터 동쪽에 있는 바위는 사계절을 통하여 바람을 맞는다고 해서 바람모팅이라고 부른다.

한편 가슴 아픈 사연을 간직한 이름들도 많다. 그 당시 아들을 낳지 못하는 여인네들의 아들에 대한 염원이 얼마나 깊었던지, 외동리 아룻모숫골에 있는 바위는 치성을 드리면 아들을 낳는다고 해서 아들바우라고 불렀고, 인암리의 인암 남쪽에 있는 바위도 치성을 드리면 아들을 낳는다고 해서 아들바우라는 이름이 붙었다.

정곡리의 새터 동남쪽에 있는 사봉실마을은 마을 주위에 향로봉, 전망봉, 독봉, 상봉의 네 개의 산이 있어서 지어진 이름이고, 절골에 있던 서봉사라는 절은 약 300여 년 전에 빈대가 많아서 불태웠다는 절이며, 복산 상봉에 있는 바위는 기암괴석이 많아 신선들이 내려와 바둑을 두었다는 곳이다. 지곡리의 말무덤거리는 인조반정이 일어나자 급보를 전하러 왔던 말이 죽어서 묻혔다는 곳이고, 서하당은 서하 김성원이 살았던 곳에 지은 정자이다.

소쇄원은 중종 때 양산보가 지은 민간 정자인데, 경치가 빼어나서 이지역 사림들의 집결지가 되었던 곳이다. 풍암리의 연풍정蓮豊亭은 학정

북쪽에 있는 마을로 대덕면 입석리, 화순군 북면, 남면 소재지로 가는 세 갈래 길이 있고, 학선리에는 개선사터와 개선사 석등이 있다.

대덕면 문학리 높은징이마을 북쪽에 있는 뒷전머리는 들이 넓어 일이 쉽게 끝나지 않아 일꾼들이 뒷전(웅성)댄다고 해서 붙여진 이름이고, 운암리 국산버들 동북쪽에 있는 골짜기는 옛날에 초분(가매장)을 했던 곳이라 한다. 입석리 선돌 동쪽에 있는 뛰엄바위는 옛날 어느 장군이 훌쩍 훌쩍 뛰어다녔다는 곳이고, 선돌 뒤에 있는 바위는 돌당산으로 이곳이 예전에 산간 벽지라서 관청과 거리가 멀기 때문에 도적이 자주 출몰하자 주민들이 돌당산을 세워 지성으로 제사를 지내 도적을 막았는데 도적이 이 앞에 오면 도망을 치지 못했다는 이야기가 남아 있다.

선동 서쪽에 있는 창평때마을은 작은 들판을 사이에 두고 담양과 창평의 경계가 되었는데 그곳이 창평에 속하였다고 한다. 장산리 연계정 아래에 있는 모현관慕賢館에는 미암眉岩 유희춘柳希春이 지어 보물 제260호로 지정되어 있는『미암일기眉巖日記』가 보존되어 있고, 숲거리 서쪽에 있는 들에는 예전에 주막이 있었다.

창평면 삼천리는 세 곳으로 나뉜 시내가 흘러 삼천이라 하였고, 오강리 양산 동쪽에 있는 광대산은 당골에 살던 무당들이 광대놀이를 했던 곳이며, 메주바윗골 동쪽에 있는 뭉게산은 창평과 남면의 경계에 있는데 골짜기로 길이 나 있어 사람들의 왕래가 잦고 지형이 문처럼 생겼다고 한다. 의항리 갈매실 남쪽에 있는 들은 진사에 급제한 사람이 솔대(솟대)를 세웠다는 솔댓거리이고, 의암에 있는 의암서원義巖書院은 미암 유희춘을 제사지냈던 곳인데 고종 5년인 1868년에 헐리고 말았다. 창평 읍내 창평리 사장거리 서남쪽에 있는 구장터는 옛날에 장이 섰던 곳이다.

창평의 명물은 창평엿이다. 창평엿은 입 안에 들러붙지 않고 먹고 난 뒤 찌꺼기가 전혀 남지 않으며, 먹은 뒤 입 안이 상쾌하여 예부터 품질 좋기로 유명했다. 조선시대에 창평에 부임하는 현감들이 궁중 대감들에게 선물한 이후부터 널리 알려졌다는 창평엿은 현재 장화리, 창평리 등에서만 주로 만들고 있다. 다른 지방에서 만든 엿과는 다르게 옥수수나 고구마를 쓰지 않고 쌀로만 빚기 때문에 그 맛이 뛰어나다. 제조 과정은 다른 엿과 마찬가지이지만, 단지 그 과정에서 땅콩, 생강, 박하, 계피 등을 첨가함으로써 별미를 내기도 하고, 소금을 넣지 않은 콩가루를 묻혀 맛을 더욱 돋우기도 한다. 특히 엿 속에 바람을 넣어 만들기 때문에 일반 엿보다 가벼운 것이 특징이다.

지금은 담양군에 소속된 이곳 창평을 창평답게 만든 곳이 무등산 자락에 자리 잡은 원효계곡 일대이다. 이곳에서 흘러내린 물이 모여 이룬 광주호 변에는 16세기 사대부들이 일구어낸 사림문화가 꽃을 피웠던 곳으로 식영정息影亭, 소쇄원瀟灑園, 환벽당環碧堂, 취가정醉歌亭, 독수정獨守亭, 풍암정楓巖亭 등의 정자들이 있다.

기름진 들이 널따랗게 펼쳐진 담양에는 큰 지주가 많았고 그 경제력에 힘입어 봉건시대의 지식인들이 터를 잡고 살았다. 그들은 중앙 정계로 진출했다가 벼슬에서 물러난 뒤 이곳에 터를 잡고 말년을 보내면서 후진을 양성하였다. 광주호 상류 자미탄紫薇灘을 중심으로 호남가단湖南歌壇이 형성되었는데, 그들이 이 지역에서 활동하게 된 것은 16세기 조선 사회를 뒤흔들었던 사화 때문이었다.

담양군 남면 지석리 광주댐 상류에 위치해 있는 소쇄원은 남쪽으로는 무등산이 바라보이고 뒤로는 창원봉 줄기가 병풍처럼 둘러쳐져 있는데 이 터를 처음 가꾼 사람은 양산보梁山甫였다. 그는 15세에 아버지를 따라 서울로 올라간 뒤 조광조趙光祖의 문하에서 수학, 신진사류의 등용문이었던 현량과에 합격하였으나 벼슬을 얻지는 못했다. 그해에 기묘사화가 일어났고 조광조는 화순의 능주로 유배된 뒤 그곳에서 사약을 받고 죽었다.

세상에 환멸을 느낀 양산보는 고향으로 돌아와 소쇄원을 일구면서 55세로 죽을 때까지 자연에 묻혀 살았다. 흐르는 폭포와 시냇물을 가운데 두고 대봉대에서 외나무다리를 지나 그 주위를 한 바퀴 돌면서 감상하도록 만들어진 소쇄원에는 열 채쯤의 건물들이 있었다고 하는데 지금은 대봉대待鳳臺, 광풍각光風閣, 제월당霽月堂만 남아 있다. 소쇄원은 자연의 풍치를 그대로 살리면서 계곡, 담벼락, 연못, 폭포, 계단, 다리 등을 적절하게 배치하여 자연스러움을 연출함으로써 우리나라 정원문화의 최고봉 또는 건축문화의 백미로 평가받고 있다.

담양군 남면 지곡리 성산星山(별뫼) 자락에 자리 잡은 식영정은 서하당 김성원金成遠이 스승이자 장인이었던 석천 임억령(林億齡)을 생각하여 김성원이 1569년(선조 2)에 지은 정자다. '식영'이란 장자의 고사 중에서 "도를 얻은 뒤 제 그림자마저 지우고 몸을 감춘다"는 대목에서 따온 것인데, 이곳의 경치와 주인인 임억령을 찾아 수많은 문인들이 드나들었다. 송순, 김윤제, 김인후金麟厚, 기대승奇大升, 백광훈, 송익필, 고경명高敬命 등이 그들이었다. 그 중에서 김덕령, 김성원, 정철, 고경명을 식영정의 4선仙이라고 불렀다. 그러나 그후 식영정은 스승의 자취보다 제자 송강의 터로 더 유명해졌다. 김성원의 가계가 몰락한 후 「성산별곡星山別曲」을 지은 송강의 후손들이 이 정자를 사들여 관리해온 탓에 정자

소쇄원 조광조의 문인인 양산보가 기묘사화가 일어나고 조광조가 능주에서 사사되자 세상에 환멸을 느끼고 고향으로 돌아와 소쇄원을 지었다.

마당에는 송강문학비가 들어서 있고 입구에도 '송강가사의 터'라는 기념탑이 서 있다.

세월의 흐름을 확인시켜주기라도 하듯 식영정 근처에는 그 사이 가사문학관이 들어섰지만, 그곳으로 오르는 돌계단만은 옛날 그대로다. 10년이면 강산이 변한다는 말은 이미 옛말이고 지금은 2년도 안 되어 강산이 변하는 세상이다. 광주호가 들어서 옛 모습을 상상하기란 쉽지 않지만, 댐이 생기기 전 정자 앞의 냇가에는 배롱나무가 줄을 지어 서 있어서 자미탄이라고 불렀다.

식영정에서 자미탄을 건너 마을길을 버리고 산길을 올라가면 환벽당에 다다른다. 식영정 아래쪽에 서하당捿霞堂을 세운 김성원과 환벽당을 세운 사촌沙村 김윤제金允悌는 자미탄 위에 다리를 놓고 서로 오가며 한 세월을 보냈다고 한다. 나주 목사로 재직하던 김윤제는 을사사화가 일어나자 고향인 충효리로 돌아와 환벽당을 짓고 말년을 보냈다.

담양군 고서면 선덕리에 자리 잡은 명옥헌鳴玉軒을 조성한 사람은 오명중吳明仲이었다. 광해군 때 어지러운 세상을 등지고 외가가 있는 이곳에 내려와 망재忘齋라는 조촐한 서재를 짓고 살았던 아버지 오희도吳希道의 뜻을 이어받고자 1652년(효종 3) 오명중은 명옥헌을 짓고 연못을 판 뒤 배롱나무를 심었다. 여름 한철 눈부시게 아름다운 배롱나무 꽃이 피어나는 명옥헌이라는 정자 이름은 정자 곁을 흐르는 계곡의 물소리가 옥이 부딪히는 소리 같다고 해서 붙여졌다.

담양군 남면 연천리에 있는 독수정獨守亭은 이백의 시 가운데 "백이숙제는 누구인가. 홀로 서산에서 절개를 지키다 굶어 죽었네"라는 구절에서 따온 이름으로 고려 공민왕 때 병부상서를 지낸 전신민全新民이 처음 세웠다.

담양군 고서면 원강리에 있는 송강정은 정철이 1584년 동인들의 탄핵을 받아 대사헌을 그만두고 돌아와 초막을 지어 살던 곳이다. 그는 이곳에서 우의정이 되어 조정에 나가기까지 4년 동안 머물면서 「사미인곡」과 「속미인곡」을 비롯한 여러 작품들을 남겼다.

강호문이 시에서 "고찰에 사는 중이 없고 문전에 지나는 손이 적도다. 대가 높으며 봄 기운이 빠르고 시내 가까워 저녁에 시원한 기운이 많다. 옛 섬돌에는 이끼가 끼었고, 음침한 낭에는 칡덩굴이 걸렸도다. 두 번째 와서 노니 소득이 무엇인고. 싯귀를 짓노라고 애써 읊조린다"라고 노래하였던 창평은 옛날의 번성했던 시절은 간데없이 그저 한가로울 따름이다.

전남 화순 동복 _三_장

적벽의 절경과 화순삼복으로 이름난 고장

화순군 동복면 구암리는 구름처럼 떠돌았던 김병연, 즉 김삿갓이 이 곳의 절경에 반해서 자신의 고향인 경기도 양주 땅을 버리고 일생을 마감한 곳이다. 김삿갓의 조부는 홍경래의 난이 일어났을 때 선천방어사로 재직중이던 김익순金益淳이었다. 홍경래의 난이 일어나자 반란군에게 항복한 김익순은 난이 진압된 뒤 모반죄로 처형을 당하고 말았고, 그러한 사실로 인해 김삿갓의 유랑이 시작되었다. 이 나라에 그의 발길이 닿지 않은 곳이 없었고, 그때마다 그는 시를 지었다.

김삿갓 동상 술을 잘 마시고 우스갯소리를 좋아하며 평생을 떠돌아다녔다는 그는 물염정 아래 세워진 동상으로 남아 있다.

스무(二十)나무 밑에 앉은 서러운(三十) 나그네에게
망한(四十) 놈의 집안에서 쉰밥(五十)을 주는구나.
인간 세상에서 어찌 이런(七十) 일이 있을 수 있으랴

집에 돌아가 설익(三十)은 밥을 먹느니만 못하구나.

그의 시를 보면 평생을 떠돌아다니며 당했던 수모와 비애가 절로 묻어나는 듯하다. 그는 또 "만사는 늘 정해져 있거늘, 뜬구름 같은 인생, 공연히 스스로만 바쁘구나"라는 시를 읊으며 방랑생활의 덧없음을 노래하기도 했다.

김삿갓을 서울에서 만났던 황오黃五는 그를 다음과 같이 평했다.

그는 술을 잘 마시고, 우수갯소리를 좋아하며 시를 잘 지었고, 취하면 가끔 대성통곡을 하였다. 평생에 과거를 보지 않았다니 괴상한 사람이다. 밤이 깊어 나를 발길로 건드리면서 금강산 구경을 했느냐고 물었다. 그래서 금강산은 좋은 고장으로 꿈에도 그리워하고 있으나 아직 못 보았다고 하자 눈을 부라리고 말하기를 "나는 해마다 금강산 구경을 한다. 봄에도 가고 가을에도 가고"라고 답했다.

김삿갓은 철종 14년인 1863년 3월 29일 전라도 동복 땅에서 한 많은 생을 마감했다. 이 소식을 전해들은 그의 아들 익균이 천리길을 달려와 그의 시신을 메고 돌아가 강원도 영월군 하동면 와석리의 싸리골에 묻었다.

김삿갓의 자취가 서린 화순군 동복면은 전라남도 화순군 동복면, 이서면, 남면, 북면 지역에 있었던 조선시대의 동복현同福縣으로, 백제 때의 지명은 두부지豆夫只였다. 757년(신라 경덕왕 16)에 지금 이름인 동복으로 고쳐서 곡성군谷城郡의 영현으로 삼았다. 고려 초년에 보성군寶城

郡에 붙였다가 뒤에 승려 조엽의 고향이라는 이유로 감무로 승격시켰다. 1394년(태조 3)에 화순감무를 겸했고, 1405년(태종 5)에 이 현을 화순에 합쳐 북순이라고 고쳤으며, 1416년(태종 16)에 각각 복구해서 예에 따라 현감으로 삼았다. 1895년(고종 32)에 군이 되었다가 1914년에 화순군에 병합되었다. 고려 때는 동복을 옹성甕城이라고 했는데 이는 성문을 지키기 위해 성문 밖에 원형이나 방형으로 쌓은 성을 말하는 것으로, 동복에는 철옹산성鐵甕山城이 있어 이런 지명이 나왔다. 옹성 아래의 적벽강赤壁江은 이 지역에서 가장 아름다운 곳으로 알려져 있다.

신채호가 지은 『조선상고사』에는 마한 54국의 위치가 실렸는데, 그 중에 벽비리는 지금의 동복을 말하고 여래비는 이릉부리로 지금의 능주라고 하였다. 신채호의 주장에 따르면 능주지방과 화순지방은 서해안을 따라 영산강을 거슬러 올라온 선조들이 이루었던 여래비리국에 속했던 것에 비해 동복지방은 섬진강 상류를 중심으로 구릉지대에서 세력을 잡고 있던 벽비리국에 속했던 것으로 보인다.

동복현의 지리적 여건은 『세종실록지리지』의 기록에 따르면 동쪽은 순천부順天府 경계까지 16리, 서쪽은 창평현昌平縣 경계까지 21리, 남쪽은 화순현和順縣 경계까지 24리, 북쪽은 옥과현玉果縣 경계까지 38리이며 서울과의 거리는 775리이다.

동복향교는 화순군 동복면 연월리에 있는데, 1445년(세종 27)에 창건되었으며 1543년(중종 38)에 중수한 뒤 1564년(명종 19)에 교리로 이전했다. 이후 효종 6년인 1655년에 관아의 화재로 객사에 봉안되어 있던 전패殿牌가 불에 타자 국가에서 그 책임을 물어 동복현을 폐현시키고 화순에 편입시켰다. 그 뒤 1664년(효종 7)에 동복현이 복현이 되자 향교도 복교되었고, 1714년(숙종 40)에 현의 남쪽 독상리로 이전하였다. 1756년(영조 32) 현재의 위치로 이전한 이 향교는 전라남도 문화재자료 제125호로 지정되어 있다.

『신증동국여지승람』「산천조」에 "모후산母后山은 현의 동쪽 10리에 있는 진산이다. 백야산白也山은 현의 동쪽 20리에 있다. 옹성산甕城山은 현의 북쪽 15리에 있다. 산에 세 바위가 있어 모양이 독과 같이 우뚝하게 서 있기 때문에 이렇게 이름하였다"라고 실려 있다.

건륭 갑오년에 현감 유의柳誼가 객관 남쪽에 세웠다는 응취루凝翠樓도, 현의 남쪽 7리에 있었다는 송정松亭도, 현의 서쪽 5리에 있었다던 취승정聚勝亭도 지금은 사라지고 없다.

그뿐이 아니다. 현의 동쪽 5리에 있었다던 남덕원南德院이나 현의 남쪽 25리에 있었다던 사평원沙坪院 그리고 현의 북쪽 48리에 있었다던 여점원餘岾院도 흔적조차 없이 사라졌다.

동복현의 옹성은 『신증동국여지승람』에는 "북쪽으로 10리이고, 둘레는 3,874척이며, 돌길은 겨우 사람의 발길이 통할 만하다. 길이 언덕 아래로 나왔는데, 사람이 성산에 올라서 굽어보면 성 밖으로 10여 보 거리이다. 뾰족한 봉우리가 서로 마주하여 그 사이에 사잇길이 있는데, 사람은 올라설 수가 없다. 남쪽으로부터 서쪽으로 뻗쳐 있고, 동쪽으로부터 북쪽에 이르기까지 1만 길이 모두 깎아세운 듯한 돌로 된 절벽이다. 그 가운데 일곱 개의 우물과 시내가 하나 있고 남쪽으로는 두 개의 문이 있어서 밖에서 잡아온 도적을 인수引受하는 곳이다. 황진마黃進馬의 고을이 높다랗게 솟아 동북면 한 모퉁이를 끊고 거기에 쌓아서 내성을 삼았다"고 실려 있다.

산천조에 실린 백아산白雅山(810미터)은 석회암으로 형성되어 있어 흰 거위 모습에 견주어 이름을 지었으며, 이곳의 석회석은 시멘트의 원료로 사용되었고, 이 산의 남쪽과 북쪽 두 곳에 유명한 약수터가 있다. 백아산은 노화석골 부근의 기암절벽과 가을 단풍이 아름답기로 유명하며, 주봉 옆에 100미터 단애를 이룬 넓은 바위를 마당바위라고 부르는데 이 바위에 올라서서 바라보면 멀리 모후산이 한눈에 들어오고 북면 일대의 산세를 선명하게 볼 수 있다. 또한 마당바위 옆의 바위를 문바위라고 부르는데, 이 바위 아래쪽에 있는 큰 노화석골과 작은 노화석골의 두 골짜기는 한국전쟁 때 퇴각하는 인민군과 국군 간에 큰 싸움이 벌어졌던 현장이었다.

모후산(918.8미터)의 원래 이름은 나복산으로 모호산이라고도 불렸으며, 이 산 남쪽 기슭에 유마사維摩寺라는 절이 있다. 이 절은 한때 60여 동의 크고 작은 건물이 들어선 큰 절이었다고 한다. 유마사 남쪽 100여 미터 지점의 계곡을 가로질러 길이 약 4미터, 두께 50센티미터의 돌다리가 있으며 다리 바닥 한 모퉁이에 '유마동천보안교維摩洞天普安橋'라는 글씨가 음각되어 있다. 이 보안교는 유마사를 창건한 유마 대사의 딸 보안이 모후산 중턱에서 너럭바위를 치마폭에 안아 들고 와서 놓은 것이라는 전설이 서려 있다. 유마사는 신라 때 풍수지리설의 원조인 도선국사가 창건한 절로, 한국전쟁 때 불타버린 것을 1959년에 복구하였다. 이 절에서 1722년(경종 2)에 주조된 범종이 현재 전남 구례군에 있는 화엄사 대웅전 안에 모셔져 있지만 현재까지 반환받지 못하고 있다.

모후산이란 이름은 임진왜란 때 동복현감을 지낸 감성원이 노모를 구하기 위해 왜군과 필사적으로 싸움을 벌이다 전사했던 데에서 유래했다. 동복천은 백아산에서 발원하여 내북천, 외애천, 외동천, 운산천, 고성천, 안심천, 유천, 가수천, 장전천, 용대천 등 많은 지류를 합치면서 남으로 흘러내려가 보성강에 합류한다. 동복천은 수원이 풍부하고 물이 깨끗하기로 유명하며, 상류에서 잡히는 은어는 복천어福川魚라고 하여 예부터 임금에게 진상하였던 특산품이었다. 강변에는 붉은 암벽을 이루고 있는 적벽이 있으며, 천연의 굴암과 안암바위 등이 있어 주변 경관이 아름답기로 유명한 만경대가 있다. 동북면과 이서면의 경계 협곡에 동복댐이 건설되어 화순 읍민과 광주 시민의 상수원으로 이용되고 있다.

동복적벽의 낙화놀이는 조선 중기부터 사월초파일에 행해졌던 놀이였다. 이 마을 사람들은 해마다 사월초파일 밤이 되면 아스라한 장항적벽을 타고 꼭대기에 올라가 곡예사처럼 벼랑에 몸을 붙이고 '적벽 낙화놀이'를 벌였다. 이 놀이는 적벽의 정상에서 마른 풀 더미 속에다 돌을 넣어 묶은 뒤 한 묶음씩 불을 붙여 불 덩어리로 만들어 흥겨운 농악가락에 따라 검푸른 강물에 던지면서 수없이 떨어지는 낙화의 장관을 즐기는 놀이다. 마치 밤하늘의 별이 강물로 떨어져내리듯 낙화의 송이송이가 강 위를 수놓았다가 사라지는 광경은 적벽의 절경을 한껏 돋보이게 했다. 이 마을 사람들은 이 낙화놀이를 하기 위해서 그 전해 가을에 미리 풀을 베어다가 말려두곤 했다고 한다. 원래는 부처가 태어난 사월초파일을 기리기 위해 조선 중기부터 시작된 이 놀이는 조선 말기에 접어들면서 선비들의 풍류놀이로 변했다. 선비들이 즐기고 싶을 때면 예삿날에도 벌어졌으나 어느 때부터인가 놀이의 풍습이 사라져 지금은 끊어진 지 오래다. 그나마 남아 있던 동복 적벽도 현재는 동복댐 확장공사로 물 속에 잠겨서 아쉽기만 하다.

이곳 동복천에 광주시가 구 동복댐을 건설한 것은 1971년이었으나, 광주시의 상수도 용수를 공급하기 위해 1982년 11월부터 1985년 7월 사이에 다시 동복댐을 건설하였다. 이 동복댐으로 인하여 화순군 이서면의 12개 리와 적벽강을 비롯한 수많은 문화재가 수몰되었다. 화순군 남면 검산리 박종골 서쪽에 있는 독서골에는 신선이 글을 읽는 형국의 명당자리가 있다고 하며, 뼈득굴 남쪽에 있는 무등舞嶝산에는 신선이 춤을 추는 형상의 명당이 있다고 한다.

독서골에 있는 용정은 예전에 용이 올라갔다는 곳으로 날이 가물면 기우제를 지냈고, 남계리 절골 북쪽에 있는 망바우는 매를 놓고 망을 보았던 곳이라고 한다. 내리 실바우 앞에 있는 노름바우는 나무꾼들이 그 위에서 노름을 했다고 하며, 엽차를 바치던 곳이어서 다골 또는 다금이라 불리던 다산리茶山里 도마동에서 유마리로 가는 높은 고개가 도마재이다.

큰 골짜기 밑에 있으므로 한실 또는 대곡大谷이라 부르던 대곡리 쌍룡 남쪽에 대원동이 있고 그 위에 대원사大原寺가 있다. 그 중 청룡 골짜기는 한국전쟁에 죽은 60여 명을 묻어서 무덩굴이라고 부른다. 뒷산 절벽 위에 소나무가 많아 벽송이라 부른 벽송리에서 동면 구암으로 넘어가는 고개는 섶나무가 많아서 섶밭재이고, 북교리 조대 서북쪽에 있는 골짜기인 동북골은 임진왜란 때 동복의 원님이 피난을 왔던 곳이라고 한다. 동복천이 마을을 둘러싸고 흐르므로 사수泗洙라고 이름 지은 사수리, 모래가 많은 들이라 모랫들 또는 사평이라 이름 지은 사평 북쪽에 사평장터가 있다. 원리는 원래 사평원이라는 원이 있었으므로 원골 또는 원동이라고 하였다. 유마에서 순천시 송광면 후곡리로 넘어가는 고개는 말재 또는 막거릿재라고 부른다.

유마사에서 동복면 유치리로 넘어가는 고개가 용문재이고, 긴 밭이 있어 장전리라는 이름이 붙은 이곳의 작전도로는 한국전쟁 때 군사작전을 위해 놓은 도로이며, 옛 절이 있으므로 절산 또는 절동고사라는 이름이 붙은 절산리의 장선마을 앞에는 물길이 합쳐지는 합수목 다리가 있다. 뒷산이 용처럼 생겼으므로 용리라 이름 지은 용리의 용안 북쪽에 있는 마을은 옛날에 배가 들어왔다고 해서 배나드리라고 부르고, 말봉산 밑에 자리 잡아 항상 구름이 끼는 탓에 운산雲山이라고 이름 붙여진 운산리 송산에서 보성군 북내면 일봉리로 넘어가는 고개가 일우재이다.

동복 읍내가 되어 읍내면이라 불렀던 동복면 가수리 베틀바위 동쪽에 있는 갈마등渴馬嶝은 '목마른 말이 물을 찾는다'는 갈마음수형의 명당이 있다고 하며, 구암리 두렁배미 남쪽에 있는 논은 이 논의 수확을 가지고 그 해의 시절을 점쳤다고 해서 시절배미라 부르는 한편, 시절배미 남쪽에 있는 논은 사다리처럼 층층이 있다고 해서 사다리배미라고 부른다.

여시고개 남쪽에 있는 도둑골은 도둑이 살았다고 해서 지어진 이름이고, 정첫골 옆에 있는 정금동에는 옥녀탄금형의 명당이 있다고 한다. 신율리 밤실 동북쪽에 있는 등성이인 매방동은 마방이 있었던 곳이고, 탑동 남쪽에 있던 한산사는 이서면 장학리로 절이 옮겨간 뒤 현재 빈터만 남아 있다. 유천리의 동남쪽에 있는 고개는 느릅나무가 많아서 느릅나무재이고, 용소 서쪽 노적봉에는 각시처럼 생긴 각시바위와 그 맞은편에 서방바위가 있다. 읍애리 북서쪽에 있는 묘치고개는 이서면 서리와 동면 경치리로 넘어가는 고개이고, 한천리는 찬 샘이 있으므로 찬시암 골 또는 한천이라고 불렀다.

북면 길성吉星리는 내북면 지역으로 베틀봉, 솔때봉, 오공산, 감투봉 등 높은 산이 사방을 둘러싸고, 맑은 내가 흐르므로 달개 또는 월계月溪 라고 하였다. 달개를 풍수風水에서는 '개가 호랑이에게 살려달라고 비는 형국'이라고 해서 걸생乞生이라고 해서 걸생으로 고쳤다가 이후 마을 이 빈곤해지고 각종 재난이 발생하자 호걸 걸傑 자의 걸생으로 불렀고 다시 길성리로 고쳤다. 노치리의 갈갱이재는 갈갱이에서 동북면 가수리로 넘어가는 고개이고, 송치 뒤에 있는 후루목재는 목재에서 곡성군 석곡면 염곡리로 넘어가는 고개이다.

바위가 많아 다곡리多谷里, 맹씨들이 많이 살아서 맹리孟里, 지형이 방처럼 생겼으므로 방몰 또는 방촌이라 부른 방리旁里 등의 이름들이 있다. 한편 서유리의 쇠독암너덜겅 동쪽에 있는 산은 홍어처럼 생겼다고 해서 홍애부리라고 부른다. 옥이 많이 나서 옥골, 냇물가가 되므로 물거리 또는 수리수촌이라 부른 수리, 소나무가 많아서 송단리, 숲이 많았으므로 숲실 또는 오애라 부르는데 원리院里는 이름 그대로 옛 시절 원이 있었던 곳이다. 원몰, 원촌, 남재라고 부른 이 마을은 원래 동복군 의북면의 지역으로 조선시대 검부역黔富驛에 딸린 남비원攬轡院이 있었던 곳이다.

이서면二西面 도석리 석림촌 뒤에 있는 등성이인 마방등은 예전에 길손이 쉬어가던 방석원方石院의 마방馬房이 있었던 곳이고, 서리의 고소재는 서리에서 동복 읍내로 넘어가는 고개이다. 안심리에 있는 골짜기에는 '동정지東井池'라는 약수터가 있고, 안심리에는 '장군이 천막 안에

물염정 암벽을 둘러싼 맑은 물과 흰 모래가 있어 가히 선경이라 할 만한 곳에 세워진 물염정은 '세상에 물들지 말라' 는 깊은 뜻을 가지고 있다.

서 편안하게 쉬고 있는 형국'이라는 장군대좌將軍對坐형의 명당자리가 있다고 하며, 양사리에 있는 등성이인 황갯들에 동복향교가 있었다. 영평리의 장복동에서 광부시로 넘어가는 고개는 큰 부처가 있었으므로 장불재이고, 월산리의 나개미 북쪽에 있는 바위는 벌린 입처럼 생겼으므로 입벌어진바위라고 부른다.

인계리의 구룡고개는 송계에서 담양군 남면 무촌으로 넘어가는 고개로 '아홉마리의 용이 구슬을 다툰다'는 구룡쟁주형의 명당이 있다고 하며, 서석산 밑에 인동이라 부르기도 하는 서동瑞洞마을이 있다. 장학리 옹성산은 옹암산 또는 독바우산이라고도 불리는데, 동복면, 북면, 이서면에 걸쳐 있는 산으로 높이는 572미터이고 독처럼 생긴 바위가 있다. 이 바위는 넓고 편평하여 그 위에서 구경하기가 좋으므로 귀경바위라 불렀고, 도리봉 남쪽에 있는 사장터는 옛날에 활을 쏘는 곳이었다.

동복 삼베와 복삼의 고장인 동복지방은 두 개의 절벽을 가지고 있어 조선시대부터 경치가 아름답기로 소문난 지역이었다. 옹성산 기슭에 아스라한 검붉은 암벽 아래로 푸른 비단을 깔아놓은 듯 맑고 푸른 적벽강이 그림처럼 흐르는 이곳은 말 그대로 물의 빛깔과 산의 형세가 조화를 이룬다. 이 두 개의 적벽은 창랑리와 장항리에 떨어져 있는데, 창랑리 창랑 서북쪽에 있는 정자가 물염정勿染亭이다. 물염정이 세워져 있는 바위를 병풍처럼 둘러싸고 맑은 물과 흰 모래가 있어 가히 선경이라 할 만하므로 송씨라는 사람이 정자를 짓고 세상에 물들지 말라는 뜻으로 물염정이라고 지었다. 장항리의 적벽은 장항적벽이라 부르는데, 물염적벽은 암벽보다 강변 주위의 풍광이 더 아름답다면, 장항적벽은 암벽이 물염적벽의 것보다 더 발달해 그 높이가 70미터에 이르고 너비도 300여

미터가 넘는다. 붉은 벼랑이 깎아지른 듯이 연하여 있으며, 그 아래로 동복천이 맑게 흘러서 배를 띄우고 놀면 신선이 된 듯했다고 한다.

화순적벽을 말할 때 물염적벽보다 장항적벽을 일컫는데, 이곳을 적벽이라고 맨 처음 이름 지은 사람은 조선 중종 때의 유학자인 최산두일 것으로 추정한다. 기묘사화로 이곳 동복지방에 유배되어왔던 그는 어느날 강변을 거슬러 올라오다가 장항적벽을 발견하였다. 그는 이곳이 당송 팔대가의 한 사람인 소동파가 지은 「적벽부」에 등장하는 중국 양자강 가의 적벽에 비할 만큼 풍광이 뛰어나다고 느껴 적벽이라는 이름을 붙였다고 한다.

한편 화순군의 특산물인 화순 삼복은 복삼, 복청, 복천어를 말하는데, 복삼은 고려 중엽부터 동복에서 재배되어 왕에게 진상하였던 품질 좋은 재래종 인삼이다. 일제시대에 조선총독부 전매국이 펴낸 『인삼사』에는 이곳 화순지방이 인삼의 원산지라고 실려 있다. 천 수백 년 전 동복 사람 김씨가 야생하는 인삼씨를 채취하여 재배하였다는 설과 1,700여 년 전 백제 온조왕 때 당나라에 갔던 사신이 인삼 종자를 들여와 재배하였다는 설이 있으나, 모후산 산록 600미터 고지인 유천리에서 처음 재배한 것으로 알려져 있다. 군내에서 복삼의 명성을 되찾기 위하여 쌍봉리와 북면 원리에서 1977년부터 시험재배를 시작하여 최근 성공을 거두었다.

복청은 동복면의 모후산과 북면의 백아산을 중심으로 재래종 토종벌에서 채취한 꿀로, 특이한 약초 향에 신선하고 투명하기로 유명하다. 또한 위를 보호하고 강장제가 된다 하여 건강식품으로 애용되고 있으며 만병통치의 영약으로 불리기도 하는데, 유마사가 있는 유마산 제품을 제일로 친다.

　복천어는 섬진강의 지류인 동복천 상류에서 잡히는 은어로 깨끗하고 맛이 좋아 예부터 왕에게 진상하였던 것으로 알려지지만 안타깝게도 댐의 건설로 사라지고 말았다.

제주 남제주 정의 ─ 설문대할망과 돌하르방이 있는 신비의 고을

9부

제주도

旌義

제주 남제주 정의

一장

설문대할망과 돌하르방이 있는 신비의 고을

남제주군 성산읍 앞바다에 소섬이라는 우도牛島가 있다. 우도는 남북의 길이가 4킬로미터이고 동서의 길이가 3킬로미터인데 제주도에 딸린 섬 중에 가장 큰 섬이다. 조선 현종 8년에야 사람이 살 수 있도록 허가를 받았던 이 섬은 헌종 10년인 1844년에 진사 김석린이 정착하면서 본격적으로 사람이 살기 시작했다. 이 우도에는 딸을 더 선호하는 전통이 있어서 "아들 나민 엉뎅이 때리곡 똘 나민 도새기 잡으라"는 말이 전해져오기도 한다.

원래는 제주도에 붙어 있던 우도가 이렇게 떨어지게 된 데는 다음과 같은 유래가 전한다. 제주도에 '설문대할망'이라는 키가 큰 할머니가 있었다. 설문대할망은 양쪽 발을 식산봉과 일출봉에 걸치고 앉아서 소변을 보았다. 그런데 그 오줌줄기의 힘이 어찌나 세었던지 육지의 한 조

성산 일출봉 3면이 깎아 지른 듯한 절벽을 이루며, 분화구 위에는 99개의 바위 봉우리가 빙 둘러 있어 마치 성과 같다고 하여 성산이라고 한다.

각이 떨어져나가 현재의 우도가 되었고, 그때 깊이 파인 곳이 바다가 되었다. 그때 오줌이 흘러가던 흔적으로 인해 지금도 이 바다는 조류가 세서 지나가는 배가 파선하면 그 형체를 찾을 수 없을 정도라고 한다.

몸집이 엄청나게 컸던 설문대할망은 힘도 얼마나 세었던지 삽으로 흙을 떠서 던지자 그것이 한라산이 되었고, 이 할망이 신고 다니던 나막신에서 떨어진 한 덩이씩의 흙들이 3백 몇십 개에 이르는 '오름'이 되었다고 한다. 그 오름들 중에 정상이 움푹 파인 것들은 그가 흙을 한 웅큼씩 가져다놓다보니, 너무 많아서 그 봉우리를 탁 차버렸기 때문이란다. 또한 제주섬 안에 있는 아무리 깊은 못이라도 그가 들어가보면 겨우 무릎밖에 차지 않았다고 한다. 그는 한라산에 엉덩이를 깔고 앉아 한쪽 다리는 제주 앞바다에 있는 관탈섬에 올려놓고 또 다른 다리는 서귀포 앞바다에 있는 지귀섬이나 대정 앞바다에 있는 마라도에 올려놓고서 성산 일출봉을 빨래 바구니로 삼고 우도를 빨랫돌로 삼아 빨래를 하였다고 한다.

어느 날 이 할망은 제주 사람들을 모아놓고 자기에게 명주로 속옷 한 벌만 지어주면 육지까지 다리를 놓아주겠다고 하였다. 제주도 사람들은 회의를 하였는데, 할머니의 속옷을 만들기 위해서는 명주 100동이 필요하였다. 한 동이 50필이니 100동이면 명주가 5천 필쯤 되었다. 그래도 제주 사람들은 다리를 놓는 것이 더 좋겠다고 여겨 자기들이 가지고 있는 명주를 다 내놓아 할망의 속옷을 만들기로 했다. 그러나 사람들이 모은 명주는 99동밖에 되지 않았다. 그래도 그것으로 할망의 속옷을 만들려 했지만 실패하고 결국 제주와 육지 사이에 다리는 만들어지지 않았다. 제주도 주변 바닷가에 불쑥불쑥 뻗어나온 곳들은 그때 설문대할망이 이 섬을 육지와 이으려고 준비했던 흔적이라고 한다.

남제주군 대정읍 모슬포 해변에 불쑥 솟아오른 산방산은 할망이 빨래하다가 빨래방망이를 잘못 놀려 한라산의 봉우리를 치는 바람에 그 봉우리가 잘려 떨어져나온 것이라고 한다. 이 할망에 대한 전설이나 제주 해녀의 경우에서 보듯 제주에는 여자의 활동 영역이 육지보다 많았음을 알 수 있다.

제주 관광에서 가장 인상 깊은 곳 중 하나인 성산 일출봉은 일명 성산성 또는 구십구봉이라고 불리는데, 높이는 182미터로 영주 8경 중의 한 곳이다. 3면이 바다로서 깎아세운 듯한 절벽이 병풍처럼 둘러 있고, 봉우리가 3킬로미터의 분지를 형성해놓았다. 원래 성산의 이름은 숲이 무성하고 울창하다고 하여 청산淸山이라 불렀는데, 바닷가에 세운 성채 같은 형세로 인하여 성산城山이 되었다.

성산 일출봉은 약 10만 년 전에 바다 속에서 수중 폭발한 화산체인데, 뜨거운 용암이 물과 섞일 때 일어나는 폭발로 용암이 고운 화산재로 부서져 분화구 둘레에 원뿔형을 만들어놓았다. 본래는 바다 위에 떠 있는 섬이었다가 1만 년 전에 땅과 섬 사이에 자갈과 모래가 쌓이면서 육지가 되었다. 성산 둘레에는 기이한 바위가 99봉을 이루어서, 이곳에 올라 아침해가 솟아오르는 것을 보면 그 장관이 세계의 제일이라고 하여 제주도 기념물 제36호로 지정되어 있다. 그 장면은 마치 세상의 처음을 보는 것 같은 느낌이 들기도 한다.

이 성산포에서 고려 때 삼별초의 김통정 장군이 토성을 쌓고 적을 방위하였다. 성산에 있는 돌촛대는 김통정 장군이 돌촛대를 만들어 밤에는 불을 밝히고 적을 감시하였다는 곳이고 장군이 토성을 쌓을 때 그의 아내는 밤마다 돌촛대에 불을 밝히고 바느질을 하였는데, 부인이 "불빛을 조금만 더 돋우었으면 좋겠다"고 하자 장군이 돌덩이 하나를 주워다가 그 위에 얹어준 뒤 불을 밝혀주자 그의 아내가 좋아했다는 이야기도 전해온다.

성산포에는 봉수대가 있어 북쪽으로 수산 봉수, 남쪽으로 독자악 봉수에 응하였다.

제주 관광에서 빼놓을 수 없는 곳이 남제주군 표선면 성읍리에 있는 민속마을이다. 성읍리는 예전 정의현의 현청이 있던 곳이다. 『신증동국여지승람』에 의하면 정의현은 본래 제주의 동도로 현재 성산, 표선, 남원의 삼면과 서귀포시의 지역이다. 남제주군 3읍 2면 중의 한 곳인 표선면은 대정현 경계까지 57리이고, 남쪽으로 바다까지 10리이며, 서쪽으로 제주 경계까지 32리이다.

영주산을 배경으로 중산간 평지에 자리 잡은 정의현은 본래 제주도의 서도西道로 1416년(태종 16)에 비로소 현감을 두었다. 1608년(광해군 1)에 제주도를 방어할 때 정의 읍내가 중앙이 되므로 중면이라 부르다가 영조 때에 동중, 서중으로 가르면서 동중면이 되었고, 동쪽은 성산읍, 남쪽은 바다, 서쪽은 남원읍에 닿았다.

정의현의 읍성이 있어 정의골 또는 성읍 또는 진사리라고 불린 성읍리에는 천년 이상 산 것으로 추정되는 느티나무와 팽나무가 있는데, 그 둘을 합해서 천연기념물 제161호로 지정하였다. 성읍마을에서는 봄에 이 느티나무에 싹이 트는 것을 보고 어느 고을에 농사가 잘될지를 점쳤다고 한다. 동쪽의 잎이 먼저 피면 정의고을 동쪽 지방의 농사가 잘되고 서쪽의 잎이 먼저 피면 서쪽 지방의 농사가 잘된다는 것이다.

정의고을을 지켜보는 산을 영모르 또는 영주산이라 부르는데 높이가

324미터인 이 산에는 예부터 신선이 살았으며, 아침 안개가 끼면 반드시 비가 온다고 한다. 또 영모르 남쪽에는 어머니가 아이를 안고 있는 모양의 모자악母子岳 또는 모지오름이라고 부르는 산이 있다.

진사리에 있는 정의읍성은 '진사성'이라고도 부르는데, 돌로 쌓은 석성으로 둘레가 약 905.7미터이며 높이는 약 7.3미터로 1423년(세종 5)에 판관 최치렴崔致廉의 감독하에 정월 초아흐레에 시작하여 열사흘까지 나흘 만에 다 쌓았다고 하니 그 당시 이 성을 쌓는 데 얼마나 많은 사람들이 동원되어 피나는 고통을 겪었을까 미루어 짐작할 수 있다. 그러나 대부분의 성은 세월 속에 무너져내리고 현재는 성벽의 일부와 남문, 서문만이 복원되어 있을 뿐이다.

정의현의 관아인 일관헌日觀軒은 세종 5년인 1423년에 정의현청이 성읍리로 옮겨 오면서 정의읍성과 함께 지어졌던 건물로 1975년에 복원되어 제주도 유형문화재 제7호로 지정되었다. 또한 서문 안쪽에 있는 정의향교는 대부분의 향교가 남향으로 지어진 것과 달리 동쪽을 향해 지어졌는데, 대성전과 명륜당이 좌우로 나란히 지어진 것이 특이하다. 제주도 유형문화재 제5호로 지정되어 있다.

성읍리의 서북쪽에는 지형이 배가 떠 있는 것처럼 생긴 배뚜기산전이라는 들이 있고, 궁미 동남쪽에 있는 안보동에는 원님이 새로 올 때 맞이했다는 '원님 맞는 마루'가 있으며, 표선면 토산리兎山里의 사당마루에 있는 신당은 나주 금성산에서 온 뱀의 신이 산다는 전설이 서려 있다. 그 신은 아주 영험하다고 알려져 굿풀이 노래에 등장하며, 더구나 처녀가 믿으면 시집을 가서 잘 살게 된다고 하여 많은 처녀들이 이 신당에서 기도를 드린다. 토산 동남쪽에는 조선시대에 설치한 토산 봉수대

정의읍성 정월 초아흐레에 시작하여 열사흘까지 나흘만에 쌓았다는 이야기가 전해지는 이 석성은
이제는 성벽 일부와 남문, 서문만이 복원되어 남아 있다.

가 있는데, 서쪽으로 자배악, 동쪽으로 달산봉수에 응하였다.

남제주군 성산읍 고성리는 본래 정의군 좌면의 지역으로 정의군의 옛 성이 있으므로 고성古城이라 하였다. 그 고성은 조선 태종 16년에 안무사 오식吳湜이 쌓았는데, 아침 저녁으로 바람이 하도 많이 불어서 농사도 되지 않고 왜적이 자주 침략하므로 세종 4년에 안무사 정간鄭幹이 건의하여 고을을 진사성(지금의 표선면)으로 옮겼다. 지금도 그 당시 장이 섰었다는 묵은 장터거리가 있다.

성산읍 수산리에는 수산성이 있는데, 1439년(세종 21)에 수산성을 쌓고 수산진을 두었으며, 수산평은 충렬왕 때 원나라 탑라적塔羅赤들이 소, 말, 나귀, 양들을 놓아 먹였던 곳이다. 한편 수산성의 동쪽 성벽과 북쪽 성벽이 만나는 곳에 '진안할망당' 이 있는데, 폭 6.1미터, 높이 2미터 크기의 이 당에는 수산성을 쌓을 당시의 슬픈 사연이 깃들어 있다. 수산성을 쌓는데 이상하게도 자꾸 성이 무너져내렸다. 하루는 근처를 지나가던 한 스님이 "열세 살 된 원숭이 띠 소녀를 묻고 그 위에 성을 쌓으면 된다"고 하였다. 사람들이 그 말대로 하고 성을 쌓았더니 과연 성이 무너지지 않고 완성되었다. 그후 사람들은 그 소녀의 영혼을 위로하기 위하여 그곳에 사당을 짓고서 제사를 지냈는데, 그곳이 바로 진안할망당이라고 한다.

성산읍 온평리는 열누니, 예혼 또는 열온이라고 부르는데, 본래 정의군 좌면이었다. 예전에 고, 부, 양 세 신인이 이곳에서 세 신부를 맞아 혼례를 지냈으므로 예혼이라고 하던 것이 변하여 온화하고 태평한 곳이라는 뜻의 온평리로 바뀌었다. 그런 연유로 온평 서북쪽에는 제주도기념물 제17호로 지정된 혼인지婚姻池라는 못이 있는데, 예전에 제주 삼성혈

三姓穴에서 세 신인이 나와 사냥을 하면서 살다가 바다에 떠내려온 나무 함 속에서 나온 세 공주를 만나, 이곳에서 나이 차례대로 혼인을 하고 살림을 차리게 되었다고 한다. 이 삼성혈 설화에는 제주 역사가 시작된 이야기가 담겨 있다.

시흥리의 앞바다에는 영등 하르방이라는 돌하르방이 있다. 시흥리 마을에 재난이 자주 생기고 가끔 북쪽 바다에서 난데없이 불씨가 날아들어 집을 덮치면 불이 나서 그 집이 망하는 일이 생기므로 궁리 끝에 영등 하르방을 만들어 북쪽에 세우자 그 재앙이 사라졌다고 한다.

남제주군 남원읍 하예리는 본래 정의군 서중면의 지역으로 가마귀모르 또는 예촌 아래쪽이 되므로 하예촌, 하예라 불렸다. 그곳에 있는 고 냉이소는 학림동 서북쪽에 있는 소로 영천악과 칡오름 사이에 있으며 경치가 매우 아름답다. 고려 명종 때 서울에서 내려간 검마관을 대접하기 위하여 이곳에서 잔치를 베풀고 소 위에다 줄을 건너 매고 기생이 줄 위에서 춤을 추다 떨어져 죽었다는 이야기가 전한다.

학림동 북쪽에는 수악水岳이라는 산이 있는데, 봉우리에 그 깊이를 알 수 없는 비령추라는 깊은 소가 있다고 하며, 가물 때 기우제를 지내면 영험이 있다고 한다. 그 아래에 있는 수악동 마을은 위미리 동쪽에 있는 마을로 지금은 목장이 되었다.

학림동 남쪽에는 직사점 마소터라는 곳이 있는데, 이곳은 조선시대에 제주도에서 기르는 말 중 가장 좋은 말을 나라에 진상하기 위해 말의 선별작업이 이루어졌던 곳이다. 하례촌 남쪽에는 있는 예촌망이라는 산은 호촌봉, 호아촌 봉수라고도 불리는데, 산의 높이가 54미터로 조선시대 호아촌 봉수가 있어서 동쪽으로 재배, 서쪽으로 삼매양 봉수에 응하였다.

표선면 성읍리와 가시리 경계에 있는 개오름이라는 산은 개동산, 개악, 구악이라고 불리는데 이 산에는 개에 대한 전설이 서려 있다.

성읍에 사는 한 사람이 서촌에 가서 빚을 갚고 오는 길에, 불에 타는 메밀 짚더미 속에서 강아지 한 마리가 튀어나오는 것을 보았다. 그런데 그 강아지는 제 갈길로 가지 않고 계속 그 사람을 따라왔다. 그는 이상하게 생각하면서 집에 데리고 와서 정성껏 길렀다. 그 개는 자라면서 뛰어난 사냥솜씨를 보였다. 그 개가 어찌나 사냥을 잘하던지 근처에 이름이 나서 그 개를 사려는 사람이 줄을 설 정도였다. 그러나 그 주인은 절대로 팔 수 없다고 거절했는데, 마침 상을 당하여 사냥을 할 수가 없음을 안 동네 사람이 하도 와서 조르므로 하는 수 없이 개를 2년 동안 빌려주기로 하고 사냥한 짐승의 다리를 하나씩 받기로 하였다. 개가 그 집으로 간 뒤 매일 밤마다 짐승의 다리 하나씩을 물어왔다. 세월이 흘러 2년이 되자 그 개는 스스로 알아서 옛 주인에게 돌아왔다. 그후 주인과 평생을 같이 살다가 주인이 늙어죽자 개도 따라 죽어서 이 산에 묻혔다고 한다. 그 개오름 동북쪽에는 약초가 많이 난다는 백악이 오름이 있다.

표선면 세화리와 토산리 경계에 있는 가새오름이라는 산은 높이가 202미터인데 산봉우리가 가새(가위)처럼 생겨서 지은 이름이다.

서귀포 보목동은 본래 정의군 우면 지역으로 벌레낭(복나무)이 있으므로 벌레낭 또는 보목이라고 하였다. 보목동의 남쪽 바다에 있는 섶섬이라는 섬은 옛날에 화살을 만드는 시위대가 숲을 이루었지만 언제부턴가 없어지고 지금은 녹나무, 호자나무, 복가리나무, 종가시나무, 넝쿨볼래나무 등 10여 종의 상록수가 무성하다. 특히 파초일엽의(남고사리)는 천연기념물 제18호로 지정되었다. 법환 남쪽 바다에 있는 범섬은 고려 1275년(충렬왕 원년)에 원나라에 빼앗겼던 탐라도를 1374년(공민왕 23)에 최영 장군이 군함 314척과 군대 2만 5천 명을 거느리고 건너가서 섬멸하여 도로 찾았던 곳이다.

서귀포에 있는 정방폭포는 높이 23미터, 깊이 5미터, 너비 8미터로 영주 12경의 하나이다. 무지개를 만들어내면서 바다로 떨어지는 폭포의 물줄기가 일대 장관이다. 폭포가 바다로 직접 떨어지는 것은 동양에서 오직 이 폭포 하나뿐이라고 하는데, 벼랑에 알 수 없는 그림 같은 것이 그려져 있다. 중국 진나라 때 방사房士 서불徐市이 이곳을 지나면서 새긴 것이라고 하지만 이 말은 허황된 것으로 여겨진다.

한편 서귀동에는 천지연폭포가 있다. 높이 22미터, 너비 12미터이며, 골짜기 양쪽에 울창한 숲과 기이한 바위가 절경을 이룬 가운데 물줄기가 웅장하게 쏟아지는 모습을 보면 가슴이 시원하게 뚫리는 듯하다. 폭포 밑의 연못은 도랑을 이루어 서귀포항에 연하였는데, 무태장어가 많이 살아 천연기념물 제27호로 지정되어 있다. 이 외에도 절경인 천제연폭포가 있다.

남성동 서쪽 삼매봉 밑 바다 가운데에는 외돌괴라는 기이한 바위가 서 있다. 높이가 20미터인 웅장한 바위가 촛대처럼 외롭게 서 있는데, 그 꼭대기에는 여러 그루의 소나무들이 모진 비바람에 자라지 못해 가는 머리털처럼 보인다. 이 외돌괴에는 몇 가지 설화가 전해져 온다.

그 중 하나는 고려 때 최영 장군이 원나라의 점령군을 칠 때 이 바위를 장군처럼 꾸며놓아 적군이 자멸하도록 하였다는 이야기이다. 또 하나는 예전에 어느 할망이 고기를 잡으러 나간 하르방이 돌아오지 않자 이곳에서 바다를 바라보며 기다리다가 지쳐서 돌이 되었는데, 그 정성이 어찌나 지극했던지 용왕이 감동하여 죽은 그 남편의 시체를 이끌어 이 바위 앞바다에 띄워놓아서 함께 돌이 되었다는 이야기이다.

바람 몹시 부는 정의읍성에서 이국적인 돌하르방과, 돌과 억새를 이용하여 만든 독특한 모습의 제주 전통가옥을 바라보며 느낀 감회는 나역시 세월을 떠도는 가녀린 나그네라는 것이었고, 세상의 모든 것은 변한다는 단순한 사실이었다.

고전 원전 · 영인본

『고려사』김종서 · 정인지 외, 조선시대
『국역고려사절요』민족문화추진회. 1968
『고려도경』서긍, 민족문화추진회, 중국 송
『대동여지도』제2경성제국대학법문학부, 서울대학교 규장각 소장, 소화 11년
『대동지지』김정호. 아세아문화사. 1972
『대순전경』이상호 · 이정립 엮음, 증산교 본부 소장, 1929년
『동국여지비고』, 서울대학교 규장각 소장, 조선시대
『동국이상국집』이규보, 민족문화추진회. 1979
『동국지리지』한백겸, 영인본, 일조각, 1982
『대동야승』성현 외, 민족문화추진회, 1997
『목민심서』정약용, 서울대학교 규장각 소장, 조선시대
『국역목은집』이색, 민족문화추진회, 2000
『산림경제』홍만선, 민족문화추진회, 1983
『국역삼봉집』정도전, 민족문화추진회. 1977
『성호사설』이익, 민족문화추진회, 1977
『석담일기』이이, 서울대학교 규장각 소장, 조선시대
『송강집』정철, 송강 유적보존회 1988
『신증동국여지승람』이행 · 홍언필, 민족문화추진회, 1989
『여유당전서』정약용, 1936
『여지도서』, 한국교회사연구소, 조선시대
『연려실기술』이긍익, 민족문화추진회, 1967
『연암집』박지원, 김명호. 신호열 옮김 2005
『완당집』김정희, 민족문화추진회, 1989
『조선왕조실록』, 서울대학교 규장각 소장, 1413-1865
『증보산림경제』유중림, 조선시대
『택리지』이중환, 조선광문회, 1913
『국역 매월당집』김시습, 세종대왕기념사업회, 1978
『국역 성소부부고』허균, 민족문화추진회, 1986
『국역 순암집』안정복, 민족문화추진회, 1997
『국역 청장관전서』이덕무, 민족문화추진회, 1997-1981
『국역포은집』정몽주, 대양서적. 1982
『해동잡록』권별, 권영기 소장, 조선시대

『국역 미수기언』허목, 민족문화추진회. 1968

『국역 동문선』, 민족문화추진회. 1968

『국역 화담집』서경덕, 고려대학교 민족문화연구소, 1971

『조선시대사찬읍지朝鮮時代私撰邑誌』, 한국인문과학원. 1989

『한국근대읍지』한국인문과학원. 1989

출판 단행본

『삼국사기』김부식지음, 이병훈 역, 을유문화사, 1983

『삼국유사』일연지음, 이민수역, 을유문화사.1983

『갑오동학혁명사』최현식, 향토문화사, 1983

『객주』김주영, 창작과비평사, 1981-1984

『국토와 민족생활사』최영준, 한길사, 1997

『금강 401km』신정일, 가람기획, 2001

『나를 찾아가는 하루 산행 2』신정일, 사람과산, 2001

『나를 찾아가는 하루 산행』신정일, 푸른숲, 2000

『나의 아버지 박지원』박종채, 박희병 옮김, 돌베개, 1998

『난중일기』이순신, 허경진 옮김, 한양출판, 1997

『님의 침묵』한용운, 청년사, 1986

『다시 쓰는 택리지 1 · 2 · 3 · 4 · 5』신정일, 휴머니스트, 2004-2006

『당쟁으로 보는 조선역사』이덕일, 석필, 2004

『동학과 농민봉기』한우근. 일조각. 1983

『동학의 산 그 산들을 가다』신정일, 산악문화, 1995

『민족문화백과대사전』, 한국정신문화연구원, 1991

『사상기행 1 · 2』김지하, 실천문학사, 1999

『산중일기』정시한, 신대현 옮김, 혜안, 2005

『선인들의 지리산 유람록』김일손 외, 최석기 외 옮김, 돌베개, 2000

『신한국풍수』최영주, 동학사, 1992

『신정일의 낙동강 역사문화 탐사』신정일, 생각의나무, 2003

『아리랑』조정래, 해냄, 1995

『역주 매천야록』황현, 임형택 외 옮김, 문학과지성사, 2005

『오하기문』황현, 김종익 옮김, 역사비평사, 1994

『정도전을 위한 변명』조우식. 푸른역사. 1997,

『울고 싶지? 그래, 울고 싶다』신정일, 김영사, 2005
『이곳이 한국 최고의 명당』최명우, 수문출판사, 1997
『전봉준과 갑오농민전쟁』우윤, 창작과비평사, 1993
『젊은 날의 초상』이문열, 민음사, 1981
『조선불교통사』이능화. 혜안, 2003
『백범일지』김구. 범우사, 1984
『정감록』김수산 엮음, 명문당, 1981
『조선해어화사』이능화, 이재곤 옮김, 동문선, 1992.
『지봉유설 상·하』이수광, 남민성 옮김, 을유문화사, 1994
『지워진 이름 정여립』신정일, 가람기획, 2000
『전봉준전기』김의환, 박영문고. 1974
『천도교서』천도교, 1920
『탁류』채만식, 성공문화사, 1993
『태백산맥은 없다』조석필, 산악문화, 1997
『택리지』이중환, 이익성 옮김, 을유문화사, 1993
『한강 역사문화 탐사』신정일, 생각의나무, 2002
『한국과 그 이웃 나라들』이사벨라 버드 비숍, 이인화 옮김, 살림, 1994
『한국사 그 변혁을 꿈꾼 사람들』신정일, 이학사, 2002
『한국사의 천재들』신정일·이덕일·김병기 공저, 생각의나무, 2006
『한국의 풍수지리』최창조, 민음사, 1993
『한국지명총람』허웅 외, 한글학회, 1979
『국토와 민중』박태순. 한길사, 1983

지방 간행물

『고창군지』
『괴산군 읍지』
『낙안읍성지』
『부여읍지』
『양평군지』
『전남의 전설』
『직산현지』
『파주군사』
『완주군지』

대동여지도로 사라진 옛고을을 가다 2

1판 1쇄 인쇄 2006년 7월 31일
1판 1쇄 발행 2006년 8월 4일

지은이 | 신정일
발행인 | 박근섭
펴낸곳 | 민음사출판그룹 (주) 황금나침반

출판등록 | 2005. 6. 7. (제16-1336호)
주소 | 135-887 서울 강남구 신사동 506 강남출판문화센터 4층
전화 | 영업부 (02)515-2000 / 편집부 (02)514-2642 / 팩시밀리 (02)514-2643
홈페이지 | www.gdcompass.co.kr

값 16,000원

ISBN 89-91949-86-X 03100
    89-91949-88-6 (세트)